AF568861

Reisen ohne Flug

30 EINZIGARTIGE TRIPS DURCH EUROPA

30 Trips
DURCH EUROPA
16
NORWEGEN
25
NORD SEE
DÄNE-
MARK
8
24
17
IRLAND
GROSS-
BRITANIEN
ATLANTIK
7
NIEDER-
LANDE
6
BELGIEN
DEUTSCHLAND
1
4
FRANKREICH
SCHWEIZ
3
5
13
ITALIEN
27
14
19
20
PORTUGAL
SPANIEN
KORSIKA
SARDINIEN
MITTELMEER
28

2
FINNLAND
SCHWEDEN
ESTLAND
26
LETTLAND
OSTSEE
LITAUEN
18
POLEN
TSCHECHIEN
9
10
SLOWAKEI
12
15
ÖSTER-
REICH
11
UNGARN
22
SLOWE-
NIEN
RUMÄNIEN
KROATIEN
BOSNIEN-
HERZEGOWINA
SERBIEN
21
BULGARIEN
DRIATISCHES MEER
29
MAKE-
DONIEN
ALBANIEN
23
GRIECHEN-
LAND
30
Kurztrips
1 Lass rolle(r)n!
2 Klirrend kalter Norden
3 Im gelben Bergauf-Bergab-Alleskönner
4 Bretonische Träume
5 Durch die Zauberberge
Reisen 8–11 Tage
6 Scones & Speichen
7 Leinen los, Kanalkapitän!
8 Vanlife in den Dünen
9 Im Märchenzauberland
10 Schroffe Gipfel & leuchtende Seen
11 Der Ruf der Steppe
12 Bloß keine Hektik, bitte!
13 Das große Gleiten
14 Der stille Fluss der Trauben
15 Zwei Räder und die schöne, blaue Donau
Reisen 12–14 Tage
16 Einsame Wikinger
17 Irland intensiv
18 An Backsteinstränden
19 Mare e Monti
20 Und ewig lockt Italien
21 Gechilltes Balkanfeeling
22 Klöster, Burgen und freundliche Vampire
23 Im Schatten des Olymp
Reisen länger als 14 Tage
24 Slàinte, Highlander!
25 Trolle hinterm Zelt
26 An der Küste der unendlichen Weiten
27 Von Meer zu Meer
28 Wellenweise weiterreisen
29 Mini-Held des Balkans
30 Hinterm Horizont geht's weiter

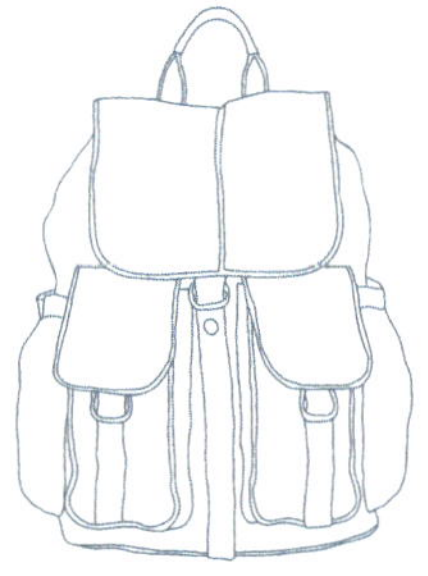

Kurztrips

Weitere Kurzinfos zu den Reisen gibt es auf den Tourenkarten ...

So lange dauert die Reise

Zu dieser Zeit ist die Reise am schönsten

Gesamtstrecke der Reise

Reisen 8-11 Tage

Reisen 12-14 Tage

INHALT

Reisen länger als 14 Tage

Wilde Küsten, wie sie nur der kalte Nordatlantik erschafft: das Felsentor Drangarnir auf den Färöer.

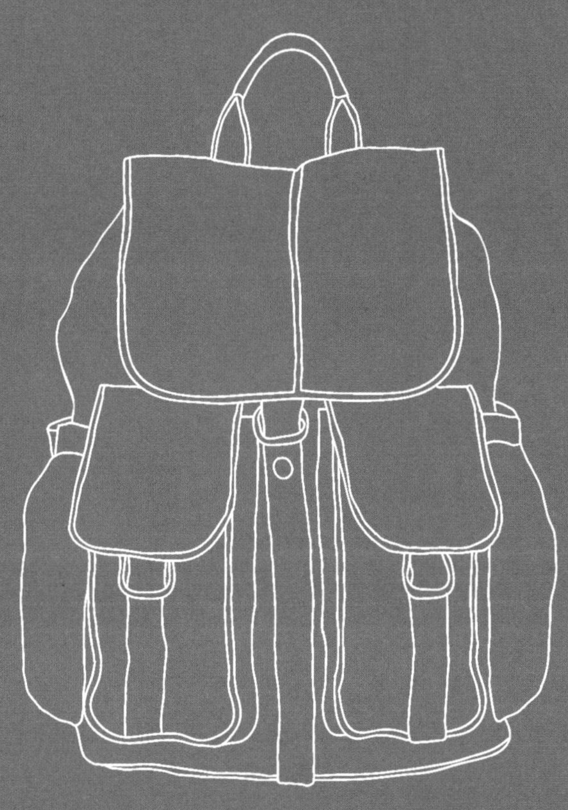

Kurztrips

HIN UND WEG

Hinreisen

Mit dem Auto bis Durbuy in den belgischen Ardennen, 60 Kilometer südlich von Lüttich, und weiter ins Umland zum Campingplatz Pont de Deulin (pontdedeulin.be). Dort übernachtet man idyllisch am Ufer der Ourthe. Wer's luxuriöser mag, kann ein Safari-Zelt buchen. Die Vespa kann man direkt beim Campingplatz mieten (vesparoute.com/nl/location/detail/16/durbuy).

Weiterreisen

Mit der Vespa geht es auf fünf Rundtouren durch die Wallonie. Jeden Abend ist man wieder bei seinem Zelt und wäscht sich im Fluss den Straßenschmutz vom Gesicht.

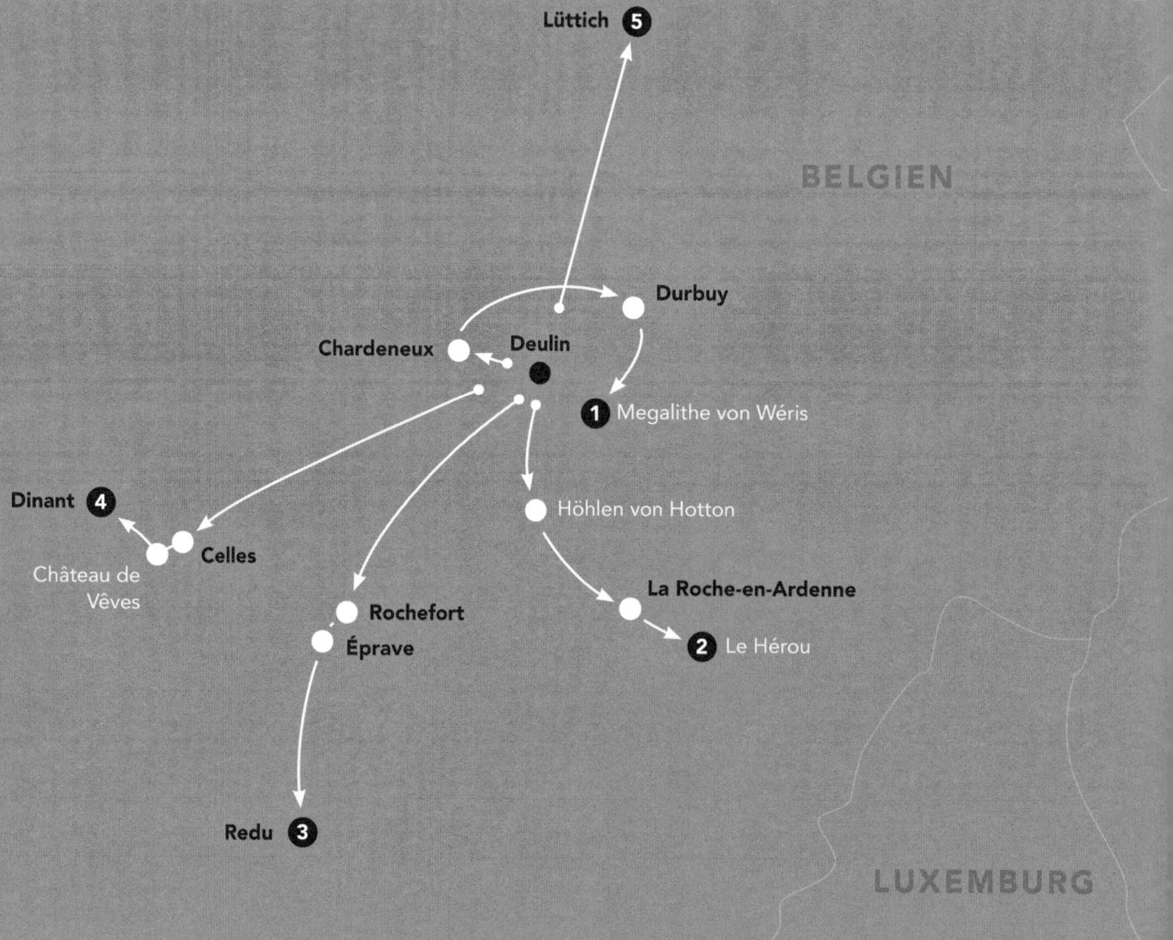

5 Tage

Mai bis Oktober

342 km

Lüttich 5

BELGIEN

Durbuy

Chardeneux

Deulin

1 Megalithe von Wéris

Dinant 4

Höhlen von Hotton

Celles

Château de Vêves

La Roche-en-Ardenne

Rochefort

Éprave

2 Le Hérou

Redu 3

LUXEMBURG

1 Lass rolle(r)n!

Vespafahren entschleunigt. Und wenn die Ausfahrten durch die Wallonie in Belgien gehen, bedeutet das Entschleunigung im Quadrat. Du kurvst durch romantische Städtchen, grüne Wälder und in die felsigen Ardennen. Oh là là, was für ein Abenteuer!

Klein, kleiner – Durbuy.

1. Tag:
Deulin – Chardeneux – Durbuy – Wéris – Deulin (49 km)

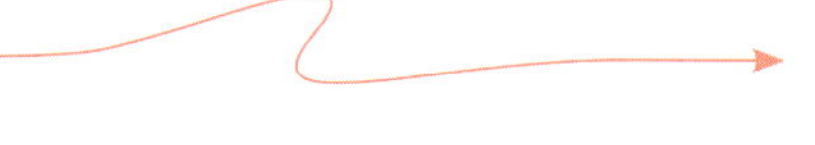

2. Tag:
Deulin – Hotton – La Roche-en-Ardenne – Le Hérou – Deulin (48 km)

Auf Landpartie

Der Start auf dem Campingplatz in **Deulin** ist etwas wackelig. Zuerst musst du dich an deinen fahrbaren Untersatz gewöhnen. Doch schon nach wenigen Kilometern spürst du die Freiheit on the road. Auf kleinen Sträßchen fährst du an Wiesen, Wäldern und den romantischsten Dörfchen vorbei. Die grauen Steinhäuser und die bunten Blumen sind zum Verlieben! Heute geht's über **Chardeneux** nach **Durbuy**, der angeblich kleinsten Stadt der Welt. Flaniere durch die Gassen und sieh dir das Schloss an. Ein gutes Mittagessen gehört hier auch immer dazu. Beim Spaziergang zu den geheimnisvollen **Megalithen von Wéris** trainierst du das Dessert wieder ab.

Sehen
Staune über die ausgefeilte Kunst des Buchsbaumgestaltens im Parc des Topiaires in Durbuy.
1 rue de la Haie Himbe, Durbuy
topiaires.be

Machen
Megalithen sind uralte Steinskulpturen. In Wéris kannst du ihnen auf dem Wanderweg Nr. 8 ganz nahe kommen.
megalithes-weris.be

Essen
Ganz schön romantisch ist die Terrasse – aber auch der Innenraum im La Canette in Durbuy wartet mit Stil auf.
1 rue Alphonse Eloy, Durbuy
Infos auf Facebook

Bonjour Natur

Die heutige Etappe entlang der Ourthe zeigt dir die Wallonie von ihrer grünsten Seite. Und von ihrer kurvigsten! Zwischen Felsen und Hügeln schlängelst du dich flussaufwärts in die Ardennen. In **Hotton** geht's aber erst mal tief runter zu einem Spaziergang durch die Karsthöhle 65 Meter unter der Erde. Danach tuckerst du nach **La Roche-en-Ardenne**. Den besten Überblick über den charmanten Ort und das Tal hast du von der Burgruine aus. Noch spektakulärer wird es am Ende der Tour bei **Le Hérou**, dem Felsen mit der Mega-Aussicht. Schieß zur Erinnerung ein Selfie vor der Vespa.

Zurück in die Steinzeit geht's in den Höhlen von Hotton.

SCHON GEWUSST?

Die Wallonie liegt im Süden Belgiens. Im Gegensatz zu Flandern wird hier nicht Niederländisch, sondern vor allem Französisch und ein bisschen Deutsch gesprochen. Das dünn besiedelte Waldgebirge der Ardennen bildet den südlichsten Teil der Wallonie.

3 3. Tag: Deulin – Roche-fort – Éprave – Redu – Deulin (45 km)

Sehen
Für die Tropfsteinhöhlen in Hotton musst du dich warm anziehen, aber der Besuch in der Unterwelt macht großen Spaß. Die geführte Tour dauert 60 Minuten.
1 chemin du Speleo Club, Hotton
grottesdehotton.be

Machen
Und jetzt? Hoch hinauf und vom Felsen Le Hérou hinunter ins Tal blicken.
Parkplatz Rue du Hérou 61, Houffalize

Essen
Den typischen Ardenner Schinken, den Jambon d'Ardenne, kannst du in der Metzgerei Maison Bouillon & Fils in La Roche-en-Ardenne ausführlich probieren.
9 place du Marché, La Roche-en-Ardenne
maison-bouillon.be

Bücher und Bier

Genießen gehört zum Reisen, besonders in den Ardennen. Neben gutem Essen ist hier vor allem eines wichtig: Bier! Der erste Stopp dieser Genussetappe ist deshalb **Rochefort**. Hier wird seit Hunderten von Jahren das Trappistes Rochefort gebraut, und zwar traditionell von Mönchen in der Trappistenabtei Notre-Dame-de-Saint-Rémy. Die Brauerei kannst du leider nicht besichtigen, deshalb geht es gleich weiter zu einer Brauereischänke in **Éprave**. Hier stärkst du dich für die Fahrt nach **Redu**. In den Achtzigerjahren war das Dörfchen fast ausgestorben – bis alte Bücher einzogen. Sie liegen in Kisten und Kartons und würden aneinandergereiht mehr als sechs Kilometer Strecke ergeben. In den mehr als zwanzig Antiquariaten und Buchläden kannst du herrlich stöbern, schmökern und die Zeit vergessen. Aber nicht zu sehr: Deine Vespa wartet auf dich – und das für den Abend (!) gekaufte belgische Bier!

Sehen
Mach einen auf Major Tom und besuch den Weltraumpark Euro Space Center bei Transinne.
1 devant les Hêtres, Libin
eurospacecenter.be

Machen
Im Château de Lavaux-Sainte-Anne bei Rochefort reist du beim Rundgang durch die Jahrhunderte.
8 rue du Château, Lavaux-Sainte-Anne
chateau-lavaux.com

Essen
Eine kleine Stärkung in der Brasserie de la Lesse in Éprave ist sicher nicht verkehrt.
4 rue du Treux, Éprave
brasseriedelalesse.be

4. Tag:
Deulin – Celles – Dinant – Deulin (80 km)

5. Tag:
Deulin – Lüttich – Deulin (120 km)

Hoch hinaus

Etappe 4 ist für alle, die gerne hoch hinauswollen. Über Landstraßen kurvst du entspannt bis **Celles**. Dort wachsen auf einer Bergspitze fünf Türme in den Himmel: das **Château de Vêves**, dein erster Stopp. Bei einer Führung fühlst du dich wie im Märchen. Gut gelaunt steigst du wieder auf die Vespa. Wenn du den markanten Bayardfelsen passierst, hast du das nächste Ziel fast erreicht: **Dinant**. Schon der erste Blick über die Maas wird dich verzaubern: Bunte Häuser drängen sich am Fluss aneinander, darüber thront der schwarze Zwiebelturm der Stiftskirche, und dahinter ragt eine steile Felswand auf. Oben wartet die Zitadelle, eine Festungsanlage aus Stein. Und ein Panoramablick über Stadt und Tal. Danach belohnst du dich in einer Patisserie mit einem harten Couque de Dinant oder mit einer fluffigen belgischen Waffel. Bon appétit!

Sehen

Das Château de Vêves bei Celles lernst du am besten auf einer Führung kennen.
3 rue de Furfooz, Celles
chateau-de-veves.be

Machen

Mit der Seilbahn hinauf zur Zitadelle von Dinant schweben.
Talstation Seilbahn: Place Reine Astrid, Dinant
citadellededinant.be

Essen

Die typischen Honig- und Lebkuchen Couques de Dinant stellt Familie Collard her – und zwar so gut, dass du sie hier unbedingt probieren solltest.
Rue Grande 72, Dinant

Stadt, Land, Fluss

Nach so vielen Tagen Natur hast du bestimmt wieder mal Lust auf Stadtluft. Aber deswegen die Vespa stehen lassen und mit dem Zug nach **Lüttich**? Kommt nicht infrage! Den futuristischen Bahnhof des Stararchitekten Santiago Calatrava kannst du auch im Vorbeicruisen bestaunen. Um die Altstadt mit ihren engen Gassen zu spüren, lässt du die Vespa aber besser kurz stehen. Lüttich ist quirlig und voller Kontraste. Prächtige Paläste stehen neben grauen Industriebauten. Fahr unbedingt ins frühere Arbeiterviertel Outremeuse, eine Insel in der Maas mit zahlreichen Cafés. Ein Tag ist für Lüttich eigentlich viel zu wenig. Vielleicht solltest du deinen Belgien-Urlaub doch noch etwas verlängern?

CHECKLISTE

Einpacken
Smartphone mit Navi und Wetter-App

Hören
On The Road Again (Canned Heat); Whatever It Takes (Milow)

Lesen
Vespa – Das offizielle Buch: *die* Vespa-Bibel von David Mazzanti.
Maigret und der Gehängte von Saint-Pholien: Der Krimi von Georges Simenon führt nach Lüttich, in die Geburtsstadt des belgischen Autors.

Sehen

Um die Werke in der Schwarzen Galerie im Kunstmuseum La Boverie zu schützen, brennt nur dann Licht in ihr, wenn sie von Besuchern betreten wird. Danach legst du dich zwischen riesigen alten Bäumen im beliebten Park des Museums in die Sonne.
Parc de la Boverie, Lüttich
de.laboverie.com

Machen

Puh, die 374 Treppenstufen auf den Montagne de Bueren klingen nach ordentlich Puste – hinaufsteigen solltest du sie trotzdem, es lohnt sich.
Nahe der Rue Hors-Château

Essen

Eine Lütticher Waffel verschönert dir bei Une Gaufrette Saperlipopette den Tag.
20 rue des Mineurs, Lüttich
une-gaufrette-saperlipopette.be

Bunte Häuser, steiler Felsen: Dinant ist einfach zauberhaft.

HIN UND WEG

Hinreisen

Der Nachtzug Berlin–Stockhholm (snalltaget.se) fährt im Winter nicht, der SJ Euro Night (sj.se) verkehrt von Hamburg aus aber das ganze Jahr bis in die schwedische Hauptstadt. Du kannst aber auch Zugverbindungen wählen, bei denen du in Kopenhagen und Malmö die Fahrt unterbrechen kannst. Von Stockholm gibt es Nachtzugverbindungen in den hohen Norden, die schnellste führt bis Älvsbyn und dann mit dem Bus nach Arvidsjaur. Hier wird die Tour von Storberg Fjällgård (storberg-fjallgard.com) beschrieben, es gibt aber verschiedene Anbieter von Winterreisen nach Schwedisch-Lappland (z. B. heyhusky.com/de; skandinavientrips.de oder nordic-holidays.de).

Arvidsjaur
Storberg 1 2 3 4
SCHWEDEN
Stockholm
DÄNEMARK
Kopenhagen
Malmö
5 Hamburg
DEUTSCHLAND

7 Tage

Januar bis März

3600 km

2 Klirrend kalter Norden   

Dort, wo Europa endet und der Nordpol zum Greifen nah ist, liegt ein Sehnsuchtsort für Winterfans. Auf nach Schwedisch-Lappland, wo das Polarlicht über den Himmel flackert, klirrende Luft die Lungen füllt und der Schnee leise rieselt.

1. – 2. Tag:
Hamburg – Storberg
(ca. 1800 km)

Abenteuer Anreise

Nach Lappland? Im Winter? Mit dem Zug? Die Anreise ist ein Abenteuer für sich. Aber nicht ohne Komfort. Von Hamburg bis Stockholm musst du ein paarmal umsteigen, falls du nicht den durchgehenden Nachtzug SJ Euro Night nimmst. Wie auch immer, schon sind die ersten zehn Stunden der Fahrt vorbei. Ab jetzt geht es ratternd und hupend mit einem weiteren Nachtzug durch die eisige Dunkelheit Richtung Norden. Am nächsten Tag steht eine Busfahrt bis **Arvidsjaur** an, wo du vom Veranstalter abgeholt und nach **Storberg** gebracht wirst – dein Wohnort in der Wildnis für die nächsten Tage

Sehen
Du musst gut aufpassen, um nicht die richtige Perspektive zu verpassen. Immerhin ist die spektakuläre Öresundbrücke die längste Schrägseilbrücke der Welt.
oresundsbron.com

Machen
Wie sah das schwedische Landleben vor 100 Jahren aus? Unterbrich deine Fahrt in Linköping für eine Zeitreise in eine andere Welt.
gamlalinkoping.se

Essen
Es lohnt sich, das Angebot in den Speisewagen der schwedischen Bahn zu entdecken
sj.se

2

3. Tag:
Storberg

Heja, Sverige!

Jetzt kommst du erst mal an im Winter. Mitten im Wald steht das rote Haupthaus der Lodge und ein paar Holzhütten, alles mit einer dicken Mütze aus Schnee bedeckt. Es ist urgemütlich in deinem kleinen Häuschen, das Feuer im Schwedenofen prasselt munter. Romantischer geht kaum! Auch wenn du bei den Minusgraden draußen merkst: Der schwedische Winter ist kein Kinderspiel, hier geht's eiskalt zur Sache. So wie bei der heutigen Schneemobiltour. Verschneite Wälder fliegen vorbei, über zugefrorene Seen wölbt sich ein stahlblauer Himmel, die Luft schmeckt nach Schneekristallen. Kann dieses rasante Abenteuer noch getoppt werden?

Gemütlich geheizte Blockhüte.

Im Hundegalopp

Sehen
Die Landschaft Schwedisch-Lapplands – sonst bleibt dir auch nichts anderes übrig. Macht aber nichts, der Zauber der Wildnis wird so schnell nicht mehr vergehen.

Machen
Eine rasante Safari mit dem Schneemobil sorgt für ordentlich Adrenalin-Nachschub.

Essen
Lunch während der Tour

Schlafen
In einer der gemütlich geheizten kleinen Blockhütten – du fühlst dich wie ein kanadischer Trapper.

SCHON GEWUSST?

Aurora borealis, das Polarlicht, ist faszinierend. Und ein bisschen furchterregend. Vor allem wenn man nicht weiß, dass das bunt schillernde Leuchten von Sonnenwinden stammt, deren elektrisch geladene Teilchen auf die Erdatmosphäre treffen. Die Wikinger glaubten, die Lichtbögen seien die Bifröst-Brücke, über die die Seelen gefallener Helden nach Walhalla gelangten. Für die Sami waren die Lichter ein böses Omen: Sie hielten sie für die Seelen der Toten – und wer sie auf sich aufmerksam machte, lief Gefahr, in den Himmel hinaufgetragen zu werden.

Der erste Blick am Morgen geht aus dem Fenster deiner Blockhütte. Wieder zeigt sich ein klarer Winterhimmel über der weiß gepolsterten Landschaft. Perfektes Wetter für einen Ausflug mit den Schlittenhunden, die die Abfahrt kaum erwarten können. Du schirrst die Huskys selber an, damit sie sich an dich gewöhnen – denn heute bist du der Musher. Am Ende werden es 35 Kilometer sein, die du auf dünnen Kufen stehend verbracht hast, während das Gespann durch die weiße Pracht gewetzt ist. Du hast den Eindruck, dass du fertiger bist als die Hunde. Denn der gute Rat »Auf keinen Fall das Gespann loslassen« erweist sich als gar nicht so einfach beim Hundegalopp mit Fahrtwind und wirbelndem Schneegestöber. Am Abend gibt es gegrilltes Elchfleisch, danach fällst du erschöpft ins warme Bett….

Sehen
Viel mehr als die Rücken deiner Schlittenhunde wirst du nicht sehen. Volle Konzentration aufs Lenken und darauf, nicht vom Schlitten zu fallen …

Machen
Mit Befehlen die Hunde lenken und – man kann es nicht oft genug wiederholen – versuchen, auf dem Schlitten zu bleiben.

Essen
Mittagessen während der Tour, abends Outdoor-Wintergrillen.

4 **5. Tag: Storberg**

5 **6. – 7. Tag: Storberg – Hamburg** (ca. 1800 km)

Der Winter leuchtet

Das Wetter bleibt stabil. Gute Bedingungen für den heutigen Ausflug in den weißen Tummelplatz. Gar nicht so einfach, auf Schneeschuhen zu wandern, zumal sich der Muskelkater vom Husky-Trip gestern spürbar zu Wort meldet. Wer sich an den etwas breitbeinigeren Gehstil gewöhnt hat, wird gleich am ersten Hang auf die nächste Probe gestellt. Doch nach einigen Versuchen hast du den Bogen raus und kannst Tour, Ausblicke, Stille, in der Sonne glitzernde Schneekristalle und glasklare Luft genießen. Zu einem perfekten Tag fehlen nur noch … und, zack, als hätten Odin und seine nordischen Götterkollegen zugehört: Über den nachtschwarzen Himmel wirbeln, ziehen und schlängeln sich hell- und dunkelgrüne, blaue und violette Lichtschleier. Das Polarlicht setzt dem Tag eine leuchtende Krone auf. Die Kälte? Spürst du schon längst nicht mehr. Also verbringst du gleich die Nacht – bei schnuckligen -5 Grad im Schlafzimmer – in einem Iglu….

Sehen
Endlich: Polarlichter zucken über den (hoffentlich!) wolkenfreien Winterhimmel.

Machen
Auf Schneeschuhen durch die verschneite Landschaft wandern.

Essen
Lunch im beheizten Tipi, wenn du magst.

Schlafen
Auf Rentierfellen im Iglu – viel wärmer, als man denkt.

Ein Ausflug mit dem Schneemobil gehört einfach dazu.

Tage on the rocks

Drei Tage sind schon wieder vorbei. Du denkst an die vielen großen und kleinen unvergesslichen Erlebnisse der letzten Tage, an das Eisangeln auf einem der zugefrorenen Seen, an die Geschichten der Sami-Familie, die du auf ihrer Rentierzucht besucht hast, noch einmal lässt du den Blick in die watteweiche Kulisse schweifen, noch einmal holst du ganz tief Luft. Dann geht es zurück in den Süden. Im Nighttrain versinkst du in Erinnerungen über das Land des Schnees und der Polarlichter hoch oben im Norden.

Machen
Im Nachtzug schlafend wieder gen Süden rollen.

CHECKLISTE

Einpacken
Daunenmantel, warme Skiunterwäsche, dicke Handschuhe, Mütze, Schal; spezielle Winteroveralls und Winterboots werden zur Verfügung gestellt.

Hören
Will O The Wisps (Opeth); Northern Lights (Renaissance)

Lesen
Schwarzer Winter: Cecilia Ekbäcks Mischung aus Krimi, Historiendrama und Horrorstory über einen Mord im Lappland des Jahres 1717.
Refugium: Claire Beyers Roman über einen verschwundenen deutschen Ingenieur und die eisige Idylle einer lappländischen Kleinstadt.

Rentiere sind in Eis und Schnee zu Hause.

Ein Schauspiel, das man nie mehr vergisst:
das Nordlicht am winterlichen Polarhimmel.

HIN UND WEG

Hinreisen

Mit dem ICE direkt bis Interlaken-Ost, weiter mit dem Zug bis Grindelwald (30 Min., mehrmals täglich).

Weiterreisen

Mit vielen Postauto-Linien kreuz und quer, auf und ab (postauto.ch). Ab Chur gibt es wieder Direktverbindungen mit dem ICE nach Hause.

7 Tage

Juli und August

430 km

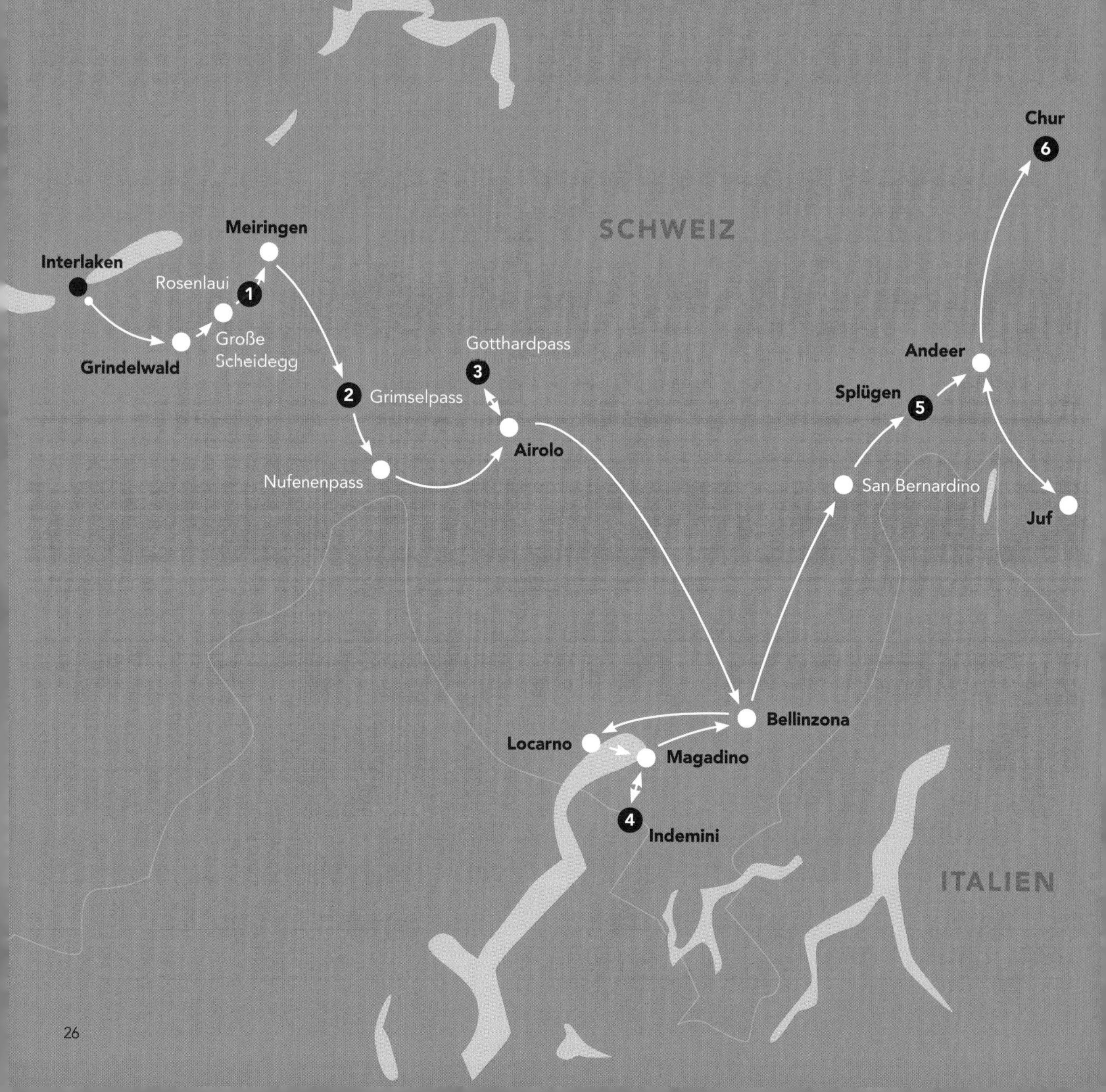

3 Im gelben Bergauf-Bergab-Alleskönner 

Keine Serpentine zu eng, kein Pass zu steil: S'Poschti schafft alles. Die gelben Postbusse fahren dich kreuz und quer durch die Schweizer Bergwelt – und machen mit ihrem Signalhorn den Weg frei. Abgfahre!

Das Postauto ist in der Schweiz Kulturgut: Start in Interlaken.

1. Tag:
Grindelwald – Große Scheidegg – Rosenlaui
(35 km)

Einfach spitze

Das Postauto gehört zur Schweiz wie der Käse. Oder die Berge. Und von denen gibt es auf der ersten Etappe gleich massig. Vom Aussichtspunkt **Große Scheidegg** aus sieht man die schönsten Spitzen: Eiger, Mönch, Schwarzhorn, Wetterhorn und viele mehr. Das macht Lust auf das heutige Etappenziel **Rosenlaui**. In der Gletscherschlucht spürst du die volle Kraft der Berg.

Fahren
Grindelwaldbus 128 bis Schwarzwaldalp, Postauto 164 bis Rosenlaui, Hotel

Sehen
So lange er noch da ist: den Eigergletscher von der Großen Scheidegg aus betrachten.

Machen
Durch die Gletscherschlucht Rosenlaui wandern.
rosenlauischlucht.ch

Essen
Die Käseschnitte aus Meiringer Raclette- Käse, Vorderschinken, Röstzwiebeln, Spiegelei und etwas Weißwein – der Klassiker in der Schwarzwaldalp.
Schwarzwaldalp, Meiringen
schwarzwaldalp.ch

Schlafen
Mit Bergblick im Belle-Epoque-Hotel Rosenlaui auf 1330 Metern.
Rosenlaui
rosenlaui.ch

2. Tag:
Rosenlaui – Meiringen – Grimselpass
(39 km)

Zick-Zack im Kino

Eine Fahrt mit dem Postauto ist wie Kino. Gemütlich sitzt man auf seinem Platz, während draußen die atemberaubende Landschaft vorbeizieht. So verfliegt die Zeit auf der Strecke vom Hotel Rosenlaui nach **Meiringen**. An den Haltestellen wird es spannend: Wer steigt wohl als Nächstes ein? Im Postauto trifft man die ganze Schweiz: Kinder mit Eltern, Senioren mit Wanderstöcken, Teenies mit Kopfhörern, ältere Damen mit Kopftuch. Ein »Grüezi wohl«, schon kommt man ins Gespräch – zumindest wenn man ein bisschen Schweizerdeutsch versteht. Und man erfährt, wieso die Schweizerinnen und Schweizer ihr Poschti so lieben. Die gelben Busse sorgen seit mehr als 100 Jahren dafür, dass jedes noch so enge Tal, jedes noch so winzige Dorf mit dem

SCHON GEWUSST?

»Dü-da-doo, Poschtautoo!« Diese lustige Melodie kennt in der Schweiz jedes Kind. Doch der markante Warnton ist auch lebenswichtig: Oft sind die Kurven in den Alpen so eng, dass der Postauto-Chauffeur damit entgegenkommende Autos zum Warten auffordern muss.

3 **3. Tag: Grimselpass – Nufenenpass – Airolo – Gotthardpass** (68 km)

nächsten größeren Ort verbunden wird. Für dich ist heute unterhalb des **Grimselpasses** Schluss. Mitten im Nirgendwo. Doch auch dort kommt morgen wieder ein gelbes Postauto vorbei.

Fahren
Postauto 164 bis Meiringen, Postauto 161 bis Grimsel, Hospiz

Sehen
Das Sherlock-Holmes-Museum in Meiringen.
Bahnhofstr. 26, Meiringen
sherlockholmes.ch

Machen
Mit der Hospizbahn an den Fuß der Grimselstaumauer schweben.
Talstation Gondelbahn: Summerloch 1u, Guttannen
grimselwelt.ch/bahnen/hospizbahn

Essen/Schlafen
Im trutzigen Alpinhotel Grimsel Hospiz.
Grimselstr. 19, Innertkirchen
grimselwelt.ch

König der Pässe

Tag drei in den Bergen beginnt früh. Gähnend steigst du an der Haltestelle Grimsel, Hospiz ins Postauto. Der Chauffeur ist zum Glück hellwach. Er steuert den Bus sicher die Serpentinen hoch zum Grimselpass. Und wenn er gut gelaunt ist, macht er auch gleich den Tour Guide. Es wird nicht die einzige Bergetappe bleiben. Knapp zwei Stunden später hält das Poschti auf 2478 Metern auf dem **Nufenenpass**, dem höchsten befahrenen Alpenübergang der Schweiz. Erst mal Pause! Kurz die Füße in den kalten Bergsee strecken und tief durchatmen. Und dann hinab ins Bedrettotal und ins Tessin. Hier spricht man Italienisch. Und es gibt in **Airolo** das erste Gelato der Reise. Von hier ist es nicht mehr weit zum Pass aller Pässe: San Gottardo, der **Gotthard**. Vom Fenster aus blickst du auf Tremola, die kurvige alte Passstraße. Hier fuhren die allerersten Postkutschen, damals eine mühsame Tour mit wenigen Pferdestärken. Heute fährt das Postauto locker die breite Straße hinauf. Und bringt dich in 25 Minuten zum St. Gotthard Hospiz. Hier oben schlief schon Goethe wunderbar – und du hoffentlich auch.

Fahren
Postauto 682 bis Airolo, Stazione, Postauto 110 bis Gotthardpass

Sehen
Die geheime Artilleriefestung tief im Berg.
sasso-sangottardo.ch

Machen
Selfies auf allen Bergpässen.

Essen/Schlafen
Im St. Gotthard Hospiz.
Passo del S. Gottardo 6780, Airolo
passosangottardo.ch

Warten mit Aussicht am Gotthardpass.

CHECKLISTE

Einpacken
Fernglas, Postauto-App und Pulli für die Abende in den Bergen

Hören
Hippie-Bus (Dodo)
DüDaDo (Dachs)

Lesen
Das letzte Problem: Sir Arthur Conan Doyle lässt Sherlock Holmes die Reichenbachfälle bei Meiringen hinunterstürzen.
Sweet Dreams: Der Schweizer Peter Stamm erzählt von einem Liebespaar im Postauto.

4. Tag: Gotthardpass – Locarno – Indemini
(116 km)

Über Berg und See

Bisher war die Postautotour über die Pässe ziemlich relaxed. Doch jetzt wird es Zeit für eine Fortgeschrittenen-Etappe. Munter hüpfst du von Postauto zu Postauto. **Locarno** fühlt sich schon so richtig südlich an. Hier wirst du mit einer Fährfahrt über den Lago Maggiore belohnt. Dann kommt die Königsetappe von **Magadino** nach **Indemini**: 132 Kurven, 38 Haarnadelkurven und 1200 Höhenmeter. Das Tessiner Steindorf liegt in den Bergen, kurz vor der Grenze nach Italien. Es ist ein Ort zum Verlieben. Hier, am Ende der Welt, leben nur ganz wenige Menschen. Für eine Nacht gehörst du dazu.

Fahren
Postauto 110 bis Airolo, 191 bis Bellinzona, 311 bis Locarno, Fähre nach Magadino, Postauto 352 bis Indemini

Sehen
Flanieren ist angesagt, auf der mondänen Seepromenade von Locarno
ascona-locarno.com

Essen
Tessiner Spezialitäten kommen im Grotto Indeminese auf deinen Teller.
Via Cantonale 1, Indemini

Schlafen
In einer gemütlichen Ferienwohnung in einem der Steinhäuser in Indemini.
lunasole.ch

5. Tag: Indemini – Bellinzona – San Bernardino – Splügen
(117 km)

Ruhe in Splügen

Neuer Tag, neue Tour: Ciao Indemini! Erst mal runter ans Ufer des Lago, dann zurück nach **Bellinzona**. Und schon ist es Zeit für den nächsten Bergpass: Der **San Bernardino** wartet. Du steigst nicht in den Expressbus Richtung Chur, sondern nimmst den gemütlichen durch das Misox-Tal. Landstraße statt Autobahn, zumindest zu Beginn. Hinauf Richtung Pass geht es dann auf dem Urlaubshighway in der Touristenkolonne. Dafür ist es später in **Splügen** wieder still. Beim Spaziergang durch das Dorf mit seinen prächtigen Palazzi und Walserhäusern hast du deine Ruhe.

Einfach nach dem Weg fragen: Im Postauto wird dir geholfen.

6

6. – 7. Tag:
Splügen – Juf – Chur
(55 km)

Top of Europe

Fahren
Postauto 352 bis Magadino, 350 bis Cadenazzo, S20 bis Bellinzona, Postauto 171 bis San Bernardino, Posta, weiter mit Postauto 541 bis Splügen, Dorf

Machen
Als die Lasten noch mit Pferden, Eseln oder Maultieren über die Alpen gebracht wurden: Im Heimatmuseum Rheinwald in Splügen machst du dich über die Säumerei schlau.
Susten 28, Splügen
Infos unter viamala.ch

Essen/Schlafen
In der Alten Herberge Weiss Kreuz in Splügen, in der die ebenso schönen wie kargen Zimmer die Jahrhunderte ausatmen.
Oberdorf 38, Splügen
weiss-kreuz.ch

Keine halbe Stunde nach der Abfahrt in Splügen steigst du in **Andeer** wieder aus. Heute machst du einen Abstecher nach **Juf**. Auf 2126 Metern ist Juf der höchstgelegene dauerhaft bewohnte Ort Europas. Einmal Top of Europe mit dem Poschti. Noch ein letztes Mal atmest du die saubere Bergluft ein, noch ein letztes Mal genießt du die absolute Stille, die nur eine Nacht in dieser abgelegenen Bergregion bieten kann. Am nächsten Tag geht es dann zurück nach Andeer und fast zu schnell auf der Autobahn nach **Chur**. Auf der Heimfahrt kannst du schon mal überlegen, welches Abenteuer du zu Hause zuerst erzählen wirst.

Fahren
Postauto 541 bis Andeer, Heilbad, Postauto 552 nach Juf.
Zurück bis Andeer, dann nach Chur

Machen
Wo es pfeift und huscht und dich aufmerksame Augen beobachten: Auf dem Murmeltierpfad in Juf lernst du alles über die putzigen Tiere (3 km, 2 Std.).
jufferien.ch/murmeltierpfad

Essen/Schlafen
Im gemütlichen Arvenholz-Zimmer im Gasthaus Alpenrose.
Ober Juf 14, Juf
gasthaus-alpenrose-juf.com

7 Tage

Mai bis September

144 km

HIN UND WEG

Hinreisen

Mehrmals täglich mit ICE und TGV nach Paris. Von dort mit dem TGV nach Brest (3,5 Std.).

Weiterreisen

Der Grande Randonnée 34 (GR 34), auch Sentier des Douaniers (Zöllnerpfad), führt über rund 1800 Kilometer die gesamte Bretagne-Küste entlang und ist rot-weiß ausgeschildert. Bei Regen und Sturm können die Felsen glitschig sein, bei Nebel sollte man besonders auf den Weg achten. Zurück geht es mit dem Bus von Douarnenez nach Quimper (40 Min.) und von dort mit dem TGV nach Paris (4 Std.).

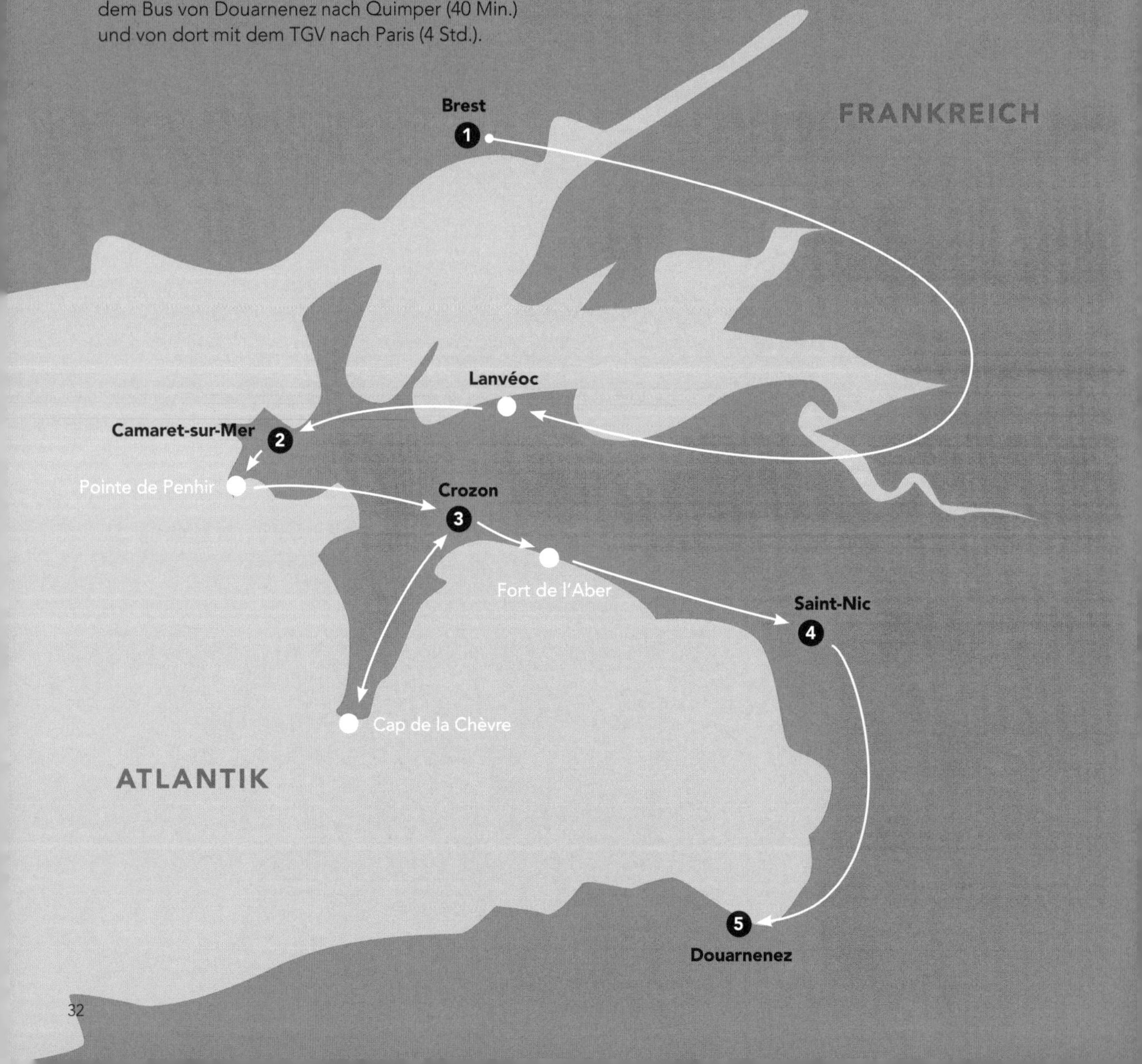

4 Bretonische Träume  + 

Der Wind, das Meer, die Klippen und die Brandung: Wer den GR 34 – den Zöllnerpfad – entlangwandert, verliert sein Herz an die Elemente. Goldene Strände, windzerzauste Bäume und romantische Orte werden zu einer bleibenden Erinnerung.

1 **1. – 2. Tag: Brest**

2 **3. Tag: Brest – Lanvéoc – Camaret-sur-Mer** (90 km)

Fische und Schiffe

Die Hafenstadt **Brest** ist der ideale Einstieg in die maritime Welt der Bretagne. Erkunde sie zwei Tage lang, bevor du dich aufmachst zur Halbinsel Crozon, einem der schönsten Teilstücke des GR 34. Der gute Grund, den man braucht, um nach Brest zu kommen, wie ein französisches Sprichwort sagt, könnte Océanopolis heißen. Das gigantische Aquarium entführt in die Welt nicht nur jenes Ozeans, dessen Wellen im Hafen schwappen. Sowohl den Handels- als auch den Militärhafen kannst du ebenfalls besichtigen. Noch etwas Schiff gefällig? Dann auf ins Marinemuseum im wuchtigen Château de Brest. Nach zwei entspannten Tagen Metropolenschlendern heißt es nun wieder: Wanderstiefel schnüren.

Sehen

Die Seeotter im Océanopolis sind putzig, aber gar nicht so klein und niedlich, wie erwartet. Trotzdem steht man stundenlang am Gehege und schaut ihnen beim Leben zu.

Rue du Moulin Blanc, Brest
oceanopolis.com

Machen

Eine Aussichtsfahrt mit der Seilbahn-Linie C in Brest ist zwar nur kurz, bietet aber interessante Einblicke in die Hafenstadt.

bibus.fr

Essen

Wie man Austern richtig isst, kannst du im Restaurant Paul Germain ausprobieren.

6 rue Jean Baptiste Boussingault, Brest

Schlafen

Mit Meerblick und wunderschönem Garten in der Jugendherberge Brest.

5 rue de Kerbriant, Brest
aj-brest.org

Immer an der Bucht lang

Mit dem Bus fährst du in etwa einer Stunde von Brest nach **Lanvéoc**. Mit der Presq'île de Crozon, der Crozon-Halbinsel, beginnt einer der schönsten Abschnitte der bretonischen Küste. Es wird einsam werden, und du wirst in die Abgründe des Krieges schauen. Denn die Halbinsel war – wegen ihrer schützenden Lage vor der Bucht von Brest – schon seit dem Mittelalter strategisches Gelände. Auf dem Weg nach **Camaret-sur-Mer** begleiten dich also nicht nur weite Blicke über den Hafen von Brest, über den die Militärhubschrauber wie Bienen schwirren, sondern immer wieder Festungsmauern, vor allem aus dem 17. Jahrhundert. Sobald du den roten Vauban-Turm siehst, der ebenfalls Teil der historischen Küstenbefestigung war, weißt du, dass das Ziel nahe ist.

Maritimes Flair prägt die moderne Hafenstadt Brest.

Im wilden Felsenland

Sehen
Den kleinen Friedhof ausgedienter Fischerboote bei Le Fret.

Essen/Schlafen
Wellness für Wanderer im kleinen Hafen von Camaret-sur-Mer im Le Thalassa Hôtel & Spa.
12 quai du Styvel, Camaret-sur-Mer
hotel-thalassa.com

Jetzt wird es einsam

Heute steht die längste Etappe an, von Camaret-sur-Mer bis **Crozon**. Wracks von Fischerbooten erzählen von Camarets goldener Vergangenheit als Zentrum der Langustenfischerei. Der Weg führt dich, immer mit grandiosem Blick über Felsen und Meer zur Rechten und flache Heidelandschaft zur Linken, durch die Bombenkrater am Pointe du Grand Gouin – hier tobte der Zweite Weltkrieg. Eindrucksvoll sind auch die Alignements de Lagatjar: Die mehr als 70 Menhire rätseln aus der Jungsteinzeit ins Heute hinüber. Noch magischer ist der **Pointe de Penhir**, eine 70 Meter hohe Klippe, die als spektakulärer Ausguck über die Küste und das Meer dient. Am zweiten Tag wanderst du von Crozon aus zum **Cap de la Chèvre** und zurück. Die Runde führt direkt – nach Irland: graue Steinhäuschen, steile Klippen plus das wellige Grün der Hügel (minus die Schafe). Dazu kommen atemberaubende Klippen und zauberhafte Strände.

Sehen
Zerklüfteter Fels im Meer mit natürlichem Steinbogen: Der Pointe de Dinan verrät viel über die bildhauerische Fähigkeiten der Elemente.

Machen
Wanderschuhe weg und rein ins Wasser am feinen Strand von Kerloc'h.

Essen/Schlafen
Exquisit dinierst du im Hôtel de la Presqu'île in Crozon, bevor du im Schlaf neue Kräfte sammelst.
Place de l'Eglise, Crozon
lemutingourmand.fr

SCHON GEWUSST?

Immer wieder wird man in der Bretagne ein Irland-Gefühl verspüren – nicht nur wegen der grünen Landschaft und der zerklüfteten Küsten. Wie die grüne Insel ist auch die Bretagne stark durch die keltische Kultur geprägt. Steinkreise, Menhire, Grabanlagen oder keltische Kreuze und Symbole zeugen von dieser Vergangenheit. Und auch in der bretonischen Sprache hat die keltische Tradition die Jahrhunderte überlebt.

Meilenstein am Zöllnerpfad GR 34.

4 **6. Tag:**
Crozon – Saint-Nic
(18 km)

5 **7. Tag:**
Saint-Nic – Douarnenez
(20 km)

Der Duft des Südens

Erfrischung gefällig? Bevor du dich von Crozon nach **Saint-Nic** aufmachst, stürzt du dich am Plage de Morgat in die Wellen. Der Menhir auf einer Klippe bei Crozon und die düsteren Ruinen des **Fort de l'Aber** verweisen einmal mehr auf die bewegte Geschichte der Bretagne: die uralte und die kriegerische Vergangenheit. Die Klippen werden jetzt niedriger, Kiefern und Bäche begleiten dich – ein Duft von Süden, wo die Sonne in geschützter Windstille strahlt. Vorbei an kleinen Buchten und idyllischen Stränden – ideal für Wanderpausen zwischendurch – rückt der Strand bei Saint-Nic immer näher.

Machen
Seltene Vögel beobachten im Mündungsgebiet des Flusses Aber.

Essen
In der malerischen Crêperie de Saint-Côme stärkst du dich mit bretonischen Spezialitäten.
Saint-Côme, Saint-Nic.
creperie-saint-come.com

Schlafen
Im kleinen, gemütlichen Maison Gouriten in Saint-Nic
8 rue de la Plage, Saint-Nic
la-maison-gouriten.business.site

CHECKLISTE

Einpacken
Bequeme Wanderkleidung für jedes Wetter, Badehose, Camping-Ausrüstung, Wasserflasche und Fernglas

Hören
La tribu de Dana (Manau)
La jument de Michao (Tri Yann)

Lesen
Bretonische Verhältnisse: Jean-Luc Bannalec lässt Kommissar Dupin in der Bretagne ermitteln.
Alles Licht, das wir nicht sehen: Anthony Doerr über eine Französin und einen Deutschen, die sich 1944 in Saint-Malo begegnen.

Über weite Strände

Heute geht es die ausladende Bucht von Douarnenez entlang. Sand, Wellen und Wind prägen den letzten Tag. Genieß noch einmal das Wandern über die weiten Strände. Je näher du der Stadt kommst, desto belebter werden die Sandstreifen am Meer. Falls noch Zeit ist und du Lust hast, kannst du dir auch mal ein Surfbrett leihen und die Wanderstiefel mit den Wellen vertauschen. Dein Abenteuer endet in **Douarnenez**. Streife zwischen den bunten Häuschen am Hafen umher und verabschiede dich vom Wind und dem Meer. Das perfekte Souvenir? Ein paar Dosen Sardinen aus einer der letzten drei aktiven Konservenfabriken.

Sehen
Die Kapelle von Sainte-Anne-la-Palud mit der Annenstatue aus dem 16. Jahrhundert.

Machen
Auf dem Surfbrett über die Wellen toben – oder auch erstmal hauptsächlich paddeln, wenn du einen Surfkurs machst. Aber dann der Moment, wenn du das erste Mal auf dem Brett stehst …
6 rue Pierre Belbeoch, Douarnenez
glazsurfskol.com

Essen
Auf der Terrasse des L'Esquisse.
1 rue Jeanne D'Arc in Douarnenez, Infos auf Facebook

Schlafen
Mit lauschigem Garten im Hotel Ty Mad in Douarnenez.
3 rue Saint-Jean, Douarnenez
hoteltymad.com

Spektakuläre Ausblicke von windumtosten Klippen: Leuchtturm bei Douarnenez.

HIN UND WEG

Hinreisen

Mit dem Zug über München und Innsbruck bis Toblach. Von dort mit dem Bus 442 bis zum Pragser Wildsee.

Weiterreisen

Zu Fuß auf dem Dolomiten-Höhenweg Nr. 1 in gemütlichen Etappen bis Cortina d'Ampezzo. Von dort mit dem Bus zurück nach Toblach und nach Hause.

6 Tage

Ende Juli bis September

67 km

Toblach
Pragser Wildsee
Seekofel
1 Seekofelhütte
2 Berggasthaus Pederü
3 Lavarellahütte
ITALIEN
4 Scotonihütte
Lagazuoi
6 Cortina d'Ampezzo
Cinque Torri
5 Rifugio Scoiattoli
Rifugio Nuvolau

5 Durch die Zauberberge 

Vergiss den E5, hier kommt die Nummer 1: Der Dolomiten-Höhenweg führt dich einmal quer durch die Dolomiten. Vom Pragser Wildsee bis nach Cortina d'Ampezzo – mit genügend Zeit für Berge und Pasta!

Auf dem Seekofel liegt einem die Welt zu Füßen.

1. Tag: Pragser Wildsee – Seekofelhütte
(13 km, 4 Std.)

2. Tag: Seekofelhütte – Seekofel – Berggasthaus Pederü
(7,8 km, 2,5 Std.)

Stille Bergwelt

Was für ein Start in die Dolomitenwoche: Sonne, blauer Himmel und ein spiegelglatter **Pragser Wildsee**. So kann es bleiben! Rund um den See herrscht ganz schön viel Trubel. Doch nur ein paar Schritte vom Ufer weg beginnt die stille Bergwelt. Ab jetzt folgst du der blauen Raute, und die führt dich erst mal immer bergauf. Der Dolomiten-Höhenweg 1 ist einfach zu gehen. Mit jedem Schritt kommst du mehr und mehr an. Der Alltag bleibt unten im Tal. Du steigst gemütlich auf, vorbei an hohen Felswänden und über Geröllfelder. Dann hast du es geschafft: Auf 2327 Metern warten die **Seekofelhütte**, ein kühles Getränk und die erste Polenta.

Sehen
Die fotogene Bergidylle des Pragser Wildsees, auch wenn man alles andere als allein ist.

Machen
Beim Aufstieg Bergspitzen, Enziane und Steinböcke zählen.

Essen/Schlafen
Auf 2327 Metern in der Seekofelhütte, geschlafen wird im einfachen Mehrbettzimmer.
Piani di Fosses, Cortina D'Ampezzo
rifugiobiella.it

Die erste Polenta

Im Gipfelglück

Tag zwei startet früh, der **Seekofel** (2810 Meter) ruft. Der Weg zum Gipfel ist felsig und steil. Gut, dass dein Gepäck in der Hütte wartet. Am Gipfelkreuz kannst du bis zu den berühmten Drei Zinnen sehen. Was für ein Panorama! Den Rest das Tages gehst du wie auf Wolken. Selbst wenn du den Rucksack wieder aufschulterst und steil bergab zum **Berggasthaus Pederü** wanderst. Nach dem Abendessen schläfst du wie ein Murmeltier.

Selten so einsam: der Pragser Wildsee.

SCHON GEWUSST?

Der Dolomiten-Höhenweg 1 ist der längste und schönste Fernwanderweg der Dolomiten. Auf 150 Kilometern (9 bis 13 Etappen) führt er vom Pragser Wildsee nach Belluno, ganz ohne Klettersteig. Etwas Kondition braucht man für die vielen Höhenmeter. Es gibt unterwegs viele Hütten, so kann die Tour flexibel angepasst werden. Reserviere besser vorab, auch wenn es Notschlafplätze gibt.

3

3. Tag:
Berggasthaus Pederü – Lavarellahütte
(6,5 km, 2 Std.)

Auf der Alm

Die gute Nachricht für deine Waden: Heute folgt eine Kurzetappe – und es geht nicht bergab. Allerdings musst du vom Berggasthaus Pederü wieder rauf auf die Fanes-Hochebene. Aber klare Bergseen, liebliche grüne Almen und bunte Blumenwiesen entschädigen dich locker für die Strapazen. Vor der Faneshütte biegst du ab und kommst pünktlich zum Mittagessen in der **Lavarellahütte** an. Erst mal Pasta, dann Siesta. Hier oben in der Natur langweilst du dich nicht. Und falls doch: Die Sauna wartet!

Sehen
Berge, Berge, Berge! Daran kann man sich schlicht und ergreifend nicht sattsehen.

Machen
Eine Gipfeltour zum Seekofel dauert 2,5 Stunden, führt 500 Höhenmeter hinauf in die Bergwelt, und du solltest trittsicher sein.

Essen
Aus Speck, Käse und Kaminwurst besteht eine typische Jause in der Senneshütte.
St. Vigil in Enneberg
sennes.com

Schlafen
Im heimeligen Berggasthaus Pederü in St. Virgil.
Val-dai-Tamersc-Straße 16, St. Vigil in Enneberg
pederue.it

Sehen
Die klaren, kleinen Seen auf der Fanes-Hochebene

Machen/Trinken/Schlafen
Erst schwitzt du in der Sauna vor der Lavarellahütte, dann löschst du deinen Durst mit einem Weizenbier (gesund und isotonisch!) aus der höchsten Brauerei Europas. Später gönnst du dir ein Privatzimmer oder du bevorzugst das Matratzenlager – die Lavarellahütte ist ein echtes Multitalent.
St. Vigil in Enneberg
lavarella.it

CHECKLISTE

Einpacken
Wanderschuhe, Karte, Stöcke und Ohrenstöpsel für die Nacht im Matratzenlager

Hören
Sonnenaufgang aus *Also sprach Zarathustra (Richard Strauss)*
Der Berg ruft (K2)

Lesen
Berge in Flammen: Luis Trenkers Roman über den Gebirgskrieg in den Dolomiten.
Der Tod so kalt: Luca D'Andrea schildert ein brutales Verbrechen in einem Dolomiten-Dorf.

4. Tag:
Lavarellahütte – Lagazuoisee – Scotonihütte
(9,8 km, 3,5 Std.)

Steile Kehren

Von der Fanes-Hochebene führt dich der Dolomiten-Höhenweg heute in steiles Gelände. Von der Forcella del Lago geht es über Geröll zum Lech de Lagaciò (ladinisch für Lagazuoisee). Trittsicher und schwindelfrei sollte man schon sein, dann machen die steilen Kehren Spaß. Je nachdem helfen Wanderstöcke, um entspannt und sicher durch die karge Dolomitenwelt zu kommen. Kurz vor dem Lagazuoisee ist es fast geschafft. Durch ein Felsentor geht es auf den steilen Abstieg zum See. Von hier sind es noch knapp 20 Minuten bis zum heutigen Ziel **Scotonihütte**. Nicht nur die Lage in einem Becken umgeben von Bergen ist legendär, sondern auch die hausgemachte Pasta. Buon appetito!

Sehen
Die hölzerne Lagazuoi-Kapelle für die im Dolomitenkrieg gefallenen und durch Lawinen umgekommenen Soldaten.
Passo di Falzarego, Badia

Machen/Essen/Schlafen
Im Whirlpool der Scotonihütte bringst du die müden Muskeln auf Vordermann, anschließend gibt's hausgemachte Pasta, Polenta oder Strudel. Und dann sinkst du in der klaren Bergluft auf 2040 Metern in den Schlaf.
Alpe Lagazuoi 2, San Cassiano
scotoni.it

5. Tag:
Scotonihütte – Lagazuoi – Rifugio Scoiattoli
(13,8 km, 5,5 Std.)

Von Krieg und Frieden

Nach der erholsamen Nacht bist du bereit für eine neue Etappe. Sie führt zum Berg Lagazuoi – und zurück in die Vergangenheit. Im Ersten Weltkrieg fanden hier heftige Kämpfe zwischen italienischen und österreichischen Alpentruppen statt. Der Wanderweg von der Gondel-Bergstation ins Tal ist ein Freilichtmuseum: mit Resten von in den Berg gehauenen Stollen, Tunnels und verrostetem Stacheldraht. Steil geht es hinab, über Schutt und Geröll, zum Passo di Falzàrego (wer die Knie schonen will, nimmt die Gondel). Zum heutigen Ziel, dem **Rifugio Scoiattoli**, schwebst du faul hinauf im Sessellift. Oben leuchten die Felsen der **Cinque Torri** im Abendlicht – und später der gigantische Sternenhimmel.

Tradition ist Ehrensache im Rifugio Nuvolau.

6 **6. Tag: Rifugio Scoiattoli – Cortina d'Ampezzo** (15,5 km, 3,5 Std.)

Dem Himmel so nah

Sehen
Das Freilichtmuseum am Lagazuoi und rund um die Cinque Torri.
Lagazuoi, St. Kassian
lagazuoi.it

Machen
Als Abkürzung mit dem 5-Torri-Sessellift rauf zum Rifugio Scoiattoli schweben.
Cortina d'Ampezzo
cortinadelicious.it

Essen
Strudel auf der Panoramaterrasse des Rifugio Lagazuoi.
Località Lagazuoi, Cortina d'Ampezzo
rifugiolagazuoi.com

Schlafen
Im Rifugio Scoiattoli mit Blick auf die Cinque Torri im Abendlicht.
Località 5 Torri, Cortina d'Ampezzo
rifugioscoiattoli.it

Der letzte Tag in den Dolomiten beginnt einsam in der Morgendämmerung. Im Rifugio Scoiattoli, der Eichhörnchenhütte, schlafen noch fast alle. Nur du und eine Handvoll Andere schleichen sich hinaus. Deine Augen gewöhnen sich schnell an die Dunkelheit. Eine gute halbe Stunde ist es von hier hinauf zur Schutzhütte **Nuvolau**. Die thront majestätisch ganz oben auf dem Berg – ein wunderschönes Wolkenhaus. Und der perfekte Ort für einen Sonnenaufgang in den Dolomiten. Mit etwas Glück und wolkenfreier Sicht siehst du hier nicht nur die Dolomitengipfel, sondern bis zur Königsspitze und zum Großglockner. Was für ein Finale! Auf der letzten Etappe hinab nach **Cortina d'Ampezzo** leuchten deine Augen.

Sehen
Den Sonnenaufgang beim Rifugio Nuvolau bestaunen.
Cortina d'Ampezzo
rifugionuvolau.it

Machen
Rund um die Cinque Torri spazieren.

Essen
Gourmetküche genießt du im Ristorante Lago Pianozes am gleichnamigen See vor Cortina d'Ampezzo.
Località Pianozes 1, Cortina d'Ampezzo
Infos unter cortinaup.it

Noch mehr Reisen

Hallo Brückentag! Plötzlich hast du drei oder vier Tage Zeit - und eigentlich möchtest du mal wieder fremde Draußen-Luft schnuppern. Das funktioniert, selbst wenn man keine ganze Woche Urlaub zusammenkratzen kann. Also auf in die Wildnis des Thayatals, das Dolce Vita in Italien genießen - oder sogar auf Kreuzfahrt gehen.

RADELN MIT MEERBLICK

Leider dann eben doch zu instagrammable: kunterbunte Häuschen, die auf schroffen Felsen kleben und – oh Wunder – nicht ins drunterliegende türkisgrünes Wasserglitzern purzeln. Kein Wunder, dass die „Cinque Terre", fünf Fischerdörfer an der ligurischen Küste, von Touri-Strömen nur so überflutet werden – und das eigentlich schon seit Jahrzehnten. Aber wenn dann heutzutage noch die Passagiere der Kreuzfahrtschiffe Landgang haben, auweia, dann wird's richtig eng. Also? Ausweichen ist die Devise. Denn eine ganz ähnliche wunderschöne Gegend lässt sich prima und ganz stressfrei vom nur rund 10 Kilometer weiter nördlich an der Küste liegenden **Levanto** aus entdecken. Vielleicht hängen die Dörfchen nicht ganz so spektakulär an den Klippen, aber es ist dasselbe Meer, das dich begleitet, die Strände sind ebenso hübsch und die Sonnenuntergänge genauso „seufz" …

Schnapp dir also in **Levanto** ein Fahrrad und düse auf der alten, rund 6 km langen Bahntrasse bis zu den schmucken Örtchen Bonassola und Framura. Der Rad- und Wanderweg führt immer am Meer entlang: Mehrere Tunnel sorgen nicht nur für angenehme Kühlung im Sommer, sie machen die Tour schön abwechslungsreich. Apropos: Während du so dahinrollst, solltest du nach Zugängen Richtung Strand Ausschau halten. Die führen zu versteckten Buchten, die sonst nur übers Meer erreichbar sind und in denen du dich prima im klaren Meerwasser abkühlst. Da kannst du den Strand von Bonassola getrost links liegen lassen, zumal dich in Framura ebenfalls Schönes erwartet. Einfach mit dem Aufzug zum kleinen Naturhafen mit lauschigen Badestellen zwischen dunklen Felsen hinunterfahren, ins Wasser hüpfen, einen Cappuccino trinken oder ein Eis schlecken. Und morgen unbedingt wiederkommen …

Hinreisen
Mit dem ICE nach Zürich, von dort mit dem EC nach Mailand. Hier startet ein IC nach Levanto.

Weiterreisen
Räder leihst du direkt in Levanto, z. B. beim Sensafreni Bike Shop (Piazza del Popolo 1) oder bei Cicli Raso (Via Giuseppe Garibaldi 63). Auch manche Pensionen bieten Leihräder an – teilweise sogar kostenlos.

 **4 Tage**

 **6 km**

 **Juni, September**

 **cinqueterre.eu.com**

DURCHS WILDE FLUSSTAL

 + 

Nimm die Fährte der „Big Five" auf! Im **Nationalpark Thayatal**, mit 1360 Hektar der kleinste in Österreich, erspähst du mit etwas Glück Wildkatzen, Schwarzstörche, Fischotter, Edelkrebse und Smaragdeidechsen. Wanderkarten und alle wichtigen Infos fürs wilde Thayatal findest du im Nationalparkhaus zwischen Merkersdorf und Hardegg. Auf einem idyllischen Rundwanderweg kommst du über die neue Einsiedlerbrücke in den **Národní park Podyjí**, den tschechischen Teil des Naturwunders. Magisch wird es bei Dunkelheit, wenn im Sommer unzählige Glühwürmchen im Wald funkeln. Wer noch tiefer in die Geheimnisse der Schluchtenlandschaft eintauchen möchte, bucht eine Tour mit den dortigen Rangerinnen und Rangern.

Hinreisen

Mit dem Railjet Xpress oder der Westbahn nach Wien. Von dort mit dem Regionalexpress nach Retz und mit dem Regionalbus 876 zur Haltestelle „Hardegg Nationalparkhaus".

Weiterreisen

Durch den Nationalpark zu Fuß oder mit dem Fahrrad oder E-Bike. Der „Reblausexpress" verbindet von 21. März bis 1. November am Wochenende das Wald- mit dem Weinviertel.

 **4 Tage**

 **1 – 40 km**

 **Anfang April bis Ende Oktober**

 **np-thayatal.at**

AHOI MINI-KREUZFAHRT!

 + 

Möchtest du echtes Kreuzfahrtfeeling? Und das ganz kompakt? Los geht's! Du legst bei Sonnenuntergang in **Amsterdam** ab und schipperst mit Dinner, Bargetränk und Schlafplatz in der Kabine nach Großbritannien. Am Morgen erwartet dich **Newcastle upon Tyne**, das von der kohlengeschwärzten Industriemetropole zum hippen Geheimtipp geworden ist. Nette Pubs und Cafés gibt's im Künstlerviertel Ouseburn Valley, stilvoll shoppst du im fast 200 Jahre alten Grainger Market. Eben noch bist du im Newcastle Castle ins Mittelalter gereist, schon katapultiert dich die Millennium Bridge ins 21. Jahrhundert. Und bringt dich zum Baltic, einem Zentrum für zeitgenössische Kunst. Atemberaubend: der Blick von der obersten Aussichtsplattform.

Hinreisen

Ab Berlin mit dem European Sleeper, ab Frankfurt/Main mit dem ICE oder ab Osnabrück mit dem IC nach Amsterdam.

Weiterreisen

Mit dem gebuchten DFDS-Bustransfer in 30 Min. nach IJmuiden. Abfahrt um 17.30 Uhr mit der DFDS-Fähre. Ankunft um 9.15 Uhr in Newcastle upon Tyne. Abends wieder zurück nach Amsterdam.

 **3 Tage**

 **500 km**

 **April bis Juni, September, Oktober**

 **dfds.com**

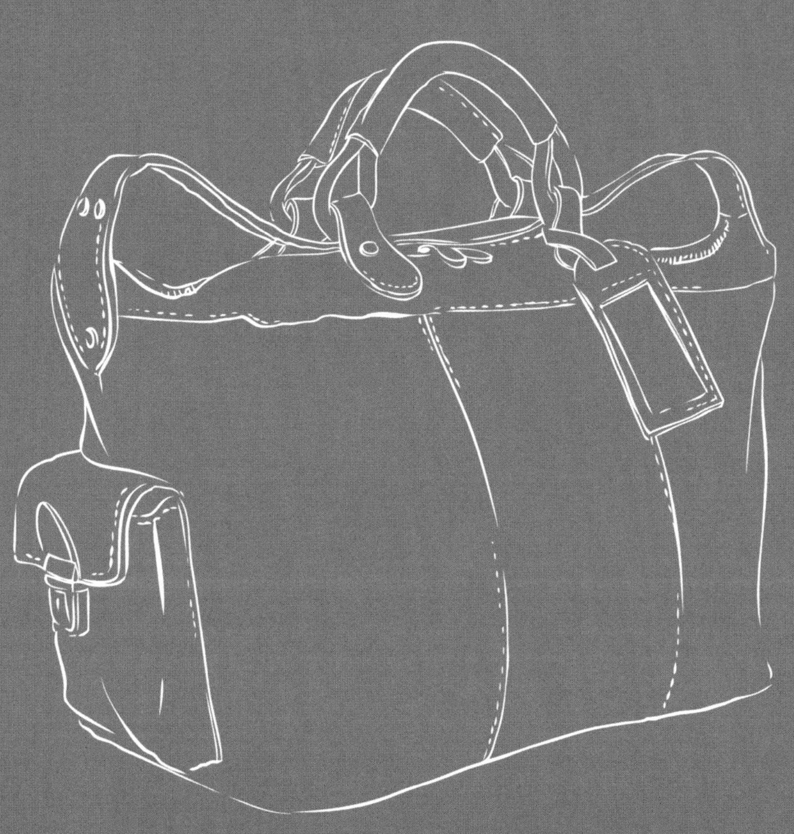

Reisen 8-11 Tage

HIN UND WEG

Hinreisen

Mit dem Zug bis Brüssel oder Paris, dann mit dem Eurostar bis London (2 bzw. 2,5 Std.). Ab London Paddington gibt es eine stündliche (und bezaubernde) Zugverbindung bis Bodmin Parkway (ca. 4 Std.). Das letzte Stück bis Wadebridge fährt der Plymouth Bus (0,5 Std.).

Weiterreisen

In Wadebridge gibt es einige Anbieter, die E-Bikes vermieten (z. B. bridgebikehire.co.uk). Die Radwege in Cornwall sind gut ausgeschildert, zum Teil aber hügelig. Mit dem E-Bike ist auch der Wind an der Atlantikküste kein Problem.

10 Tage

Juni

309 km

ATLANTIK
CORNWALL
Padstow
Wadebridge
London
Bedruthan Steps
Newquay
Eden Project
Charlestown
Lost Gardens of Heligan
Mevagissey
Godrevy Point
St. Ives
St. Mawes
Falmouth
St. Michael's Mount
Penzance
Trebah Garden
Helford
Porthleven
Trethewey
Land's End
Minack Theatre
Lizard-Halbinsel

6 Scones & Speichen

Mit dem Rad durch Cornwall? Why not! Hohe Klippen, wilde Strände und romantische Fischerdörfer sind in echt noch schöner als in jedem Rosamunde-Pilcher-Film. Trotz Wind und britischem Wetter: Mit dem E-Bike klappt diese Tour mit links.

Very futuristisch: Unter den Kuppeln des Eden Project wachsen seltene Pflanzen.

1. Tag: Wadebridge – Charlestown (50 km)

2. Tag: Charlestown – Falmouth (45 km)

Jenseits von Eden

Relaxter als auf dem Camel Trail kann der Start der Cornwall-Rundfahrt nicht sein. Der Radweg ab **Wadebridge** ist eine stillgelegte Bahntrasse. Dein E-Bike rollt und rollt. Keine Autos, nur Natur. Am River Camel entlang fährst du bis Bodmin und dann weiter nach Süden zu den futuristischen Kuppeln des **Eden Project**. Zwei Millionen seltene Pflanzen wachsen unter den Dächern. Auf Pfaden und Plattformen erfährst du Wissenswertes über Klimazonen, Nachhaltigkeit und Umweltschutz. Jenseits von Eden geht's straight on bis **Charlestown**. Du willst ja heute noch das Meer riechen.

Fahren

Bis Bodmin bleibst auf dem Camel Trail, dann geht es weiter auf dem Clay Trail.
cornwall.gov.uk, claytrails.co.uk

Sehen

Einen Blick in andere ökologische Welten wirfst du im botanischen Garten Eden Project.
Eden Project, Bodelva
edenproject.com

Essen

Frischestes Seafood wird im Longstore in Charlestown serviert.
Charlestown Harbour, Charlestown
thelongstore.co.uk

Schlafen

In einem Seehäuschen im Hafen von Charlestown mit eigenem Spa und Breakfast im Korb.
Charlestown Harbour, Charlestown
antoniaspearls.co.uk

Very cornish

Mit einem leckeren englischen Frühstück in Charlestown beginnt dein Tag! Gestärkt hüpfst du wieder aufs Bike und fährst durchs Hinterland. Der Weg ist schon das Ziel! Am Wegrand liegen verzauberte Orte: Spaziere durch den Märchenpark der **Lost Gardens of Heligan** und trink Tee im Fischerdorf **Mevagissey**. Der Radweg bis **St. Mawes** ist so idyllisch, dass ab und zu Fasane den Weg kreuzen. In St. Mawes bringt dich die Fähre sicher über den Fjord und zum Etappenziel **Falmouth**. Dort endet der Abend very cornish: Mit Fish & Chips, Bier und Sundown am Strand.

SCHON GEWUSST?

Die Rosamunde-Pilcher-Filme haben Cornwall in Deutschland berühmt gemacht. Ganz besonders Padstow verströmt jede Menge Pilcher-Feeling: Im Herrenhaus Prideaux Place wurden viele ihrer Filme gedreht. Nach einer Führung gibt's leckere Scones und eine Tasse Cream Tea, manchmal mit dem Schlossherr persönlich. Er kennt alle Geheimnisse vom Set, er spielte nämlich selbst mit.

So lovely: Kynance Cove auf der Lizard-Halbinsel.

3

3. Tag:
Falmouth – Porthleven
(30 km)

No hurry

Etappe 3 ist easy going: Die hügeligen 30 Kilometer von Falmouth bis Porthleven radelst du mit dem E-Bike locker in zwei Stunden. So bleibt genügend Zeit für einen Ausflug in den Dschungel des **Trebah Garden** bei **Helford**. Zwischen den steilen Hügeln fühlst du dich wie in den Tropen: hohe Bambuspflanzen, bunte Blüten und süßer Geruch. Am Ende des Spaziergangs gibt's als Belohnung ein Fußbad im kühlen Wasser des Helford River. Und eine Pause am Strand, mit Blick auf bunte Segelboote. Wenn du es aktiver magst, mach einen Abstecher ins Naturschutzgebiet auf der **Lizard-Halbinsel**. Schließlich radelst du weiter bis **Porthleven**. Setz dich auf die Kaimauer am kleinen Hafen, rieche das Meer und warte, bis die Sonne im Atlantik versinkt.

Fahren
Du fährst auf der National Cycle Route 3, dann setzt du mit der Fähre von St. Mawes nach Falmouth über (etwa alle 20 Minuten).

Sehen
Durchstreif das bezaubernde Caerhays Castle.
Gorran Churchtown, St Austell
visit.caerhays.co.uk

Machen
In Falmouth ins National Maritime Museum gehen.
Discovery Quay, Falmouth
nmmc.co.uk

Essen
Fish & Chips im Gylly Beach in Falmouth.
Cliff Road, Falmouth
gyllybeach.com

Schlafen
Im gemütlichen Highcliffe Bed & Breakfast in Falmouth.
22 Melvill Road, Falmouth
highcliffefalmouth.com

Fahren
Auf der Landstraße fährst du diesmal durchs Landesinnere.

Sehen
Das exotische Paradies Trebah Garden bei Helford.
Mawnan Smith, Falmouth
trebahgarden.co.uk

Essen
Cornish Pasty bei Ann's Pasties in Helford.
18 Tresprison Business Park, Helston
annspasties.co.uk

Schlafen
Im Harbour View Room im B&B Harbour Inn in Porthleven.
Commercial Rd, Porthleven
harbourinnporthleven.co.uk

Blick vom Kai

Am Etappenziel das Meer riechen: der Hafen von Porthleven.

4. Tag:
Porthleven – Penzance
(20 km)

5. Tag:
Penzance – Land's End
(40 km)

Ein Schloss im Meer

Bye bye, Porthleven! Und nur 14 Kilometer später: Hello, **St. Michael's Mount**! Selbst wenn die Sonne fehlen und der Nebel über dem Meer liegen sollte: Dieser geheimnisvolle Inselberg ist einfach magisch. Oben drauf thront ein Schloss. Und was für eines! Bei Ebbe taucht wie von Zauberhand ein Steg aus dem Meer auf, und nur ein paar Minuten später steht man auf der Insel. Hier ticken die Uhren anders. Schnell vergisst auch du die Zeit. Kein Gedanke an das heutige Ziel **Penzance**, die Küstenstadt mit ihrem besonderen Flair. Doch ob du willst oder nicht: Du musst weiter. Denn am Nachmittag kommt die Flut.

Fahren

Wie schön: Ab St. Michael's Mount führt ein Radweg direkt am Strand entlang bis Penzance.

Sehen

Das Inselschloss St. Michael's Mount bietet nicht nur bei Ebbe einen imposanten Anblick.
Marazion
stmichaelsmount.co.uk

Machen

Schwimmen im Art-déco-Stil des Jubilee Pool in Penzance.
Battery Road, Penzance
jubileepool.co.uk

Essen/Schlafen

In einem klassischen Pub, dem Longboat Inn.
Market Jew Street, Penzance
longboatinn.co.uk

Happy Land's End

Es gibt Orte, an denen landet niemand zufällig. Land's End ist so ein Ort. Berühmt und beliebt, weil es eben Englands Ende tief im Westen ist. Den Weg musst du dir erobern. Von Penzance führt die Radroute erst am Atlantik lang, bevor es dann ins Landesinnere geht. Beim Weiler **Trethewey** machst du einen lohnenswerten Abstecher ans Meer. Dort liegt das **Minack Theatre**, ein altes Freilichttheater auf einer Klippe, in dem immer noch Theateraufführungen gegeben werden. Kraftvoll schlagen die Wellen an die Felsen, genau wie später in **Land's End**. Was für ein Happy End!

Was für eine Kulisse: Im Minack Theatre schlagen die Wellen an die Felsen.

6. Tag:
Land's End – St. Ives
(30 km)

Beachtime in St. Ives

Fahren
Auf der National Cycle Route 3 radelst du weiter bis Land's End.

Sehen
Das subtropische Paradies Minack Gardens auf den Klippen verströmt einen eigentümlichen Zauber.
Porthcurno, Penzance
minack.com

Machen
Wechsel das Fortbewegungsmittel und setz beim Wandern in Land's End auf deine Beine: Es geht auf einem Stück des South West Coast Path die Klippen entlang.

Essen
Im First & Last Inn, wo England beginnt (oder aufhört).
Sennen, Land's End
landsend-landmark.co.uk

Schlafen
Mit Wow-Blick aufs Meer und die Scilly Isles im Land's End Hotel.
Land's End
landsendhotel.co.uk

Manche Straßen muss man einfach erfahren haben. Die B3306 gehört dazu. Und außerhalb der Hauptsaison ist sie auch mit dem E-Bike sensationell. Bergauf, bergab, über sanfte Hügel, vorbei an hübschen Steincottages – und immer wieder mit Blick aufs türkisfarbene Meer. Unterwegs findet jeder seinen Traumstrand. Und am Ende des Tages wartet das zauberhafte Küstenstädtchen **St. Ives**. Es ist nicht nur berühmt für sein Licht, sondern auch für seine weißen Sandstrände. Hier läuft das Leben ganz relaxed. Nur einen Termin darfst du nicht verpassen: Tea Time!

Fahren
Immer auf der Küstenstraße B3306 geht es Richtung Norden.

Sehen
Strände, einer schöner als der andere: Sennen Cove, Portheras Cove, Porthmeor Beach.

Essen
Very british und extraordinarily lecker: die Scones mit Clotted Cream und Jam im Olive's Café.
Island Square, St. Ives
olivescafe.co.uk

Schlafen
Gemütlich mit Seeblick im Lifeboat Inn in St. Ives.
Wharf Road, St. Ives
lifeboatinnstives.co.uk

Kein Grund zur Sorge: Die Radwege in Cornwall sind gut ausgebaut.

7. – 8. Tag:
St. Ives – Newquay
(60 km)

8
9. – 10. Tag:
Newquay – Wadebridge
(34 km)

Surfin', surfin'!

Eine knappe Stunde ist es nur von St. Ives bis zum **Godrevy Point**. Auf den Klippen blickst du raus zum Leuchtturm und tankst Kraft für den weiteren Weg. Die Königsetappe hat es in sich: 60 Kilometer entlang der Küste bis **Newquay**. Doch deine Waden sind mittlerweile gut trainiert, und im coolen Küstenort gibt's als Belohnung einen Pausentag. Du schaust den Fischern zu, wie sie Krabben und Hummer an Land bringen. Machst eine Bootsfahrt zu den Seehundbänken. Hängst am Fistral Beach ab. Oder du steigst in der Surf-Hauptstadt Englands aufs Brett. Aber nur im Neoprenanzug. Alles andere wäre wirklich too much!

Fahren

Über St. Agnes und Perranporth fährst du parallel zur Küste bis Newquay.

Sehen

Lass vom Godrevy Point aus deinen Blick über das Meer und den Leuchtturm schweifen.
Infos unter cornwall-adventures.com

Machen

Vom Rad aufs Wasser: Geh surfen am Fistral Beach in Newquay – Gleichgewichtsgefühl brauchst du für beides.
harlynsurfschool.co.uk

Trinken

Abhängen bei Bier und Livemusik im Whiskers Pub in Newquay.
5-7 Gover Lane, Newquay
whiskersnewquay.co.uk

Schlafen

Bei einem Ex-Surfchampion im AirBnB Clifftop Town House in Newquay.

Stones and Steps

Der Abschied vom Surferleben in Newquay fällt schwer. Zum Glück gibt's auf der kurzen Schlussetappe noch mal jede Menge Wellen. Und typisch für Cornwall: Klippen und Steine. Atemberaubend sind die **Bedruthan Steps**. Parke das Bike und spaziere auf dem Küstenweg. Man erzählt sich, dass der Riese Bedruthan die Steine als Treppenstufen benutzte. Du kannst bei Ebbe entspannt über eine Holztreppe zum Strand. Am liebsten möchtest du bis zum Sundown hierbleiben. Why not? Die 20 Kilometer bis zum Ende der Tour in **Wadebridge** schaffst du doch mit links!

CHECKLISTE

Einpacken
Regenjacke, Regenhose und eine wasserdichte Radkarte

Hören
Bike (Pink Floyd), Nine Million Bicycles (Katie Melua)

Lesen
Die Muschelsucher: Rosamunde Pilchers erfolgreichster Cornwall-Roman muss sein. *Rebecca:* Daphne du Mauriers Bestseller begeisterte schon Alfred Hitchcock.

Fahren
Auf der National Cycle Route 32 und 323 kurbelst du bis Padstow und weiter auf dem Camel Trail bis Wadebridge.

Machen
Eine Führung durch das Herrenhaus Prideaux Place bei Padstow – für Pilcher-Fans ein Muss!
Prideaux Place, Padstow
prideauxplace.co.uk

Essen
Gönne dir Cream Tea im Tea Garden neben den Bedruthan Steps.
Bedruthan Steps, St. Eval
carnewas-tea-rooms.co.uk

Schlafen
Mitten in Wadebridge im Molesworth Arms.
Molesworth Street, Wadebridge
molesworthharms.co.uk

Die Küste immer im Blick: auf der Radtour durch das romantische Cornwall.

9 Tage

Frühling oder Herbst

130 km

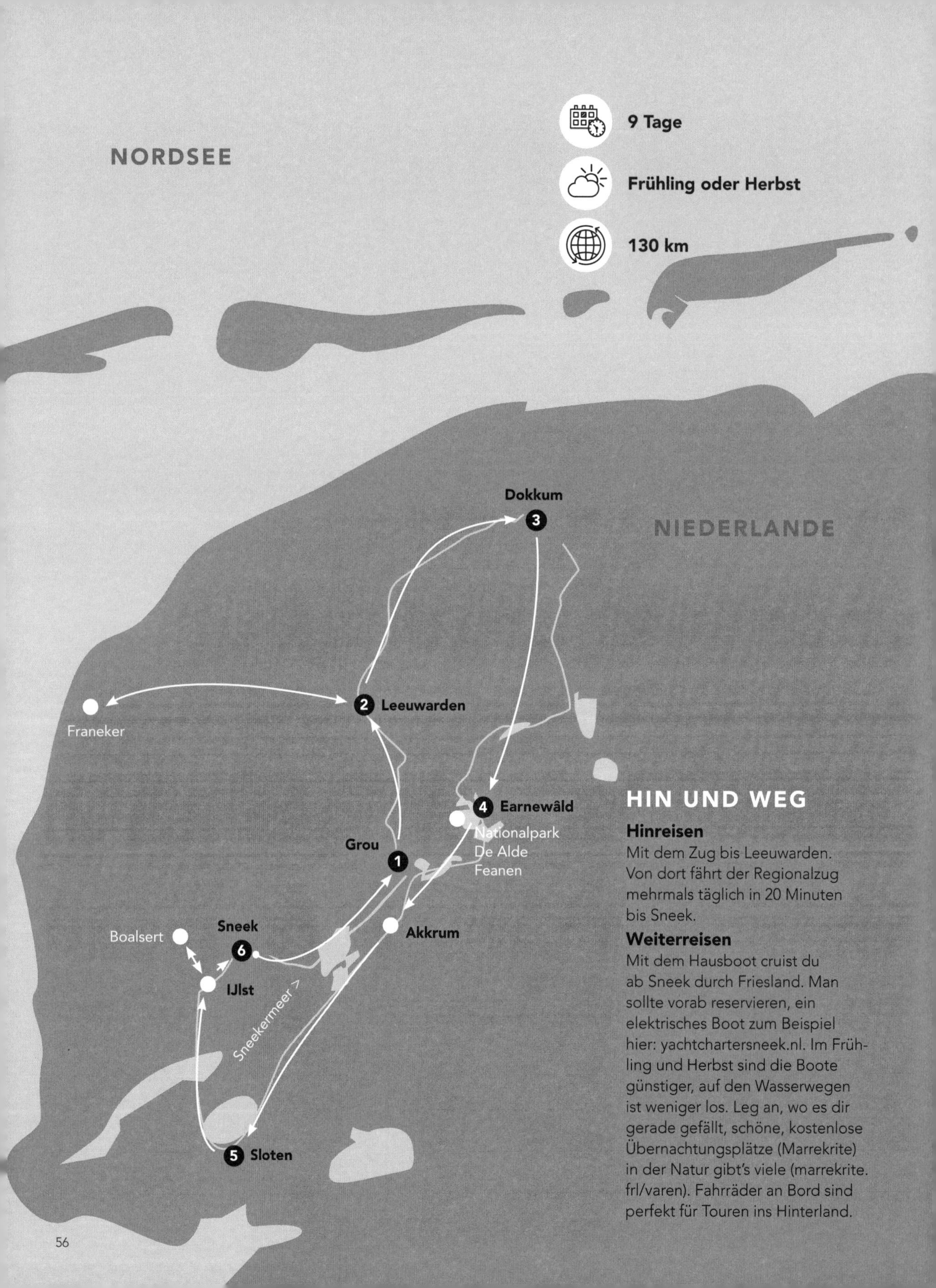

NORDSEE

NIEDERLANDE

Dokkum

3

Franeker

2 Leeuwarden

4 Earnewâld

Nationalpark
De Alde
Feanen

Grou

1

Boalsert

Sneek

6

Akkrum

IJlst

Sneekermeer >

5 Sloten

HIN UND WEG

Hinreisen

Mit dem Zug bis Leeuwarden. Von dort fährt der Regionalzug mehrmals täglich in 20 Minuten bis Sneek.

Weiterreisen

Mit dem Hausboot cruist du ab Sneek durch Friesland. Man sollte vorab reservieren, ein elektrisches Boot zum Beispiel hier: yachtchartersneek.nl. Im Frühling und Herbst sind die Boote günstiger, auf den Wasserwegen ist weniger los. Leg an, wo es dir gerade gefällt, schöne, kostenlose Übernachtungsplätze (Marrekrite) in der Natur gibt's viele (marrekrite.frl/varen). Fahrräder an Bord sind perfekt für Touren ins Hinterland.

7 Leinen los, Kanalkapitän!

Wer in den Niederlanden in See stechen will, braucht nicht mal einen Führerschein. Nur ein Boot. Am besten ein Elektro-Hausboot. Schon geht sie los, die stille Fahrt über Kanäle, Grachten und Seen.

1. Tag:
Sneek – Grou
(15 km)

Aye, aye, Käpt'n

Landratten aufgepasst: Ein Boot hat keine Bremsen. Und Segelschiffe haben immer Vorfahrt! Wenn du diese Regeln kennst, bist du gut vorbereitet fürs große Hausbootabenteuer. Bei der Bootsübergabe in **Sneek** lernst du erst mal anlegen, ablegen und einparken. Und dann: Leinen los! Die ersten Meter auf dem Wasser sind aufregend. Ganz schön lang, so ein Hausboot! Zum Glück geht's direkt aufs Sneekermeer. Hier ist viel Platz und wenig Verkehr, perfekt für neue Hausbootkapitäne. Sneeks enge Kanäle enterst du besser am Ende der Tour. Über den Prinses-Margriet-Kanal erreichst du dein erstes Ziel **Grou**, samt Ankerplatz in der Natur.

Sehen

Die Altstadt von Sneek mit dem historischen Wassertor ist einen Landgang wert, bevor du die Brücke deines Boots enterst.
sneek.nl

Essen

Das hast du dir nach deinem ersten Tag als Kapitän verdient: ein ordentliches Essen im Theehuis im Hafen von Grou.
Meersweg 9, Grou
hettheehuis.nl

Schlafen

Schöne Naturliegeplätze rund um eine Insel gibt's außerhalb von Grou bei De Tynj.

2

2. – 3. Tag:
Grou – Leeuwarden
(15 km)

Tucker, tucker …

Nach dem Frühstück an Bord tuckerst du los. Entschleunigung ist angesagt! Langsam zieht die Welt an dir vorbei, mehr als 10 km/h schafft das Boot nicht. Macht aber gar nichts: Bis Leeuwarden, dem heutigen Etappenziel, sind es nur knapp 13 Kilometer. Stress kommt höchstens beim Anlegen im Hafen auf. Doch die Crew wird mit jedem Manöver sicherer. Danach entdeckst du **Leeuwarden**, Frieslands quirlige Hauptstadt. Und einen Turm, der noch schiefer ist als der von Pisa. Am nächsten Tag lässt du das Boot vor Anker, packst das Klapprad in den Zug und machst eine Tour zum richtigen Meer.

Einmal durchs Wassertor tuckern gehört in Sneek dazu.

SCHON GEWUSST?

In den Niederlanden heißt meer See. Das Sneekermeer ist also kein Meer, sondern ein Binnengewässer. Umgekehrt heißt auf Niederländisch dafür Meer zee. Verwirrend? Egal, wunderschön ist beides!

3 4. Tag: Leeuwarden – Dokkum (25 km)

Sehen
Das Eise-Eisinga-Planetarium in Franeker ist das älteste noch funktionsfähige der Welt.
Eise Eisingastraat 3, Franeker
planetarium-friesland.nl

Machen
Geh doch einfach mal von Bord! Von Leeuwarden fährst du mit dem Zug nach Franeker und machst von dort aus eine Rund-Radtour über Sexbierum bis ans Meer bei Harlingen (20 km).

Essen
Im ehemaligen Gefängnis von Leeuwarden isst man kriminell gut: Drink & Eetlokaal Proefverlof.
Blokhuisplein 40, Leeuwarden
proefverlof.frl

Schlafen
Im Yachthafen, es gibt 40 Plätze für Gästecrews.
visitleeuwarden.com

Grachten-Kreuzfahrt

Mit einer Rundfahrt durch die Grachten verabschiedest du dich von Leeuwarden und schipperst weiter Richtung Dokkum, vorbei an Dörfchen und Brücken. **Dokkum** ist eine alte Festungsstadt, umringt von Wasser und Bollwerken. Dort gibt es schöne Stellen, wo man festmachen und übernachten kann. Sicher das Boot und mach dann einen Spaziergang durch die Stadt mit ihren hübschen alten Backsteingebäuden. Jetzt wird es Zeit für einen Borrel. So heißt in Holland der Snack am späten Nachmittag. In einer der Brauereien gibt's Biertje met Bitterballen, ein Bier und runde, frittierte Fleischkroketten. Und zum Dessert stößt du mit einem Dokkumer Kofje auf den Hausboottrip an. Proost!

Sehen
Dem Zauber der mehr als 140 denkmalgeschützten Gebäude in der Dokkumer Altstadt kannst du dich nicht entziehen.
dokkum.nl

Trinken
Probier einen Dokkumer Kofje, die friesische Version des Irish Coffee, in der Koffiebar Knus.
Oranjewal 2, Dokkum
koffiebarknus.nl

Schlafen
Gut anlegen kannst du mit deinem Boot am Bollwerk unterhalb der Windmühlen.

Das Eise-Eisinga-Planetarium in Franeker ist das älteste weltweit.

4 **5. – 6. Tag:**
Dokkum – Earnewâld
(40 km)

5 **7. Tag:**
Earnewâld – Akkrum – Sloten (20 km)

Im Wasserlabyrinth

Nach so viel Kleinstadtleben führt dich die heutige Etappe in die stille Natur. Dein Ziel: der **Nationalpark De Alde Feanen**. Hier fühlst du dich wie in einer anderen Welt. Saftige Wiesen, grasende Schafe, so viel Ruhe und Weite! Das ehemalige Torfabbaugebiet ist wirklich ein Paradies. Nimm dir viel Zeit und fahr einfach drauflos durch das Wasserlabyrinth aus Kanälen, Gräben und Seen. Und freu dich auf eine Safari. Hier brüten nicht nur viele Vogelarten. Mit etwas Geduld und ein bisschen Glück siehst du die Big Five: Reh, Rohrdommel, Kormoran, Storch und Seeadler. Und wenn nicht, hast du einen guten Grund, noch einmal wiederzukommen.

Sehen
Otter, Adler und viel unberührte Natur findest du im Nationalpark De Alde Feanen vor.
np-aldefeanen.nl

Machen
Erkunde den Nationalpark und nimm dir je nach Lust und Laune die 3- oder 5-Kilometer-Version des Rundwanderwegs Wikelslân vor. Start ist beim Besucherzentrum Earnewâld, hier bekommst du auch jede Menge Informationen.

Schlafen
Irgendwo mitten in der Natur – und die Ruhe genießen.

Stadt, Land, Fluss

Heute nimmst du Kurs auf Akkrum. Das Manöver ist längst Routine geworden. Und mittlerweile grüßt du auch lässig, wenn dir ein Skipper entgegenkommt. In **Akkrum** staunst du über die hübschen Häuschen und gepflegten Gärten der Friesländer. Weiter geht's nach **Sloten**, der kleinsten Stadt der Niederlande. Auf dem Weg passierst du zwei Klappbrücken, eine Eisenbahnbrücke und die Kanalbrücke über die Autobahn. Ob da auch der Holzschuh zum Einsatz kommt? Damit angeln die Brückenwärter in Friesland das »Brugsgeld«, die Maut, erzählt man.

6 8. – 9. Tag: Sloten – IJlst – Sneek (15 km)

Gegen den Wind

Das Leben auf dem Wasser ist herrlich – besonders wenn die Sonne scheint. Doch Schietwetter gehört in Friesland auch mal dazu. Und es hat sogar was, wenn die Wolken tief hängen und der Wind Schilfhalme und Windmühlen tanzen lässt. Auf der letzten Etappe fährst du von Sloten nach **IJlst**. Hier kannst du die Rückkehr in den Heimathafen **Sneek** noch einen Tag hinauszögern. Zum Beispiel mit einer weiteren Fahrradtour ins Hinterland. Denn viel zu früh heißt es: Klar Schiff machen und von Bord gehen. Beim Gedanken daran wirst du schon etwas wehmütig. Am liebsten würdest du einfach weitertuckern bis Amsterdam …

Sehen
Die Laterna-magica-Sammlung im Museum Sloten.
Heerenwal 48, Sloten
museumsloten.nl

Machen
Wechsel das Wassergefährt, leih dir in Akkrum ein SUP-Board und paddel stehend durch die Landschaft.
Infos unter friesland.nl

Essen
Bitterballen mit Blick aufs Wasser putzt du im Oude Schouw in Akkrum weg.
Oude Schouw 6, Akkrum
oudeschouw.nl

Schlafen
In der Koje im Hafen von Sloten, dort gibt's einige Liegeplätze für dein Boot.
de.lemsterpoort.nl

Sehen
Die 300 Jahre alte Holzsägemühle in IJlst ist immer noch in Betrieb.
Sneekerpad 16, IJlst
houtzaagmolenderat.nl

Machen
Nochmal runter von Bord und rauf auf den Fahrradsattel: Radel aufs Land zu Deichen und Grachtenhäusern. Die Strecke geht über Blauwhuis nach Boalsert, dann über Nijland und Abbega zurück nach IJlst (30 km).

Schlafen
Ruhig und zentral schlummerst du im Passantenhaven mitten in IJlst.
Infos unter waterlandvanfriesland.nl

CHECKLISTE

Einpacken
Regenjacke und dicke Mütze für das friesische Wetter

Hören
Boat On The River (Styx)
Houseboat (Camera Obscura)

Lesen
Die Tote in der Gracht: Jan Jacobs' Holland-Krimi passt wie die Faust aufs Auge.
Sturmflut: Margriet de Moors packende Geschichte über Liebe und Tod.

In IJlst wartet die Holzsäge-Windmühle auf eine ordentliche Brise.

HIN UND WEG

Hinreisen
Bis Flensburg und dann rüber nach Dänemark.

Weiterreisen
Immer dem braunen Schild mit der weißen Margerite nach. Auf der Margeritenroute über kleine Nebenstraßen durch Jütland, entlang der Nordsee bis Hirtshals. Zurück geht's direkter auf der Autobahn. Wer mehr Zeit hat, kann immer weiterreisen, die Margeritenroute führt auf insgesamt 3600 Kilometern durch ganz Dänemark. Detaillierte Infos gibt es in der App »Margueritruten«.

9 Tage

August und September

280 km

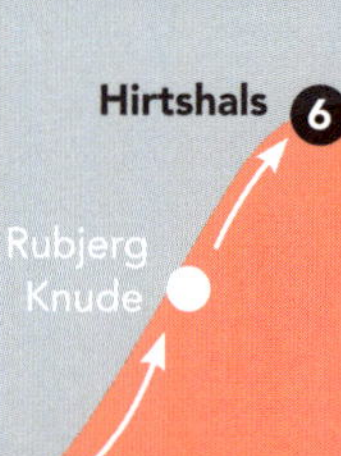

8 Vanlife in den Dünen 

Die Däninnen und Dänen sind Weltmeister im Glücklichsein. Wer sich aufmacht in das kleine Königreich, spürt warum. Das Licht. Die Weite. Das Meer. Folge ganz gemütlich der Margeritenroute – und entdecke dabei das Hygge-Feeling.

Strand so weit das Auge reicht: Vejers Strand gehört zur Kategorie »Lieblingsorte«.

1. – 2. Tag:
Flensburg – Rømø
(95 km)

2 **3. Tag:**
Rømø – Ribe
(40 km)

Inselglück

Ein paar tiefe Atemzüge, und du weißt, dass du angekommen bist. Es riecht nach Meer. Nach Freiheit. Nach Ferien. Die Insel **Rømø** ist ein Paradies, und das keine hundert Kilometer von Flensburg entfernt. Hier darf dein Wohnmobil einen Strandtag genießen: Es parkt in erster Reihe direkt am Meer. Auf dem Autostrand ist das erlaubt, bis die Sonne untergeht. Drachen flattern im Wind, das Meer glitzert, die Wellen rauschen. In Dänemark reden sie immer von »Hygge«, jenem Lebensgefühl-Mix aus Vertrautheit, Sicherheit und Zufriedenheit. Beim Spaziergang über den endlosen Strand spürst du es plötzlich auch!

Machen
Vor Rømø ins Wattenmeer wandern auf einer Tour vom Naturcenter Tønnisgård.
Havnebyvej 30, Rømø
tonnisgaard.dk

Essen
Guilty pleasure: dänischer Hotdog an einem der Strandwagen auf Rømø – mmmmh!

Schlafen
Auf dem schönen Womo-Stellplatz Oasen auf Rømø.
Rømersvej 9, Rømø
oasen-roemoe.dk

Riech das Meer

Hey, hey, Wikinger

Die zweite Etappe auf der Margeritenroute ist kurz. Nur 40 Kilometer, schon bist du in **Ribe**. Bis in die frühe Neuzeit war die älteste Stadt des Landes der wichtigste dänische Hafen an der Nordsee. Schon den Wikingern gefiel es hier. Und auch du wirst dich sofort wohlfühlen. Einfach gemütlich ist sie, die kleine Altstadt mit den vielen Fachwerkhäusern, Cafés und dem Dom. In einem Freilichtmuseum vor der Stadt reist du in der Geschichte zurück. Echte Wikinger zeigen dir, wie man früher lebte. In ihrer guten Stube mit dem kuscheligen Fell auf den Holzstühlen wird dir klar: Hygge ist keine moderne Erfindung.

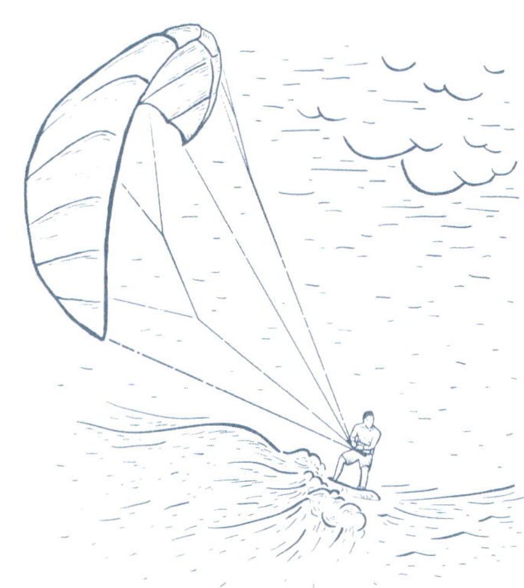

SCHON GEWUSST?

Die Margeritenroute schlängelt sich auf mehr als 3600 Kilometern durch das kleine Königreich – immer abseits der Hauptstraßen. Ihren Namen verdankt die Route Königin Margrethe II. Deren Lieblingsblume ist – na klar – die Margerite.

4. – 5. Tag:
Ribe – Hvide Sande
(120 km)

Sehen

Im Ribe VikingeCenter lernst du den Alltag der (gar nicht so wilden) Wikinger kennen.
Roagervej 129, Ribe
ribevikingecenter.dk

Machen

Auf den Turm des Doms von Ribe steigen und die Aussicht genießen.
Torvet 19, Ribe
ribe-domkirke.dk

Trinken

Ein frisch gebrautes Blond, Brown oder Black Ale schmeckt im Ribe Bryghus ganz vortrefflich.
Seminarievej 16B, Ribe
ribebryghus.dk

Schlafen

Rund um einen See auf dem Stellplatz Storkesoen Ribe.
Haulundvej 164, Ribe
storkesoen.dk

Der perfekte Untergang

Hinter Ribe geht's wieder Richtung Meer, du fährst weiter, immer der Margerite nach, bis du die Nordsee siehst. Hinter Oksbøl lohnt sich ein Abstecher von der Traumstraße: Bei **Vejers Strand** wartet der nächste Autostrand. Perfekt für eine längere Mittagspause am Meer. Und dann immer weiter bis zum großen Küstensee Ringkøbing Fjord. Zwischen Dünen und Fjord fährst du vorbei an alten Fischerhütten mit Reetdächern, an Kuttern und Booten. Abends auf dem Campingplatz bei **Hvide Sande** machst du das, was alle machen: Rauf auf die Düne zum Sonnenuntergang. Wenn dich das nicht glücklich macht, was dann?

Sehen

Den herrlichen Sonnenuntergang am Leuchtturm Lyngvig in Hvide Sande wirst du so schnell nicht vergessen.
visitvesterhavet.de

Machen

SUP, Windsurfen, Kitesurfen – alles möglich auf dem Küstensee Ringkøbing Fjord.
nord.de.westwind.dk

Essen

Das Lille K in Hvide Sande ist Tapas-Bar und Feinkostladen in einem.
Toldbodgade 8, Hvide Sande
bygrantland.dk/lille-k

Schlafen

Auf dem Campingplatz mitten in den Dünen von Hvide Sande.
Holmsland Klitvej 81, Hvide Sande
lyngvigcamping.dk

Viele Muscheln: das Sneglehuset in Thyborøn.

CHECKLISTE

Einpacken
Einen Drachen für den Strand und eine Schaufel, falls das Gefährt feststeckt

Hören
Gå Med Dig (Nephew)
Runnin' Wild (Velvet Volume)

Lesen
Hans Christian Andersens schönste Märchen: Ein Märchenschatz, wunderschön illustriert von Daniela Drescher.
Erlösung: Mit einer Flaschenpost in der Nordsee beginnt Jussi Adler-Olsens dritter Fall.

6. Tag:
Hvide Sande – Ferring
(65 km)

Dem Himmel so nah

Etappe 4 führt dich von Hvide Sande zu einem besonderen Platz. Auf der engen Landstraße siehst du ihn schon von Weitem in der Sonne leuchten: Bovbjerg Fyr. Er ist zwar nicht der größte, aber vermutlich der roteste Leuchtturm Dänemarks. Seit 1877 steht er da und wacht über die Steilküste Bovbjerg Klint. Bevor du dich in **Ferring** für die Nacht einrichtest, lohnt sich der Aufstieg auf den Turm. Was für ein Blick über die Küste und die Nordsee! Hier könntest du ewig bleiben und dir den Wind um die Nase wehen lassen. Doch unten im Garten des gemütlichen Cafés wartet ein Blaubeerkuchen mit Sahne.

Sehen
Das Museum des Leuchtturms Bovbjerg Fyr mit seiner Kunstausstellung.
Fyrvej 27, Ferring
bovbjergfyr.dk

Machen
Bis zum Horizont: Eine Wanderung entlang der 40 Meter hohen Steilküste Bovbjerg Klint bietet weite Blicke hinaus aufs Meer.

Schlafen
Auf dem hyggeligen Bovbjerg Camping in Ferring.
Juelsgårdvej 13, Ferring
bovbjergcamping.dk

7. – 8. Tag:
Ferring – Nationalpark Thy – Klitmøller (75 km)

Cold Hawaii

Ach, die Margeritenroute ist einfach hyggelig. Keine stressige Autobahn, verfahren ist kaum möglich. Heute verlassen wir aber die Margerite nach der Fähre bei **Thyborøn** und fahren direkt zum **Nationalpark Thy**. Der ist traumhaft: hohe Dünen, wildes Meer, einsame Wanderwege, alles geschützte Natur – man kann hier locker einen ganzen Tag verbringen. Nimm dir die Zeit, bis nach **Klitmøller** ist es dann ja nicht mehr weit. Das Fischerörtchen nennt sich »Cold Hawaii«. Surfcracks kommen mit ihren Vans von weit her, um die besten Spots zu finden. Doch Klitmøller ist auch bei vielen anderen Kult: Künstlerinnen, Hipster, Yogis – alle zieht der Ort magisch an. Lass dich anstecken, schnapp dir ein Brett und warte auf die perfekte Welle. Die kommt hier ganz sicher!

Durch Schlick und Schlamm: Wattwandern macht Spaß.

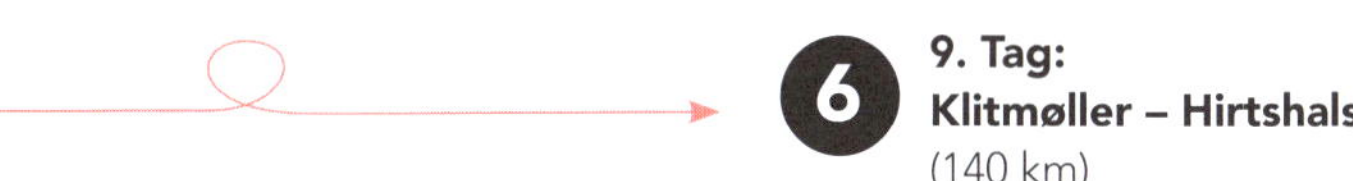

6 **9. Tag:**
Klitmøller – Hirtshals
(140 km)

Leuchtturmgeschichten

Langsam kommt er näher, der nördlichste Punkt der Margeritenroute, **Hirtshals**. Das Ende der Reise. Dass die Schlussetappe entlang der Jammerbucht geht, passt irgendwie. Doch noch ist Zeit, genieße den Tag, am besten barfuß auf Europas größter Wanderdüne **Rubjerg Knude**. Die holt sich alles: Bäume, Häuser und fast auch den Leuchtturm. Jammerschade wär's gewesen, doch der Turm konnte gerettet und versetzt werden. So eine romantische Geschichte hat der Hirtshals Fyr zwar nicht zu bieten. Doch die Landspitze ist ein guter Ort, um »Farvel« zu sagen.

Sehen
Den ehemaligen Fischerort Stenbjerg Landingsplads im Nationalpark Thy, wo du auch das Info-Zentrum des Schutzgebietes findest.
de.nationalparkthy.dk

Machen
Besichtige das leicht skurrile, mit Schnecken und Muscheln geschmückte Sneglehuset in Thyborøn.
Klitvej 9, Thyborøn
sneglehuset.dk

Essen
Fish & Chips in der Klitmøller Røgeri.
Ørhagevej 152b, Klitmøller
klitmoeller-roegeri.dk

Schlafen
Entspannt auf der großen Wiese im Surfercamp des Nystrup Camping in Klitmøller.
Trøjborgvej 22, Klitmøller
nystrupcampingklitmoller.dk

Sehen
Eine der größten Befestigungsanlagen aus dem Zweiten Weltkrieg kannst du in Hanstholm erkunden.
Molevej 29, Hanstholm
bunkermuseumhanstholm.dk

Machen
Kletter auf die riesige, rund 70 Meter hohe Wanderdüne Rubjerg Knude bei Løkken.

Essen
Frischen Fisch gibt es – der Name verrät es bereits – im Fiskehus Hirtshals.
Sydvestkajen 7, Hirtshals
hirtshalsfiskehus.dk

Schlafen
Auf dem Hirtshals Camping mit direktem Blick auf den Leuchtturm und die Nordsee.
Kystvejen 6, Hirtshals
hirtshals-camping.de

HIN UND WEG

Hinreisen
Mit dem Auto über München oder Nürnberg Richtung Passau und bei Philippsreut über die deutsch-tschechische Grenze.

Weiterreisen
Im Uhrzeigersinn durch Südböhmen, ohne Autobahn, immer auf der Landstraße.

9 Tage

Das ganze Jahr

455 km

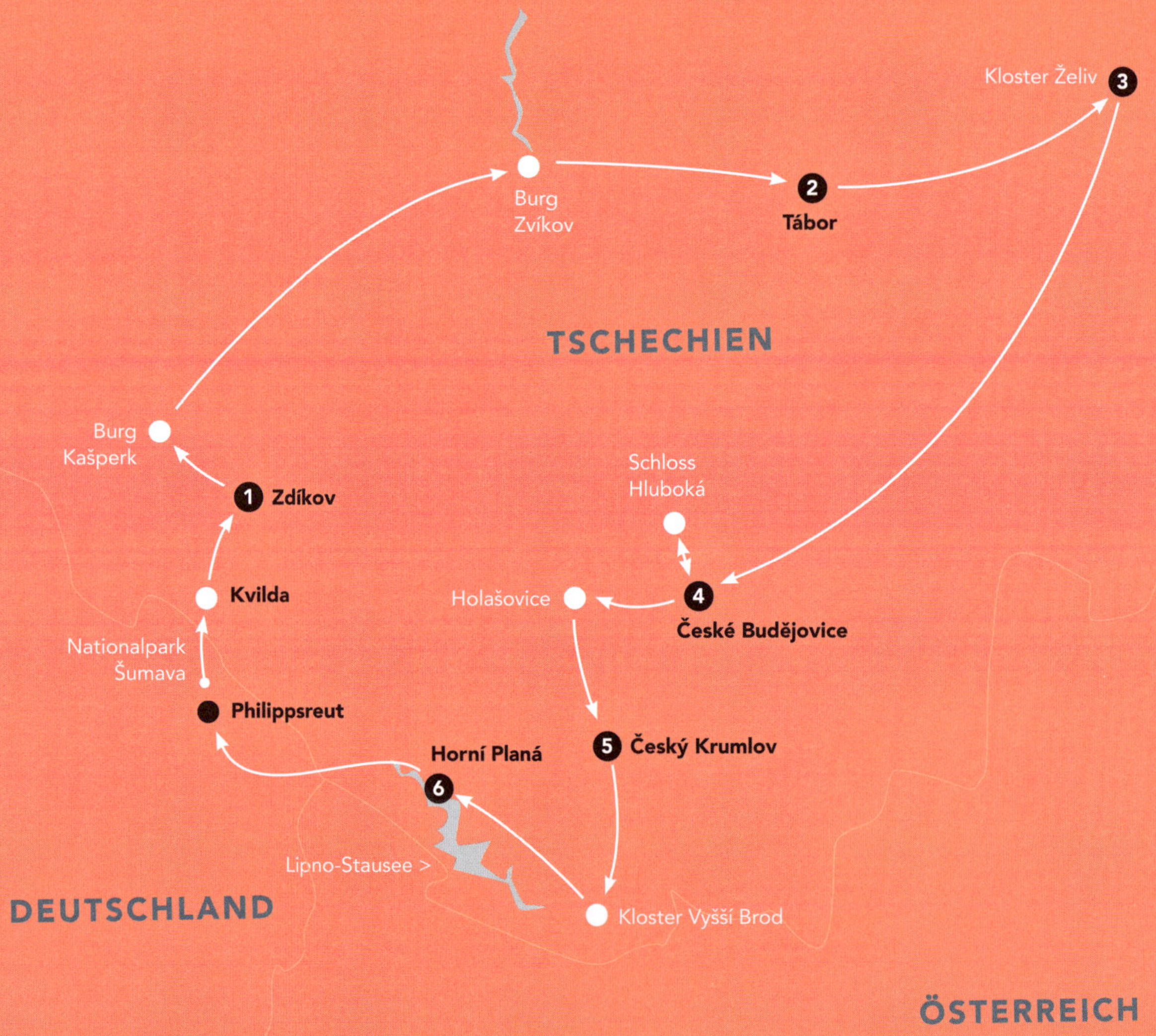

Kloster Želiv 3
Burg Zvíkov
2 Tábor
TSCHECHIEN
Burg Kašperk
1 Zdíkov
Schloss Hluboká
Kvilda
Holašovice
4 České Budějovice
Nationalpark Šumava
Philippsreut
Horní Planá
6
5 Český Krumlov
Lipno-Stausee >
DEUTSCHLAND
Kloster Vyšší Brod
ÖSTERREICH

9 Im Märchenzauberland 

Burgen – und Bier! Nein, nicht in Bayern, sondern direkt über der Grenze, in Südböhmen. Auf der Landstraße geht's durch mittelalterliche Städtchen und unberührte Wälder – und aus böhmischen Dörfern werden neue, zauberhafte Lieblingsorte.

Traumburg mit Traumblick: Burg Kašperk.

CHECKLISTE

Einpacken
Ein Wörterbuch oder eine Sprach-App

Hören
Die Moldau (Bedřich Smetana)
Von Böhmen in die Welt (Karel Gott)

Lesen
Der Hochwald: Eine tragische Liebesgeschichte des südböhmischen Dichters Adalbert Stifter.
Der Räuber Hotzenplotz: Otfried Preußlers Figuren stecken voller Erinnerungen an seine Heimat Südböhmen.

1. Tag:
Philippsreut – Zdíkov
(53 km)

Zauber im Böhmerwald

Jedem Anfang wohnt ein Zauber inne. Das gilt besonders für ein unscheinbares Wasserloch mitten im dichten Böhmerwald. Da unten gluckst sie, die Moldau. Kaum zu glauben, dass aus diesem Bächlein Tschechiens größter Fluss wird. Auf der Quellen-Rundwanderung von **Kvilda** aus, einem Örtchen mitten im Nationalpark Šumava, fühlst du dich wie in einem verzauberten Urwald: Farne, Gräser, Moose – alles saftig grün. Und am Abend schläfst du in **Zdíkov** in einem Märchenschloss!

Sehen
Über den größten Moorsee Tschechiens, den Chalupská slať (Großer Königsfilz) bei Borová Lada, führt ein 1,5 Kilometer langer Lehrpfad über Holzstege.

Machen
Von Kvilda aus wanderst du auf einem 13 Kilometer langen Rundweg durch den wilden Böhmerwald, zur Moldauquelle und nach Bučina, Tschechiens höchstgelegener Gemeinde.

Essen/Schlafen
Wie im Märchen im Schlosshotel Zdíkov.
Zdíkov 1, Zdíkov
schlosshotel-zdikov.de

Farne, Gräser, Moose – alles saftiggrün

2 – 2. – 3. Tag:
Zdíkov – Tábor
(133 km)

1001 Burg

Nach einem königlichen Frühstück geht es von Zdíkov aus weiter auf der Landstraße durchs Land der Burgen. Erster Stopp: **Burg Kašperk**. Weit über den Baumspitzen wachsen ihre zwei Türme in den Himmel. Bei einer Führung erfährst du, dass Karl IV. die Königsburg 1356 gründete – und dass das Leben hinter ihren Mauern nicht einfach war. Ins dunkle Mittelalter geht's dann auf **Burg Zvíkov**. Sie steht auf einem Felsen, dort, wo Moldau und Otava zusammenfließen. Nach so viel Festung sparst du dir den Burgturm in der Altstadt von **Tábor**, dem heutigen Etappenziel, für morgen auf.

Prächtiger Barocksaal im Kloster Želiv.

4. Tag:
Tábor – Želiv
(50 km)

Böhmische Dörfer

In Südböhmen ticken die Uhren anders. Mittlerweile auch deine. Entspannt fährst du weiter nach Želiv. Auf der Landstraße ist kaum Verkehr, und in den böhmischen Dörfern mit den für unsere Zungen komplizierten Namen ist auch recht wenig los. Noch ruhiger wird es nur im **Kloster Želiv**. Friedlich liegt es zwischen den sanften, grünen Hügeln. Bei einer Führung erfährst du, was in 900 Jahren Klostergeschichte so alles passierte. Dass die Anlage Hussitenkriege, Brände und den Kommunismus überdauert hat. Heute leben die Brüder der Prämonstratenser in den historischen Mauern. Eine Nacht lang gehörst du dazu: Im Klosterhotel bist du herzlich willkommen.

Sehen
Im Schokoladen- und Marzipanmuseum in Tábor müssen Schleckermäuler ganz tapfer sein.
Kotnovská 138, Tábor
cokomuzeum.cz/de

Machen
Jetzt wird's gespenstisch: Steig in die unterirdischen mittelalterlichen Tunnels in Tábo.
Žižkovo Náměstí 1, Tábor
Infos unter husitskemuzeum.cz

Essen
Eine Verbindung, die einfach passt: Kuchen, Kaffee und Bücher gibt's im Jednota Kafe a Knihy in Tábor.
Kostnická 158/1, Tábor
kafeknihyjednota.webnode.cz

Schlafen
Im schicken Boutique-Hotel Nautilus, mitten in Tábor.
Žižkovo Náměstí 20, Tábor
hotelnautilus.cz/de

Sehen
Das Klosterkonvent und die Kirche Mariä Geburt erforschst du bei einer Führung.
Želiv 122, Želiv
zeliv.eu

Machen
Ein Biertasting in der kleinen Kloster-Brauerei zeigt dir, dass man in Böhmen das Brauen zur Kunstform erhoben hat.
de.pivovarzeliv.com

Essen
Im Klosterrestaurant gibt's Haxe mit Dunkelbiersauce und frischem Bier aus dem Tank.

Schlafen
Ruhig schlummerst du in einem renovierten Flügel mit viel Komfort im Klosterhotel.
hotelklasterzeliv.cz

Mauern, Erker, Türmchen: Schloss Hluboká.

4 **5. – 6. Tag:**
Želiv – České Budějovice
(109 km)

Mehr als Bier!

Bierfans denken beim nächsten Ziel **České Budějovice** oder Budweis wohl nur an eines: Südböhmens größte Stadt ist ein wahres Mekka des Gerstensafts: Hier wird das Budvar oder Budweiser gebraut. Bei einer Führung entdeckst du die Geheimnisse der tschechischen Bierkultur. Natürlich gibt's den Gerstensaft frisch aus den riesigen Tanks. Doch České Budějovice hat noch viel mehr zu bieten. Es ist ein Mix aus Freiluftmuseum und Studentenstadt – mit viel Kultur und zauberhaften pastellfarbenen Patrizierhäusern. Morgen erwartet dich ein Ausflug zum **Schloss Hluboká** – ein Traum auf einem Hügel über der Moldau. Mit weißen Mauern, Türmchen und Erkern. Am besten fährst du ganz früh los, um vor allen anderen dort zu sein. Doch der Abend in der Brauerei-Wirtschaft könnte lang werden. Denn zum deftigen tschechischen Gulasch und den Böhmischen Knödeln gehört einfach kühles Budvar.

Sehen

Die Budvar-Brauerei samt Bier-Museum und frisch gebrautem Gerstensaft.
Karolíny Světlé 512/4, České Budějovice
Infos unter budejovickybudvar.cz

Machen

Eine Moldau-Schifffahrt zum Schloss Hluboká ab dem Hafen České Vrbné.
budejce.cz/de/

Essen

In der ehemaligen Fleischbänke Masné krámy in České Budějovice.
Krajinská 13, České Budějovice
masne-kramy.cz/de

Schlafen

Im Hotel Budweis in einer historischen Mühle.
Mlýnská 6, České Budějovice
hotel-budweis.hotel.cz

5 **7. Tag:**
České Budějovice – Český Krumlov (45 km)

Wie im Märchen

Zwischen České Budějovice und dem heutigen Etappenziel liegt das Märchendorf **Holašovice**: liebevoll restaurierte und reich verzierte Häuschen, Bauernhöfe und Speicher im Stil des Bauernbarocks. So ruhig wird es im beliebten **Český Krumlov** nicht werden. Die Stadt ist aber auch einfach putzig! Vom Schlossturm hast du einen Bilderbuchblick: Die roten Ziegeldächer strahlen, das große S der Moldau glitzert. Hier oben fühlst du dich endgültig wie in einer anderen Welt.

Böhmen kann richtig süß sein: unwiderstehlicher Apfelstrudel.

SCHON GEWUSST?

Die Moldau wird auch »Böhmisches Meer« genannt. Sie ist Tschechiens längster Fluss. 430 Kilometer schlängelt sie sich von der bayerischen Grenze durch Prag bis zur Elbe und ist deren größter Nebenfluss. Auf Tschechisch heißt sie übrigens ganz anders: Vltava.

8. – 9. Tag: **Český Krumlov – Horní Planá** (65 km)

Ora et labora

Die letzte Etappe bringt dich nach **Vyšší Brod**. Am Ufer der Moldau steht hier seit dem 13. Jahrhundert ein Zisterzienserkloster. Bei einer Führung bestaunst du die prächtige Barockbibliothek mit 70 000 Bänden. Dann willst du die Kraft der Natur unter deinen Füßen spüren: Du wanderst auf dem Abtweg 1 durch den Böhmerwald zu den Wasserfällen St. Wolfgang. Zum Teufel ist es auch nicht weit: Hinter Vyšší Brod liegt die Teufelsmauer. Auf diesem Felsen blickst du noch ein letztes Mal von oben auf die malerische Moldau. Jetzt hast du dir eine Nacht im Wellnesshotel verdient!

Sehen

Das barocke Theater im Schloss Český Krumlov begeistert dich mit seiner bis heute erhaltenen Bühnenmaschinerie.
Zámek 59, Český Krumlov
Infos unter castle.ckrumlov.cz

Machen

Einen Spaziergang durch das Märchendorf Holašovice
Infos unter whc.unesco.org

Essen

Probier eine böhmische Spezialität, den süßen Trdelník (Baumstriezel) an einem Straßenstand.

Schlafen

Im Boutique-Hotel Latrán zwischen Holzbalken und historischen Wandteppichen.
Latrán 75, Český Krumlov
hotely-krumlov.cz

Sehen

Das Geburtshaus des Schriftstellers und Malers Adalbert Stifter findest du mitsamt einem kleinen Museum in Horní Planá.
Palackého 21, Horní Planá
Infos unter adalbertstifter.info

Machen

Auf dem Abtweg 1 (Opatská stezka I), einem ca. 3,5 Kilometer langen Lehrpfad, geht es rund ums Kloster Vyšší Brod. Start ist am Klostertor.
Klášter 137, Vyšší Brod

Schlafen

Am Lipno-Stausee, gegenüber von Horní Planá, im bezaubernden Aparthotel & Wellness Knížecí cesta
Bližší Lhota 11, Horní Planá
knizecicesta.cz

HIN UND WEG

Hinreisen

Von Berlin mit dem Nachtzug ins tschechische Ostrava, dann nach Štrba (3 Std.).
Oder über Wien nach Bratislava (1 Std.) und nach Štrba (4 Std.). Von dort dauert es nur noch 15 Minuten bis nach Štrbské Pleso.

Weiterreisen

Die Tatranská elektrická železnica, die Elektrische Tatrabahn, ist das wichtigste öffentliche Verkehrsmittel entlang des Tatra-Bogens. Sie hält an allen wichtigen Urlaubsorten (zssk.sk).

9 Tage

Juni bis September

108 km

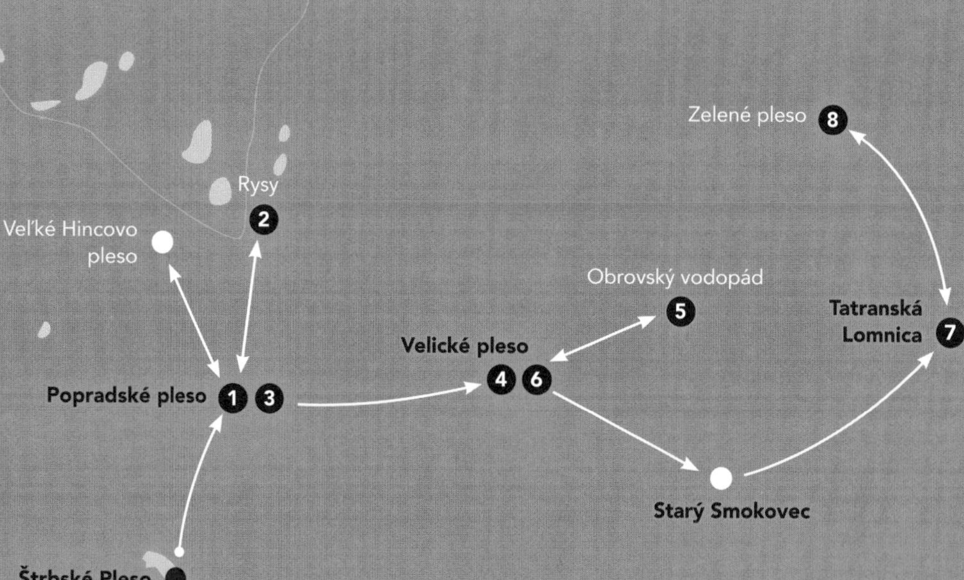

10 Im Reich schroffer Gipfel und leuchtender Seen +

Die Alpen sind dir zu voll und zu laut? Dann ab in die Slowakei, wo sich die Hohe Tatra nicht nur ursprünglich gibt, sondern auch mit jeder Menge hochalpiner Wanderungen aufwartet.

1 **1. Tag: Štrbské Pleso – Popradské pleso** (16 km)

2 **2. Tag: Popradské pleso – Rysy – Popradské pleso** (12 km)

Von See zu See zu See

Das kleinste Hochgebirge der Welt kommt ganz schön groß daher. Der Gipfel des Rysy scheint an den Sommerwolken zu kratzen, die sich im See bei der gleichnamigen Ortschaft **Štrbské Pleso** spiegeln. Heute ist die Seenrunde angesagt: Etwa 1,5 Stunden geht's moderat hinauf zum **Popradské pleso**, wo du die nächsten beiden Nächte im wunderschön am Ufer gelegenen Berghotel verbringst. Doch zunächst wanderst du rund 2 Stunden weiter, über die Baumgrenze hinaus: Das Tagesziel, der **Velké Hincovo pleso**, leuchtet überirdisch blau in der Hochgebirgskulisse zwischen kahlen Berggipfeln – ein Bild für Bergwanderer-Träume.

Sehen
Die Aussicht vom Pass Vyšné Kôprovské sedlo 150 Meter über dem Veľké Hincovo pleso

Machen
Wer rastet, rostet. Also miet ein Boot und ruder über den Štrbské pleso

Essen/Schlafen
Für drei Nächte ist das rustikale Berghotel direkt am Popradské pleso deine Bleibe.
Štrbské Pleso
popradskepleso.sk

Wolkenumschlungen

Gut geschlafen? Hoffentlich, denn heute steht dir eine lange Wanderung bevor, die man nur bei gutem Wetter angehen sollte. Rund 8 Stunden dauert der Aufstieg zum **Rysy** und zurück – kräftezehrend, aber nicht sonderlich anspruchsvoll. Die wenigen Kletterstellen sind mit Seilen und Treppen gesichert. Der Lohn der Mühe auf 2499 Metern: ein Rundumblick sowohl über den polnischen als auch den slowakischen Teil der Hohen Tatra. Wolken schlingen sich um die Grate, und Seen leuchten im Dutzend in den Himmel. Das Panorama hast du aber nicht für dich allein: Die Rysy-Tour gehört zu den beliebtesten der Tatra.

Zünftige Pause am Popradské pleso.

Die Helden der Berge

Sehen
Manchmal tobt sich auch an Sanitäranlagen die Kreativität aus: Die Toilette der Hütte Chata pod Rysmi hat eine Glasfront – Geschäft mit Aussicht …
Rysy Vrch, Štrbské Pleso
chatapodrysmi.com

Essen
Eine herzhafte Vesper bietet sich an, wenn du in der Chata pod Rysmi vorbeischaust.

Nach der gestrigen Tour ist heute Ausruhen angesagt. Genieß den Blick auf den **Popradské pleso**, den die meisten nur im Vorbeigehen bewundern. Lehn dich zurück, spür die Sonne auf der großen Terrasse und gönn deinen Beinen eine Pause. Oder mach einen 10-Minuten-Spaziergang zum Symbolický cintorín, dem Symbolischen Friedhof der Bergsteiger. Zwischen Felsblöcken und Zirben, einer Kapelle und handgeschnitzten Holzkreuzen wurden unzählige Plaketten an den Felsen angebracht, die an verunglückte Bergsteiger erinnern. Sie beweisen: Auch die Hohe Tatra ist kein Vergnügungspark.

Machen
In Gedenken an all jene, die nicht aus dem Gebirge zurückgekehrt sind: ein Spaziergang zum Bergsteigerfriedhof Symbolický cintorín.

SCHON GEWUSST?

46 Kilometer lang ist die Tatra-Magistrale, der man in drei bis vier Tagen von Anfang bis Ende folgen kann und die mit roten Markierungen ausgezeichnet ist. Der längste zusammenhängende Wanderweg in der Hohen und Westlichen Tatra verläuft am südlichen Hang und bietet immer wieder Möglichkeiten, zu den Gipfeln aufzusteigen. Übernachtet wird in urigen Hütten, in denen man allerdings selten allein ist.

Idyllisch liegt das Berghotel am Popradské pleso.

4 4. Tag: **Popradské pleso – Velické pleso**
(10 km)

5 5. Tag: **Velické pleso – Obrovský vodopád – Velické pleso**
(16 km)

Panorama? Überwältigt!

Der freie Tag hat gutgetan, die Sonne scheint, und von einem der berüchtigten Wetterumschwünge ist weit und breit nichts zu sehen. Die heutige Tour stellt keine allzu hohen Ansprüche, ist aber unschlagbar in Sachen Schönheit. Nicht umsonst wird dieser Teil der Tatra-Magistrale als Panorama-Höhenweg bezeichnet. Du kommst aus dem Staunen kaum heraus: links schroffe Gipfel und bizarre Felsen, rechts der Blick über die Ebene und die Gipfel der Niederen Tatra und des Nationalparks Slowakisches Paradies. Aber Vorsicht: Der Weg ist sehr steinig, also Augen auf! Vorbei am unbewegten Spiegel des Bergsees Batizovské pleso geht es in 8 Stunden zum Hotel, wo du die nächsten Nächte verbringst. Es ist zwar nicht ganz so urig wie das letzte, seine Lage am Ufer des **Velické pleso** in einem weiten Kessel ist aber traumhaft

Sehen
Die fantastische Bergwelt entlang der Tatra-Magistrale, auf der du weiterwanderst.
Infos unter slowakische.de

Machen/Essen/Schlafen
Drei Nächte verbringst du im Hotel Sliezsky Dom mit seinem weiten Ausblick. Dabei kannst du nicht nur die eine oder andere Runde Wellness einlegen, sondern auch Tatra-Spezialitäten im Hotelrestaurant, immerhin dem höchsten Restaurant der Slowakei, genießen.
Tatranská Polianka 32, Vysoké Tatry
sliezskydom.sk

Wasser marsch!

Seen und Wasserfälle sind das Markenzeichen der Hohen Tatra. Weshalb heute eine Überprüfung ansteht: Macht der **Obrovský vodopád** seinem Namen alle Ehre? Nach rund 2,5 Stunden Auf und Ab auf der Tatra-Magistrale grüßt der »Riesenwasserfall« mit donnerndem Rauschen. Ein kalter, feuchter Hauch weht zwischen den engen Felswänden. Ja, der stürzende Gebirgsbach macht durchaus etwas her. Nach einer ausführlichen Pause in der gut besuchten Rainerova chata, der ältesten Hütte der Hohen Tatra, geht's auf gleichem Weg zurück ins Hotel. Und jetzt eine Runde Sauna!

Nur selten ist die Wanderung zum Zelené pleso so einsam.

CHECKLISTE

Einpacken
Wanderausrüstung, feste Stiefel, Regenjacke, warmer Pullover und Badesachen

Hören
Wildflowers (Tom Petty)
Spomal (Peha)

Lesen
Troll: Michal Hvorecký, der erfolgreichste Autor der Slowakei, entwirft die Dystopie eines von Internettrollen regierten Osteuropas.
Klettern für Freiheit: Bernadette McDonalds packende Geschichte über die besten polnischen Bergsteiger, die meist in der Hohen Tatra trainierten.

Massage macht munter

Heute ist noch einmal Pause am **Velické pleso** angesagt, und die frische Bergluft auf 1700 Metern tut ein Übriges. Also zurücklehnen, die Wolken betrachten, wie sie über die Ebene ziehen, und die Wanderer, die zur Gerlachspitze – mit 2655 Metern der höchste Berg der Slowakei – aufsteigen. Warum nicht den ganzen Tag im Wellnessbereich verbringen? Eine Massage macht müde Beine munter, und diesen Blick durch die großen Panoramascheiben auf die überwältigende Berglandschaft wirst du im Flachland nie haben.

Sehen
Die Ausstellung über das Leben der Lastenträger der Hohen Tatra in der Rainerova chata bietet hochinteressante Einblicke in ein hartes Leben.
Starý Smokovec
Infos unter vysoketatry.com

Machen
Die Gerlachspitze (2655 m), den höchsten Berg der Hohen Tatra, kannst du besteigen, wenn du fit bist – aber nur mit örtlichem Bergführer, der dir im Hotel vermittelt wird.

Essen
Ein Vesper in der Hütte Rainerova chata.

Machen
Eine (steile und fordernde) Tour samt Klettersteig über drei Kilometer und 480 Höhenmeter ist der Aufstieg zum Poľský hrebeň, einem Sattel auf 2200 Metern mit toller Aussicht.

Fest der Gipfel

Mit Erfahrung, Kondition und örtlichem Bergführer schaffst du's auch auf die Gerlachspitze.

7 7. Tag: Velické pleso – Tatranská Lomnica (14 km)

Bilder, die bleiben

Schleich noch vor dem Frühstück raus: ein kurzer Spaziergang zu den Wasserfällen am gegenüberliegenden Seeufer und zurückblicken aufs Hotel. In der stillen Morgenstunde wirkt die Seeoberfläche wie Glas, das mit zunehmender Dämmerung immer heller wird. Kein Laut ist zu hören, bis leichter Wind aufkommt und das Wasser kräuselt. Mit diesen Bildern im Kopf geht es später hinunter ins Tal nach **Starý Smokovec** und von dort in einer halben Stunde mit der Tatra-Bahn nach **Tatranská Lomnica**, dem touristischen Zentrum des Nationalparks Hohe Tatra.

Sehen
Erfahre alles über die Natur, die Geologie und Leben im Nationalpark im TANAP Museum in Tatranská Lomnica.
Tatranská Lomnica 64, Tatranská Lomnica
tanap.sk/muzeum

Essen
Leckere Hausmannskost wird dir im Reštaurácia Stará mama serviert.
Tatranská Lomnica 121

Schlafen
Gediegen im Hotel Kukučka in Tatranská Lomnica.
Tatranská Lomnica 14646
kukuckalomnica.sk

Typisch Hohe Tatra: Immer wieder liegt ein See am Weg.

8 8. – 9. Tag: Tatranská Lomnica – Štrbské Pleso (40 km)

Der Tatra-Groove

Zur Schlussetappe zum **Zelené pleso**, dem Grünen See, brichst du besser sehr früh auf. Denn dann hast du einen Vorsprung vor den vielen Mitwanderern. Nicht umsonst ist die Tour zum märchenhaft türkisfarbenen See eine der beliebtesten in der Hohen Tatra. Rund 3 Stunden dauert es, bis die Hütte am malerischen, von Felsspitzen umgebenen See erreicht ist. Den vielen Menschen entkommst du Richtung Sedlo pod Veľkou Svišťovkou. Vom 2000 Meter hohen Sattel, der hinüberführt zur Seilbahnstation Skalnaté pleso, hast du noch einmal einen herrlichen Rundumblick. Im Tal angekommen, spürst du bei einem Gläschen Slivovica wehmütig noch eine Nacht dem Tatra-Groove nach, bevor es morgen in die laute Welt zurückgeht.

Machen
Was es nicht alles gibt: Im Museum Pedal Planet im nahen Vysoké Tatry bestaunst du die Kollektion der verschiedensten – richtig gelesen! – Tretautos.
Cihelná 2a, Malá Strana
pedalplanet.sk

Essen
Schmackhaftes in der Chata pri Zelenom plese.
chataprizelenomplese.sk

Schlafen
Im Wellness Hotel Patria direkt am See in Štrbské Pleso.
Štrbské Pleso 33
hotelpatria.sk

Rauschender »Riesenwasserfall«
Obrovský vodopád.

HIN UND WEG

Hinreisen

Ohne Umsteigen ab München mit dem Nachtzug bis Budapest (10,5 Std.), ab Hamburg/Berlin mit dem EC (13/11 Std.).

Weiterreisen

In Budapest mietest du ein Auto – und dann ab in die Puszta. Du fährst auch auf Sandwegen, gib also besser ein paar Euro mehr aus für ein größeres Auto, dem Steine und Schlaglöcher nichts anhaben können. Und achte bei der Versicherung darauf, dass der Unterboden mitversichert ist.

11 Tage

September und Oktober

676 km

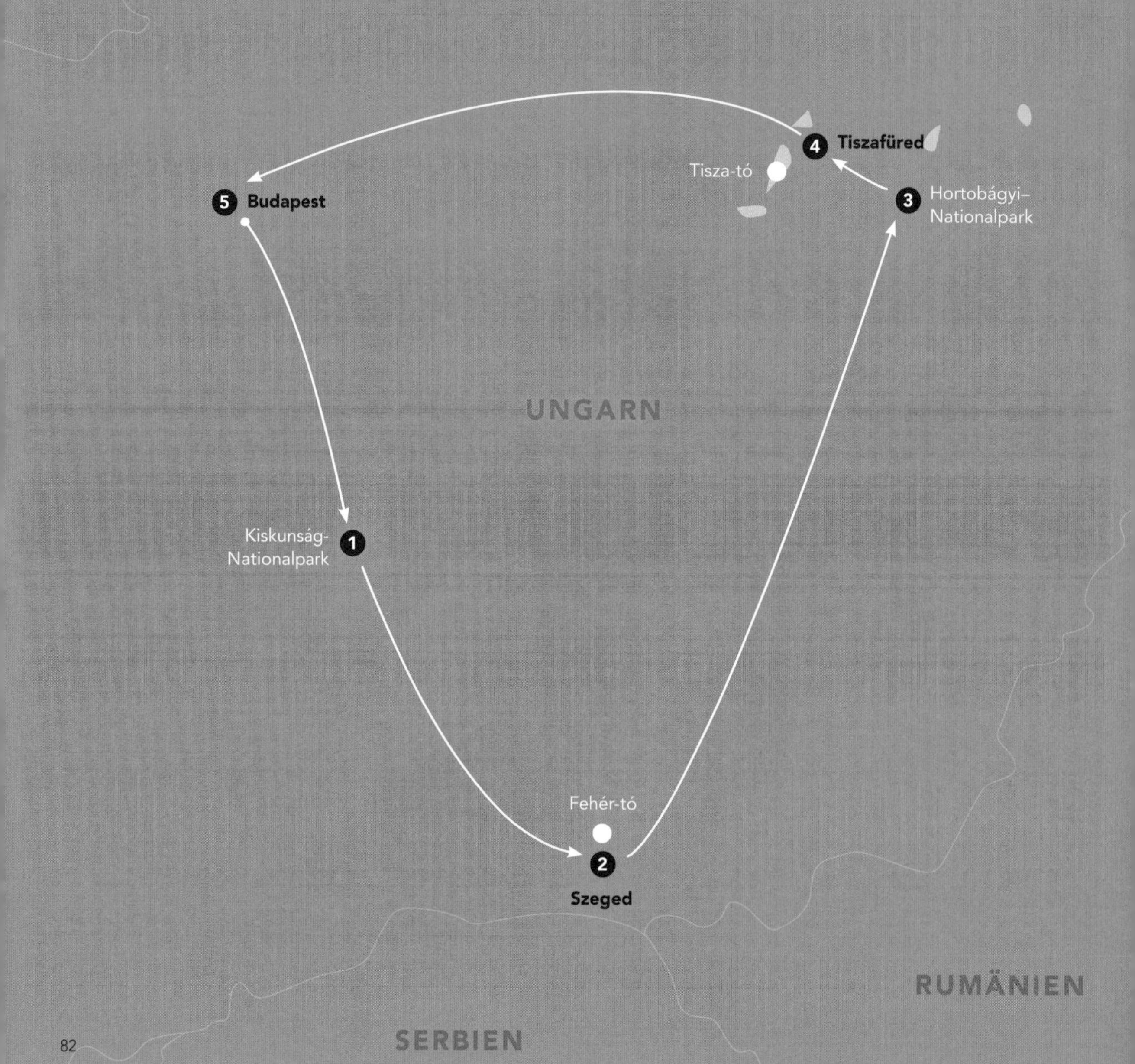

11 Der Ruf der Steppe 

Wilde Tiere in der freien Natur gibt's nur in Südafrika? Von wegen! Auch Ungarn kann das bieten. Fahr mitten rein in Europas letzte Steppe und geh auf große Safari. Tierisch gut!

Wenn die Nacht hereinbricht, beginnt Budapest zu glänzen.

1. – 2. Tag:
Budapest – Kiskunság-Nationalpark (102 km)

Grüne Weite

Die Safari durch die Puszta beginnt im Großstadtdschungel **Budapest**. Doch nur zwei Stunden später steigst du aus dem Auto und dein Blick gleitet über die unendliche Weite. Kein Berg, nur Felder, Gras und Steppe. Einmal tief durchatmen, die Puszta ist wie eine Meditation. Im **Kiskunság-Nationalpark** erlebst du die letzte Steppe Europas hautnah. Deine Unterkunft, ein kleines Farm-Hotel, liegt mittendrin bei Fülöpháza. Das kleine Dorf hat eine Post, eine Bushaltestelle und ganz viel Sand. Der Wind hat ihn hergebracht und die Dünen von Fülöpháza daraus geformt. Zieh die Schuhe aus und mach dich auf den Weg, sie zu entdecken.

Sehen
Lerne das Steppenleben im Hirtenmuseum in Bugac kennen.
Nagybugacpuszta 135, Bugac
Infos unter bugacpuszta.hu

Machen
Von der Dorfmitte in Fülöpháza aus wanderst du auf dem informtaiven Lehrpfad hinein in die Welt der Sanddünen.

Essen
In der Karikás Csárda in Bugac wird dir zum traditionellen Essen eine Pferdehirten-Show serviert.
Nagybugacpuszta 135, Bugac
bugacpuszta.hu

Schlafen
Mit Wellness im Varga Tanya Hotel bei Fülöpháza.
Kunpuszta tanya 150, Kerekegyháza
vargatanya.hu

2

3. – 4. Tag:
Kiskunság-Nationalpark – Szeged (110 km)

Puszta-Feeling

Die nächste Etappe führt dich weiter in den Süden, bis kurz vor **Szeged**, an der Grenze zu Serbien und Rumänien. Dort liegt der **Fehér-tó** (Weißer See), ein ausgezeichneter Platz fürs Birdwatching! Denn hier gibt's viele Fische – und darum natürlich auch viele Vögel. Am besten lassen sie sich von einem Aussichtsturm beobachten: Möwen, Watvögel, Seeschwalben, Reiher. Mit ein bisschen Glück und Geduld siehst du sogar seltene Fischmöwen oder Lachseeschwalben. Danach wartet ein besonderes Abenteuer auf dich: ein Ausritt über sandige Wege und durch duftende Pinienwälder. Das ist echtes Puszta-Feeling!

SCHON GEWUSST?

Puszta bedeutet »Einöde« oder »unbebautes Land«. Menschen haben diese Steppenlandschaft vor allem durch die Viehhaltung geschaffen. Die ursprüngliche Puszta gibt's in Ungarn noch in den beiden Nationalparks: im Kiskunság-Nationalpark (Bugac-Puszta) und im Hortobágyi-Nationalpark. Hier wird die Steppe mitsamt ihren vielen Tier- und Pflanzenarten geschützt.

Traditionelle Csikós auf stolzen Pferden im Hortobágyi-Nationalpark.

3 **5. – 6. Tag: Szeged – Hortobágyi-Nationalpark** (280 km)

Wilde Safari

Von Szeged fährst du quer durchs Land in den Norden. Dein Ziel: Der **Hortobágyi-Nationalpark**, die größte Steppe Europas und Ungarns größter Nationalpark. Hier geht die Safari weiter: Vom Auto aus siehst du in der Ferne Zackelschaf- und Graurinderherden grasen. Noch näher ran kommst du mit dem offenen Nationalpark-Safari-Bus oder auf einer Wanderung durch den Wildpark. Wasserbüffel, Wildpferde, Schakale und Wölfe – hier siehst du sie alle. Am Máta-Gestüt erlebst du echte Pferdehirten, die Csikós. Mit ihren wagemutigen Reitkünsten kannst du nicht mithalten, darum lässt du dich in der Kutsche durch die Puszta fahren. Und fall ja nicht zu früh ins Bett: Den Sternenhimmel hier musst du erlebt haben!

Sehen
Die seltensten Vögel kannst du vom Aussichtsturm am Fehér-tó bei Szeged beobachten.

Machen
Auf dem Rücken der Pferde … fühlt sich nicht jeder wohl, trotzdem solltest du einen Ritt auf einem ungarischen Warmblut in die weite Steppe wagen.
szegedtourism.hu

Essen/Schlafen
In einer Luxus-Jurte mit allem Komfort und himmelartigem Zeltdach in der Homoki Lodge außerhalb von Szeged.
Tanya 592, Ruzsa
homokilodge.com

Sehen
Der größten Windmühle Ungarns begegnest du unterwegs bei Karcag – nicht verpassen!
Vágóhíd utca, Karcag

Machen
Im Hortobágyi-Nationalpark mit dem Bus auf Safari gehen und nach Wildlife Ausschau halten.
hnp.hu

Essen
Deftig – aber auch vegetarisch – ist das Essen in der Hortobágyi Csárda.
Petőfi tér 1, Hortobágy
hortobagyicsarda.eu

Schlafen
Mitten in einem Wäldchen im Gästehaus Ökotúra in Hortobágy.
Borsósi u. 12, Hortobágy
okotura.hu

7. – 8. Tag:
Hortobágyi-Nationalpark – Tiszafüred (40 km)

9. – 11. Tag:
Tiszafüred – Budapest (144 km)

Der Zug der Kraniche

Nach den staubigen Tagen in der ungarischen Steppe wird es Zeit für etwas Wasser: Nur eine gute halbe Stunde entfernt liegt bei **Tiszafüred** der **Tisza-tó** (Theiß-See). Im Herbst kannst du hier ein besonderes Naturschauspiel bestaunen: In der Dämmerung suchen sich jeden Abend etwa 16 000 Kraniche einen Übernachtungsplatz. Ziemlich beeindruckend, wie die Vögel im Sonnenuntergang auf den See zufliegen und im Wasser landen. Bei schlechtem Wetter kannst du auch den ganzen Tag in einem der Thermalbäder von Tiszafüred verbringen – das geht zu jeder Jahreszeit.

Sehen
Ein Anblick wie aus einer anderen Welt: der geräuschvolle abendliche Zug der Kraniche zu ihren Schlafplätzen am Tisza-tó.

Machen
Eine dreistündige Bootstour führt dich durch die exotische Wasserwelt des Tisza-tó.
tavitura.hu

Essen
Ein einfaches Picknick am Strand, mitten in der Natur.

Schlafen
Mit Thermalpool und Sauna ist das Tisza Balneum Hotel ausgestattet.
Húszöles út 27, Tiszafüred
balneum.hu

Ostblockmetropole

Deine letzte Etappe führt dich zurück nach **Budapest**. Freu dich darauf, denn die ungarische Hauptstadt versprüht sowohl Jugendstil- als auch Ostblock-Charme. Viele Häuser entzücken mit einer ornamentalen Fassade, und in manche der bröckelnden Altbauten sind hippe Ruinenbars eingezogen. Magst du Streetart und Graffiti? Dann spaziere kreuz und quer durch das Jüdische Viertel rund um die Große Synagoge. Ist das Wetter zu garstig? Dann besuche das größte Heilbad Europas, das prächtige Széchenyi-Heilbad. Und abends steigst du dann zur Aussichtsterrasse vor dem Burgpalast. Von hier oben leuchten das Parlament und die Kettenbrücke im Sonnenuntergang. Aber trotz all der Pracht wirst du die Weite und Stille der Puszta vermissen.

CHECKLISTE

Einpacken
Fernglas, Sternenkarte und Mückenschutz

Hören
Ungarische Rhapsodie No. 2 (Franz Liszt), Von der Puszta will ich träumen (Zarah Leander)

Lesen
Tod in der Puszta: Ein Jagd-Krimi von Gerhard Appelshäuser.
Der Schwimmer: Zsuzsa Bánk erzählt eine rührende Familiengeschichte aus dem Ungarn von 1956.

Sehen
Besuch das Széchenyi-Heilbad, am besten frühmorgens, wenn noch nicht so viel los ist.
Állatkerti körút 9-11, Budapest
szechenyifurdo.hu

Machen
Klassische Touri-Aktion, aber trotzdem einfach schön: eine Fahrt mit der historischen Standseilbahn auf den Burgberg.
Clark Ádám tér, Budapest
bkv.hu

Essen
Gesund und hip isst du im Vegan Street Food Garden.
Király u. 8-10, Budapest
vegangarden.hu

Schlafen
Im hübschen Boutique-Hotel Rum, dessen Rooftopbar der beste Ort für einen Absacker ist.
Királyi Pál u. 4, Budapest
hotelrumbudapest.com

Vogelparadies im mystischen Dunst: Hortobágyi-Nationalpark.

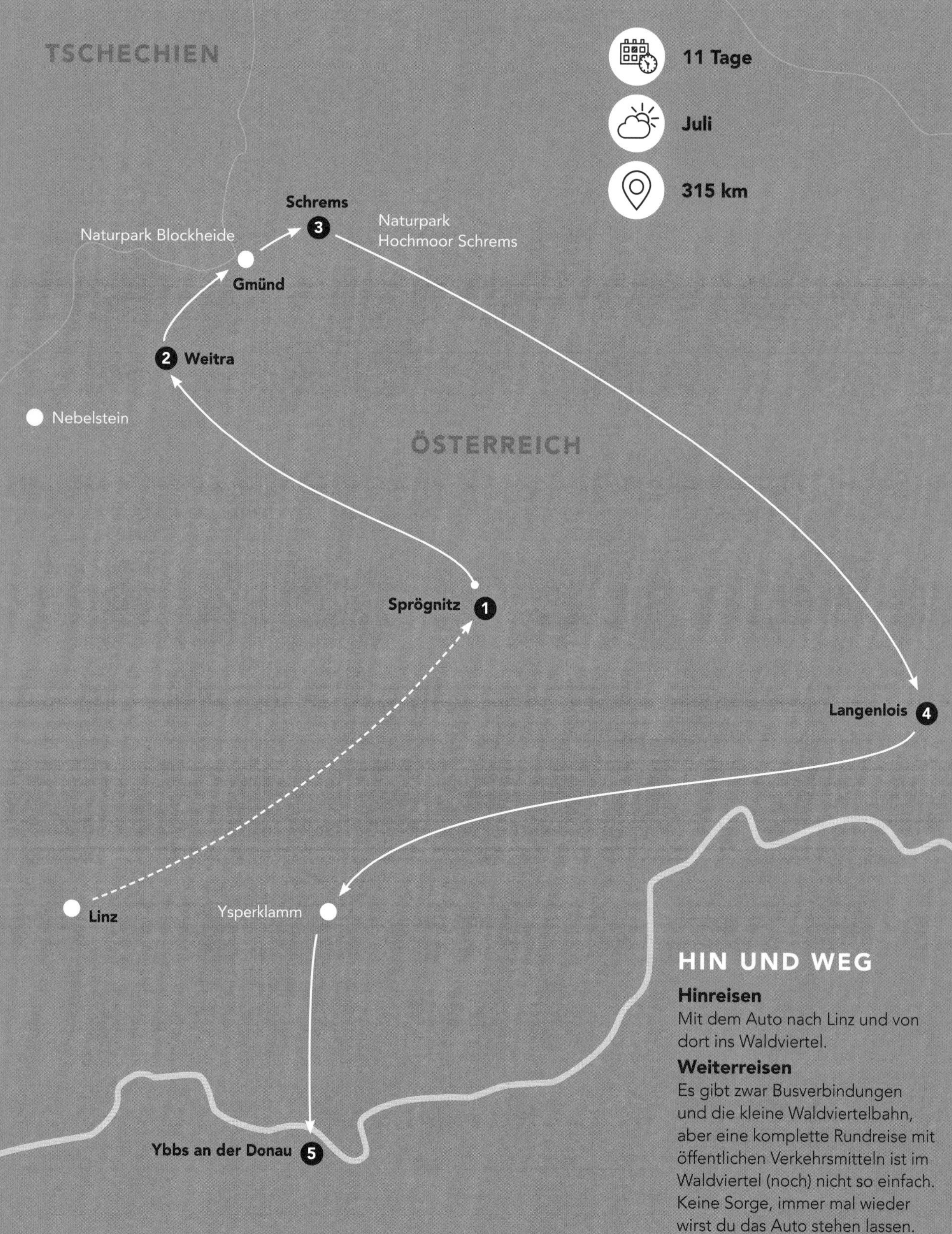

HIN UND WEG

Hinreisen

Mit dem Auto nach Linz und von dort ins Waldviertel.

Weiterreisen

Es gibt zwar Busverbindungen und die kleine Waldviertelbahn, aber eine komplette Rundreise mit öffentlichen Verkehrsmitteln ist im Waldviertel (noch) nicht so einfach. Keine Sorge, immer mal wieder wirst du das Auto stehen lassen.

12 Bloß keine Hektik, bitte!

Mal wieder frische Luft schnuppern. Eine Auszeit nehmen. Und wer will, darf auch gerne einen Baum umarmen. Denn davon gibt's im niederösterreichischen Waldviertel mehr als genug. Gutes Essen auch!

1 **1. – 3. Tag:**
Linz – Sprögnitz
(110 km)

2 **4. – 6. Tag:**
Sprögnitz – Weitra
(35 km)

Im Kräuterdorf

Pfefferminzduft liegt in der Luft. Und Lavendel. So riecht das Landleben, zumindest im Kräuterdorf **Sprögnitz**. Hier, mitten im Waldviertel, fühlst du dich sofort zu Hause. Am liebsten würdest du in deinem gemütlichen Land-Loft barfuß in den Tag hineinleben. Tu's doch! Es sind ja schließlich Ferien. Und wenn du ausgeruht bist, beginnt die Entdeckungsreise vor der Haustür. Wandere rund um Sprögnitz auf dem Kräuterpfad. Danach bist du komplett tiefenentspannt.

Sehen
Besuch den Biotee- und Gewürzhersteller Sonnentor in Sprögnitz und deck dich mit Gutem für die Reise – und für zu Hause – ein.
Sprögnitz 10, Sprögnitz
sonnentor.com

Machen
Ganz anders, als wenn man alleine wandert, ist es, mit Alpakas unterwegs zu sein. Es geht rund um Grafenschlag.
Kleinnondorf 14, Grafenschlag
alpakahof-hahn.at

Essen
Im Bio-Gasthaus Leibspeis' auf dem Sonnentor-Gelände werden österreichische Küchenklassiker ebenso zubereitet wie vegane und vegetarische Gerichte. Alles regional, saisonal und Bio natürlich.

Schlafen
Im Sonnentor-Kräutergarten in den Land-Lofts mit den schönen Namen Anna Apfelminze und Hans Hagebutte.

Bad im Wald

Ein paar Schritte in den Wald – und sofort fühlt man sich wie in einer anderen Welt. Alltag, Stress und Sorgen sind plötzlich wie weggebeamt. Waldbaden tut gut. Und wenn nicht hier im Waldviertel, wo denn sonst? Am zweiten Etappenziel **Weitra** lässt du das Auto stehen. Die schnuckelige Waldviertelbahn bringt dich ganz gemütlich nach **Gmünd** und wieder zurück. Im **Naturpark Blockheide** tauchst du ab: Zwischen stillen Wäldern und bizzaren Felsen spürst du die Energie fließen. Noch so ein Kraftort ist der **Nebelstein**, mit 1017 Metern einer der höchsten Berge im Waldviertel. Das Gipfelkreuz erreichst du ganz gemütlich in 15 Minuten. Dein Auto parkt nämlich ziemlich weit oben auf dem Waldparkplatz. Gut so, denn mit vollem Bauch wandert es sich nicht

Vor lauter Wald die Bäume nicht sehen: Ausblick vom Nebelstein.

leicht. Und die Nebelsteinhütte verlässt keiner hungrig. Eine Brotzeit mit Speckkarpfen und Ziegenkäse aus der Region ist einfach zu gut!

Sehen
Den Naturpark Blockheide mit seinen Themenpfaden zu Mythologie oder Geologie.
blockheide.at

Machen
In der Papiermühle Mörzinger kannst du aktiv werden und selbst Papier schöpfen.
Bad Großpertholz 76, Bad Großpertholz
papiermuehle.at

Essen
Speckkarpfen, Marillensirup oder Bio-Bier gibt es in der Nebelsteinhütte.
Maißen 55, Moorbad Harbach
Infos unter waldviertel.at

Schlafen
Im Boxspringbett im Hotel Hausschachen am Golfplatz Weitra.
hausschachen.at

Bad im Moor

Über den Wipfeln ist die Welt noch in Ordnung. Das Baumhaus am Ortsrand von **Schrems** ist dein neuer Glücksort. Hier lädst du deinen Akku auf. Versteckt zwischen Eichen, Buchen und Birken bist du wieder Kind. Von oben blickst du auf den Wald und auf das Moor. Rund ums Baumhaus liegt eine stille Welt voller karger Torffelder und glitzernder Moorseen. Nur ein paar Schritte die Leiter hinab, schon beginnt dein Wellnessprogramm: erst eine Runde Moortreten, danach im Moorteich zwischen Seerosen schwimmen. Und dann schnell zurück ins kuschelige Baumhaus!

Sehen
Wie Glas gemacht wird, lernst du in der Waldglashütte bei Schrems.
Neu-Nagelberg 101, Neunagelberg
waldglashuette.at

Machen
Auf einem Themenweg spazierst du durch das Hochmoor in Schrems und lernst dieses sensible Biotop kennen.
unterwasserreich.at

Essen
Typische Waldviertler Mohnnudeln oder Karpfenfilet mit Eierschwammerln im Gasthof Schönauer in Schrems.
Schulgasse 12, Schrems
gasthofschoenauer.at

Schlafen
Über den Wipfeln schläfst du hoch oben im Baumhaus – Kinderträume werden wahr.
Mittelgasse 20, Schrems
baumhaus-lodge.at

SCHON GEWUSST?

Im Waldviertel gibt's nicht nur viele Bäume, sondern auch leckere Schmankerl. Unbedingt probieren: Erdäpfelknödel mit Schweinsbraten. Oder Waldviertler Karpfen. Mit 1800 Teichen liegt im Waldviertel Österreichs größte Karpfenzucht. Zum Nachtisch gibt's Mohnzelten: Die süßen Teile aus Kartoffelteig und Mohn gehören hier einfach dazu.

Sein eigenes Papier schöpfen? Kein Problem in der Papiermühle Mörzinger.

9. – 10. Tag:
Schrems – Langenlois
(74 km)

11. Tag:
Langenlois – Ybbs an der Donau (76 km)

Wein und Wandern

Mitten durchs Waldviertel führt dich die heutige Etappe. Und mitten ins Herz des hügeligen Kamptals. Dort liegt **Langenlois**, Österreichs größte Weinstadt. Eigentlich ist es ja eher ein Weindorf. Zum Glück! Denn das Leben hier ist gemütlich, authentisch, entschleunigt. Und spannend: Zwischen die Weinberge hat US-Architekt Steven Holl futuristische Kuben gesetzt. In einem übernachtest du. Im anderen erfährst du alles über Wein. Und danach wanderst du von dort auf dem Weinweg durch die schöne Welt. Natürlich darfst du dir auch die edlen Tropfen bei einer Wein- und Sektverkostung nicht entgehen lassen. Zum Wohl!

Sehen
Die Architektur und das Museum der Loisium Weinwelt in Langenlois.
Loisium Allee 1, Langenlois
loisium.com

Machen
Auch wenn's noch nicht abends ist: Eine Wein- oder Sektverkostung in der Loisium Weinwelt solltest du dir nicht entgehen lassen.

Essen
Lecker ist das Picknick im Weingarten des Heurigenhofs in Langenlois.
Walterstraße 14, Langenlois
heurigenhof.at

Schlafen
Der Name ist Programm: im Wine & Spa Hotel Langenlois.
Loisium Allee 2, Langenlois
loisium.com/langenlois

Klammheimliches Ende

Wildes Wasser, wilder Wald: In der **Ysperklamm** geht deine Waldvierteltour geheimnisvoll zu Ende. Doch auf dem Weg von Langenlois dahin stoppst du noch beim Mohnhof der Familie Gressl. Im Juli blühen dort riesige Mohnfelder. Und ohne einen Mohnzelten probiert zu haben, darf eh kein Waldvierteltrip enden. In der Ysperklamm steigst du zwischen engen Steinwänden hinauf und machst dich auf die Suche nach versteckten Druidenorten. Wenn du den Durchschlupfstein findest: unbedingt durch, das soll alles Böse abstreifen. Und so sagst du am Abend in **Ybbs an der Donau** wie neu geboren leise Servus.

Sehen

Das ist mal was Neues: der Mohnhof Gressl in Ottenschlag mit Museum und Mohnfeldern.

Haiden 11, Ottenschlag
mohnhof.at

Machen

Noch einmal Waldbaden! Auf dem Druidenweg (9 km) geht es durch die Ysperklamm.

Infos unter waldviertel.at

Essen

Gehobene regionale Küche im Babenbergerhof im Zentrum von Ybbs an der Donau.

Wiener Str. 10, Ybbs
babenbergerhof.at

Schlafen

Mit Blick aufs Wasser in der Donau Lodge in Ybbs.

Wiener Str. 10, Ybbs
donau-lodge.at

CHECKLISTE

Einpacken

Wanderschuhe und ordentlich Appetit

Hören

Foin (Seiler und Speer), Mein Freund, der Baum (Alexandra)

Lesen

Die Erfindung der Welt: Thomas Sauter beschreibt mit Augenzwinkern seine Heimat. *Waldviertelmorde:* Früher verbrachte Maria Publig ihre Ferien im Waldviertel, jetzt spielen ihre Krimis dort.

Der Frühling zieht ein in der Weinstadt Langenlois.

HIN UND WEG

Hinreisen
Mit dem TGV nach Paris und weiter bis nach Souillac. Dann per Taxi oder Transfer zum Kanuverleih nach Groléjac (20 km).

Weiterreisen
Im Kanu die Dordogne hinab. Kanuverleiher gibt es sehr viele, der in Groléjac bietet gutes Material (auch Zelte und Campingausrüstung) sowie Transfer für individuelle Mehrtagestouren (canoedordogne.com).

8 Tage

Mai oder September

120 km

Paris

FRANKREICH

Argentat
1 Beaulieu-sur-Dordogne
2 Carennac
Belvédère de Copeyre
3 Lacave
Rocamadour
4 Souillac
Groléjac
5 Turnac
Domme
6 La Roque-Gageac
Château de Castelnaud
7 Beynac-et-Cazenac

13 Das große Gleiten

Steile Felswände, prächtige Burgen und die schönsten Dörfer Frankreichs: Bei einer Kanufahrt auf der Dordogne fühlt man sich wie im Paradies. Hier kann man sich einfach mal treiben lassen.

1 **1. Tag:**
Argentat – Beaulieu-sur-Dordogne (20 km)

2 **2. Tag:**
Beaulieu-sur-Dordogne – Carennac (18 km)

Wildes Wasser

Das Kanu-Abenteuer beginnt bei **Argentat**. Meist plätschert die Dordogne gemütlich vor sich hin. Doch sie kann auch durchaus wilder werden, vor allem auf der heutigen Etappe. Erst hört man nur ein leises Rauschen, doch spätestens kurz vor der ersten Stromschnelle steigt der Puls. Paddel festhalten und ab durch die Mitte! Jede Stromschnelle treibt das Kanu weiter. Und ein bisschen Tempo macht richtig Spaß. Doch was, wenn das Boot doch mal kentert? Keine Sorge, das Gepäck steckt in wasserdichten Tonnen und die Crew in Rettungswesten. So gut ausgerüstet ist selbst die Bootsrutsche kurz vor dem Ziel in **Beaulieu-sur-Dordogne** ein Klacks.

Sehen
Die Kapelle der Büßer in Beaulieu-sur-Dordogne.
Infos unter france-voyage.com

Machen
Paddeln! Die Stromschnellen – und sie ohne zu kentern zu überstehen – ist heute das größte Abenteuer.

Essen
Das schmackhafte Kanu-Menü wird heute vom Gaskocher serviert – von dir selbst.

Schlafen
Auf einer Insel auf dem Campingplatz Huttopia.
Boulevard Rodolphe de Turenne, Beaulieu-sur-Dordogne
huttopia.com

Ruhige Paddelei

Ab Beaulieu-sur-Dordogne schlängelt sich der Fluss sanft durch die Landschaft. Langsam paddelst du voran, der Blick geht in die Ferne. Auf den Felsen thronen Burgen und Festungen. Es geht von Dorf zu Dorf bis **Carennac**. Am Ufer siehst du schon den Campingplatz für heute Nacht. Sobald das Zelt steht, wartet eines der schönsten Dörfer Frankreichs auf dich.

Wild und sanft

Nur eines von vielen Traumschlössern über der Dordogne: Château de Belcastel.

3 3. – 4. Tag: Carennac – Lacave (25 km)

Sehen
Die ehemalige Abtei mit dem Christus-Relief in Carennac ist einen Ausflug wert.
Infos unter france-voyage.com

Machen
Noch einmal spannende Flussspielchen: Im Kanu donnerst du die Wasserrutsche bei Carennac runter.

Essen
Genug gepaddelt für heute: Gönn dir lokale Spezialitäten im romantischen Restaurant Le Prieuré.
Le Bourg, Carennac
facebook.com/leprieure46

Schlafen
Am Flussufer auf dem Campingplatz L'eau Vive in Carennac.
Prés Nabots, Carenna
camping-lot-eauvive.com

Magische Felswände

Hinter Carennac verändert sich die Flusswelt: Das Tal der Dordogne wird immer enger, die Felswände werden immer steiler. Immer wieder tauchen neue Inseln aus Kies und Sand auf. Wenn du hungrig wirst, such dir eine einsame Insel aus und genieße ein Picknick aus frischem Baguette und französischem Käse. Das Vallée des Rocs macht seinem Namen alle Ehre, eine Felswand reiht sich an die nächste. Etappen-Halbzeit ist in Copeyre. Leg an und such dir den Weg nach oben zum **Belvédère de Copeyre**. Der Aussichtspunkt ist ein magischer Höhepunkt der Tour. Was für ein Blick über Bäume, Felswände und den Fluss. Irgendwo dort hinten liegt das heutige Ziel **Lacave**. Und die Aussicht auf einen Ruhetag. Mach einen Landausflug zum Pilgerort **Rocamadour**. Auch weltliche Besucherinnen und Besucher spüren den Zauber der Gassen, Treppen und Kirchen. Und der Blick von der Schlossmauer ist schlicht göttlich!

Sehen
Die Dordogne vom wunderschönen Aussichtspunkt Belvédère de Copeyre aus.

Machen
Kanu vertäuen, Zelt aufbauen und los geht's zu einem weiteren Ausflug: Mit der Grubenbahn fährst du durch die Tropfsteinhöhle Grottes de Lacave.
Lacave
de.sarlat-tourisme.com

Essen
Paddel-in: Im La Guinguette du Vieux Chene in Montvalent gibt's Pizza direkt am Fluss.
Mas du Vieux Chêne, Montvalent
Infos auf Facebook

Schlafen
Relaxt auf dem Camping la Rivière in Lacave.
Le Bougayrou, Lacave
campinglariviere.com.

4 **5. Tag:**
Lacave – Souillac
(13 km)

5 **6. Tag:**
Souillac – Turnac
(21 km)

Rein in die Höhle

Nach der Pause in Lacave startest du mit frischen Kräften. Hinter dem Ort wartet in der Steilwand eine Karsthöhle darauf, entdeckt zu werden. Rund 30 Meter führt sie in die Steinwelt hinein. Je nach Wasserstand kann man das sogar mit dem Kanu machen. Nach der kleinen Höhlenexpedition geht es schnell weiter flussabwärts, vorbei am Luxushotel Château de la Treyne, das auf einem Felsen über dem Fluss schwebt. Unser Luxus heute ist aber die Aussicht auf eine kurze Etappe: Bis **Souillac** sind es nur noch knapp 10 Kilometer.

Sehen
Das Automatenmuseum in Souillac ist das einzige in Europa.
Esplanade Alain Chastagnol, Souillac

Machen
Mit Kanu und Taschenlampe biegst du unterwegs in die Karsthöhle Émergence de Meyraguet ab.
kurz vor Pinsac, Felswand links

Essen
Lecker und mitten im Ort im Restaurant Le Beffroi.
6 Place Saint-Martin, Souillac

Schlafen
Auf dem Campingplatz Les Ondines in Souillac.
Rue des Ondines, Souillac
camping-lesondines.com

Slow Travel

Hinter Souillac wird das Tal wieder breiter. Die Dordogne fließt träge vor sich hin. Doch mit jedem Paddelschlag schaltest du mehr ab. Der Alltag ist so weit weg. Reiher ziehen am Himmel entlang. Und ab und zu schwimmt ein Fisch unter dem Kanu durch das klare Wasser. Heute ist ein guter Tag zum Baden, die Dordogne ist einer der saubersten Flüsse Frankreichs. Am Campingplatz in **Turnac** endet der Tag genauso gemütlich, wie er begonnen hat: an einem wilden, breiten Naturstrand – so lange, bis die Sterne funkeln.

Einfach mal abtauchen in den Flussfluten.

SCHON GEWUSST?

Mehr als 40 Campingplätze gibt es an der Dordogne. Vom Naturplatz bis zum Sternecamp mit Pool und Bar ist alles dabei. Viele liegen idyllisch direkt am Fluss. Einfach ansteuern, falls die Arme schwer werden. In der Hochsaison sollte man aber besser reservieren.

6 7. Tag: Turnac – La Roque-Gageac (15 km)

Stille Fahrt

Sehen
Ungewöhnliche Perspektive: das Château de Rouffillac vom Wasser aus gesehen.
Carlux
chateauderouffillac.com

Machen
Leg an einer der vielen Sandbuchten an, bade im Fluss und lass dich danach von der Sonne trocknen.

Essen
Picknicken am großen Sandstrand unterhalb des Campingplatzes in Turnac.

Schlafen
Auf dem Campingplatz Le Rocher de la Cave in Turnac.
1464 Route de la Rivière, Carsac-Aillac
rocherdelacave.com

Früh am Morgen geht es heute in Turnac weiter. Und zwar richtig früh! Im Morgenlicht zeigt die Dordogne ihre ganze Magie. Über dem Wasser liegt Dunst. Und von einem Plateau, 90 Meter über dem Fluss, grüßt mächtig das Château de Montfort. Hier unten ist es wunderbar still – noch, denn heute beginnt einer der beliebtesten Abschnitte. Am Ufer liegen bunte Kanus bereit, selbst in der Nebensaison gibt es hier unzählige Verleihstationen. Gut, dass du früh in **Domme** landest. Noch ist das Felsen-Dorf nicht überlaufen. Ein Blick hinab, einen Café au Lait, und weiter nach **La Roque-Gageac**. Was für ein Ort: Steinhäuschen schmiegen sich an eine riesige Felswand. Und den besten Blick hast du – vom Kanu aus!

Sehen
Wie Hühner auf der Stange sitzen die Häuschen des berühmten Dorfes La Roque-Gageac am Fluss, direkt unterhalb eines steil aufragenden Kalksteinfelsens.

Machen
Zeit für eine Paddelpause: Wander hinauf zur wunderschönen Altstadt von Domme.

Essen
Raffinierte regionale Köstlichkeiten gibt es im Hôtel de l'Esplanade in Domme.
2 rue Pontcarral, Domme
esplanade-perigord.com

Schlafen
Mal wieder mit Flussblick auf dem Campingplatz La Plage in Vézac.
2512 route des Gabarres, Vezac
camping-laplage.fr

Ein Fluss, eine Felswand, ein Dorf: La Roque-Gageac ist einfach zauberhaft.

7 **8. Tag: La Roque-Gageac – Beynac-et-Cazenac** (8 km)

Grande Finale

Von La Roque-Gageac ist es nicht weit bis zum nächsten Highlight: zum **Château de Castelnaud**, der meistbesuchten Burg Südwestfrankreichs. Sie ist aber auch wirklich bezaubernd! Unternimm eine Zeitreise ins Mittelalter im Schlossmuseum mit seinen Rüstungen und Waffen. Und genieß den Blick über das weite Tal der Dordogne, die sich hier in großen Schlaufen durch den Fels gearbeitet hat. Direkt gegenüber liegt **Beynac-et-Cazenac**, das nächste malerische Dorf mit einer Burg. Dort endet die Kanu-Tour. Doch noch ist etwas Zeit für den Blick hinab auf den Fluss und die bunten Kanus. Daran kann man sich einfach nicht sattsehen …

Sehen/Machen
Das Château de Castelnaud besuchen und zum Schloss Beynac blicken.
Le Bourg, Castelnaud-la-Chapelle
castelnaud.com

Essen
Feine französische Speisen in uriger Atmosphäre gibt's im La Petite Tonnelle in Beynac-et-Cazenac.
La rue de la Balme, Beynac-et-Cazenac
la-petite-tonnelle.fr

Schlafen
Mit beheiztem Pool auf dem Campingplatz Le Capeyrou in Beynac.
Beynac-et-Cazenac
campinglecapeyrou.com

CHECKLISTE

Einpacken
Badesache, Wasserschuhe, Taschenlampe und genügend Proviant

Hören
Canoë rose (Victor Lazlo)
Alors en danse (Stromae)

Lesen
Bruno, Chef de police: Martin Walkers Held zeigt das Leben in der Region Périgord.
Der Fluss der Hoffnung: Christian Signols Roman über die letzten Dordogne-Schiffer.

Kleiner Stau auf der Dordogne bei Beynac-et-Cazenac.

Blick ins Grüne: Vom Felsen-Dorf Domme hat man eine grandiose Aussicht.

HIN UND WEG

Hinreisen

Mit dem ICE oder TGV nach Paris, dann weiter nach Hendaye kurz vor der spanischen Grenze. Von dort mit dem Nachtzug Sud Express bis Coimbra. Von hier dauert es noch eine Stunde bis Vila Nova de Gaia.

Weiterreisen

Verschiedene Kreuzfahrt-Anbieter legen an unterschiedlichen Häfen an. Daher variieren die Ausflüge je nach Route. Mit den Verantwortlichen an Bord lassen sich oft eigene Ausflüge in die Umgebung organisieren. Die Kreuzfahrten auf dem Douro dauern zwischen sechs und zwölf Tagen, Websites wie cruneo-kreuzfahrtvergleich.de, flussreisen.de oder seereisedienst.de bieten einen Überblick.

11 Tage

Mai, Juni und September

Strecke und Länge variieren je nach Anbieter

14 Der stille Fluss der Trauben

Manchmal muss das Leben ein langer, ruhiger Fluss sein. Vielleicht am besten dann, wenn man sich gerade auf einem befindet? Bei der Reise auf dem Douro warten Fluss- und Ausblicke, idyllische Dörfchen und Weine, die ihresgleichen suchen.

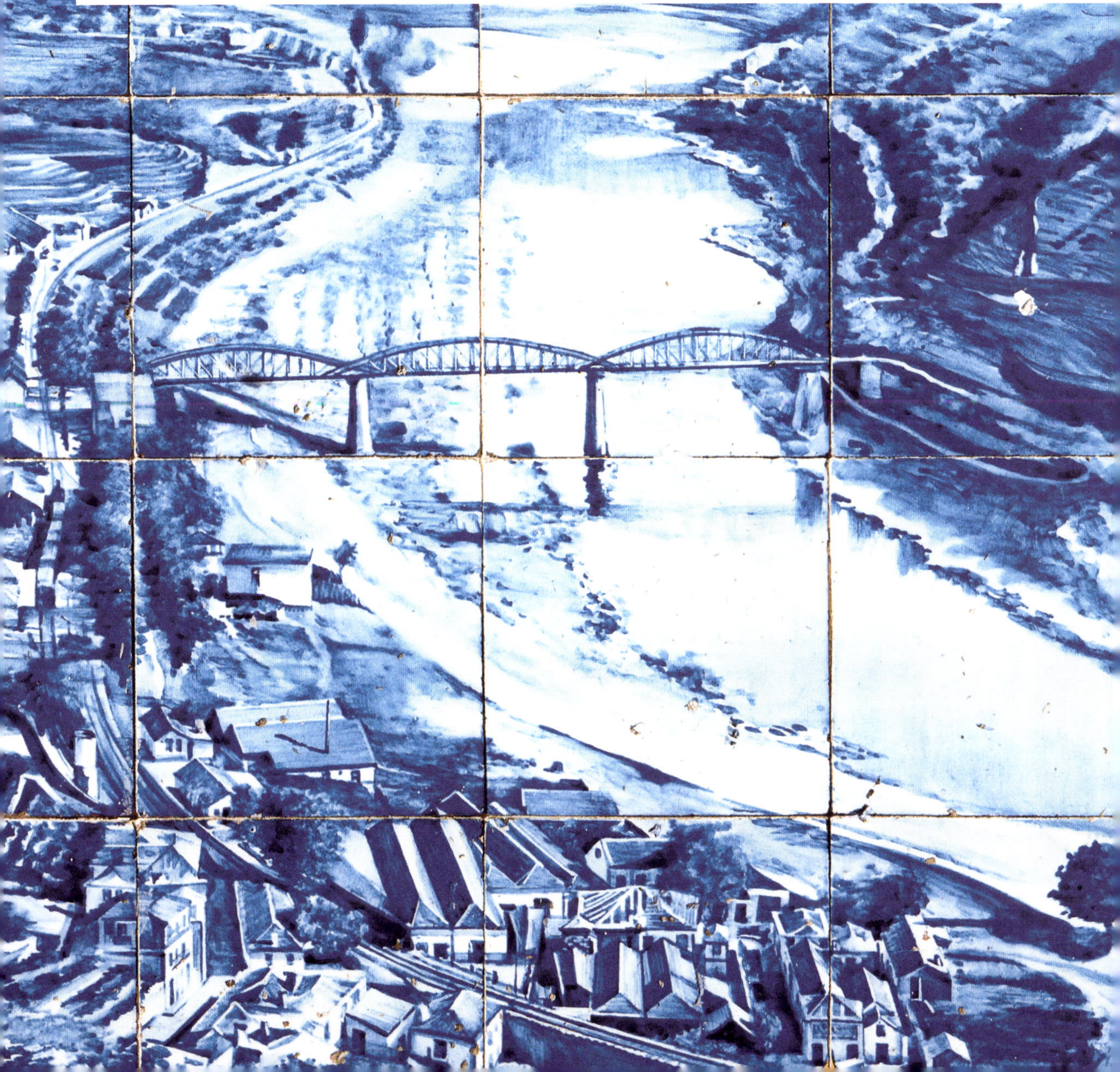

Flussfahrt mit Brücke(n): Der Trip beginnt direkt gegenüber der Altstadt von Porto.

**1. Tag:
Vila Nova de Gaia – Bitetos**

**2. – 3. Tag:
Bitetos – Peso da Régua**

Immer stromaufwärts

Rund 2000 Kilometer Zugfahrt aus Europas Westen bis an die portugiesische Atlantikküste, das ist schon ein Brocken. Aber das Schiff, das in Portos Nachbarstadt **Vila Nova de Gaia** am Pier wartet, sieht nach Erholung aus: Pool, Liegen auf dem Sonnendeck, Kabinen mit Panoramafenstern. Die Aussicht, die zum Begrüßungsdrink serviert wird, verspricht Großes: den Fluss, die bunten Häuser, die den Hügel hinaufbranden, die filigrane Fachwerkbrücke Ponte Luís I. Langsam schiebt sich das Schiff in Richtung Flussmitte und richtet den Bug stromaufwärts. Vier Stunden später sitzt du rechtzeitig zum Sonnenuntergang am Strand von **Bitetos**.

Sehen

Lass dich faszinieren vom Blick auf Porto vom gegenüberliegenden Ufer von Vila Nova de Gaia aus.

Machen

Erkunde das Schiff und richte dich für die nächsten Tage ein.

Essen

Tapas und ein Glas Rotwein in der Petiscaria Cais B am Pier von Bitetos sind der perfekte Abschluss für den ersten Tag auf dem Fluss.

R. Conde Vale da Rica 44,Várzea do Douro
Infos auf Faceook

Die Farben des Flusses

Wie sie leuchten, die Farben des Douro-Tals. Im Frühjahr das Weiß der blühenden Mandelbäume, im Sommer das Grün der Felder und Wälder, im Herbst die Gelb- und Rottöne der Reben. Vom heutigen Zielhafen **Peso da Régua** aus gibt es zwei Ausflugs-Musts. Die fast 700 Stufen der **Himmelstreppe von Lamego** führen zu einem herrlichen Ausblick auf den Fluss und das Tal. Und in den üppig blühenden Gärten und prachtvollen Räumen des **Mateuspalasts** fühlst du dich wie im Märchen. Und selbst in Régua, der Hauptstadt des Portweins, wird dir kaum langweilig.

SCHON GEWUSST?

Seit bald tausend Jahren wird im Douro-Tal Wein angebaut. Ab dem 14. Jahrhundert wurde er gegen Fangrechte für portugieische Fischer vor allem nach Großbritannien exportiert. Im 17. Jahrhundert entdeckte man ein neues Haltbarkeitsverfahren. Der Wein trug nun den Namen Portwein (aus Porto) und war süßer. Seine Trauben dürfen nur in der Region Alto Douro angebaut werden.

Hinter jeder Kurve ein neues Panorama: im Liegestuhl über den Douro.

3 **4. Tag: Peso da Régua – Pinhão**

Mit Hut und Cape

Auch heute kannst du dich kaum sattsehen an den steilen, unendlichen Weinreben am Ufer. Auf einem Hügel über Peso da Régua hebt sich eine schwarze Gestalt mit Hut und Cape vom wolkenlosen Himmel ab. Das riesige Sandeman-Logo steht für Portugals wohl berühmtesten Export: den Portwein. Du bist jetzt mittendrin in der berühmten Weinbauregion Alto Douro, und das Schiff trägt dich fast lautlos weiter hinein. Es geht vorbei an kleinen, wie aus der Zeit gefallenen Uferdörfchen und an berühmten Weingütern, den Quintas. Die heutige Etappe ist eine einzige große Vorfreude darauf, am Abend im kleinen Örtchen **Pinhão** diese Weine auch zu genießen.

Sehen
Die Bilder aus blauen Kacheln vor der Kirche Capela do Cruzeiro.
Largo do Cruzeiro, Peso da Régua
cm-pesoregua.pt

Machen
Eine Weinverkostung im Museu do Douro in Peso da Régua.
R. do Marquês de Pombal, Peso da Régua
museudodouro.pt

Essen
Charmant-authentisch in der Tasca da Quinta in Peso da Régua.
Rua Marquês de Pombal 42, Peso da Régua

Aus der Zeit gefallen

Sehen
Nicht nur Flusshäfen, auch Bahnhöfe können interessant sein – vor allem, wenn sie so schön sind wie der von Pinhão mit seinen herrlichen Azulejos, den kunstvollen blauen Kacheln.

Machen
Flussschiffer brauchen Auslauf, mach also einen Spaziergang durch Pinhão hinauf zum Aussichtspunkt Casal de Loivos.

Essen
Lokale Spezialitäten und eigene Weine werden in der Cozinha da Clara auf dem Weingut Quinta de La Rosa mit Aussicht auf den Fluss serviert.
Gouvães do Douro, Pinhão
quintadelarosa.com

Terrassen voller Reben und geschichtsträchtige Weingüter an den Ufern des Douro.

CHECKLISTE

Einpacken
Je nach Schiff mehr oder weniger formelle Kleidung, Pullover für abends, Wanderschuhe und Badesachen

Hören
O Porto (Madredeus)
Fogo Preso (Mísia)

Lesen
Barco Negro: Mario Lima lässt Inspektor Fonseca in Porto Verbrecher jagen.
Der Portwein-Erbe: Im Krimi von Paul Grote geschieht Mysteriöses auf einem Douro-Weingut.

5. – 6. Tag:
Pinhão – Barca d'Alva/ Vega de Terró

Bilderreigen

Jede Kurve des Douro eröffnet ein neues Bild: Mal rücken die Hänge enger zusammen, mal geben sie den Blick frei auf Olivenhaine und Korkeichenwälder. In **Barca d'Alva** oder direkt nebenan in **Vega de Terrón** ist das Ziel erreicht. Hier bildet der Douro die Grenze zu Spanien. Den heutigen Tagesausflug planst du je nach Stimmung: Nimmst du den Bus ins spanische **Salamanca** und stürzt dich ins Stadtleben zwischen atemberaubenden Sandsteinpalästen? Oder bleibst du dem stillen Fluss treu und fährst durch die tiefen Schluchten im **Parque Natural do Douro Internacional**?

Sehen
Die Plaza Mayor in Salamanca ist einer der schönsten Plätze Spaniens.

Machen
Umsteigen bitte: Per Boot schipperst du durch die faszinierenden Schluchten im Parque Natural do Douro Internacional.
Infos unter natural.pt

Essen
Wenn du einen Abstecher nach Salamanca gemacht hast, dann probier die kastilischen Köstlichkeiten im rustikalen Interieur der Hostería Casa Vallejo.
C. San Juan de la Cruz 3, Salamanca
hosteriacasavallejo.com

7. Tag:
Barca d'Alva/Vega de Terrón – Pocinho

Zeitreise inklusive

Was auf den Weinterrassen Gutes wächst, hast du in den letzten Tagen getestet: samtweiche Rotweine, satt an Geschmack von der Wärme der Region. Die übrigens immer trockener und heißer wird, je weiter man sich vom Atlantik entfernt. Der rückt allerdings wieder näher, denn das Schiff fährt ab jetzt zurück. Heutiges Ziel: die Steinzeit. Bei **Pocinho** bestaunst du im großen archäologischen Park und im futuristischen Museum Zeichnungen auf Felsen, die Menschen vor mehr als 25000 Jahren als Leinwand benutzt haben.

6 **8. – 11. Tag: Pocinho – Porto**

Die Hügelstadt lockt

Die Reise endet dort, wo sie begonnen hat – es wird Zeit, **Porto** zu erkunden. Schon am Fluss warten die ersten Verlockungen, im bunten Uferviertel Ribeira. Durchstreif ein paar Tage diesen Unesco-Welterbe-Stadttraum aus Granit. Hügelauf, hügelab geht es, an Wänden voll glänzender blauer Azulejos entlang, den blau-weißen Keramikfliesen. Probier Portwein zwischen schweren Eichenfässern in einer der Caves in Vila Nova de Gaia, staune über den üppigen Reichtum im Palácio da Bolsa, lass dich durchs Künstlerviertel Bombarda treiben. Und wenn dir das Wasser fehlt: Die Meeresbrise an den Stränden ist nie mehr als eine Tramfahrt entfernt.

Sehen

Der CoaParque ist einer der bedeutendsten archäologischen Parks Portugals.

Rua do Museu, Vila Nova de Foz Côa
arte-coa.pt

Machen

Besichtige die Weinberge der Quinta do Vale Meão, wo der Barca Velha, der legendärste (und teuerste) Wein Portugals, ursprünglich herstammt. Du solltest unbedingt reservieren!

Quinta do Vale Meão, Vila Nova de Foz Côa
quintadovalemeao.pt

Sehen

Saudade und ganz viel portugiesische Seele beim Fado-Konzert in der Casa da Mariquinhas.

Rua de São Sebastião 25, Porto
casadamariquinhas.pt

Machen

Erst der Fluss, jetzt das Meer: Buch einen Surfkurs in einer der vielen Surfschulen von Porto.

Infos unter wellenreiten.de

Essen

In der opulenten Belle-Époque-Atmosphäre des Café Majestic reist du bei Bacalhau und Pastel de nata zurück in die Belle Époque.

cafemajestic.com

Schlafen

In der Altstadt im Designhotel Portobay Hotel Teatro.

Rua de Sá da Bandeira 84, Porto
portobay.com

HIN UND WEG

Hinreisen

Die Tour startet in Passau, das aus dem ganzen deutschsprachigen Raum gut mit dem Zug erreichbar ist. Beim Buchen der Tickets darauf achten, dass die Fahrräder mitgenommen werden dürfen.

Weiterreisen

Auf dem Donauradweg entlang des Flusses von Passau bis Bratislava. Die Strecke ist gut ausgebaut, flach und führt über asphaltierte Radwege oder verkehrsarme Nebenstraßen (donau-radweg.info). Ab Bratislava geht es zurück mit dem Zug über Wien.

11 Tage

Juli oder August

395 km

15 Zwei Räder und die schöne, blaue Donau

Wer den Kopf mal richtig frei bekommen will, der schwingt sich in den Sattel. Und radelt dann von Passau bis Bratislava, flussabwärts, immer entlang der schönen Donau. Wo sonst kann man so gut einen Gang runterschalten?

Durch die Schlögener Schlinge geht es mit der Fähre.

1. Tag:
Passau – Schlögen
(40 km)

Warm-up ab Passau

Am Hauptbahnhof **Passau** geht das Abenteuer auf zwei Rädern los. Einmal quer durch die Altstadt, ein Selfie am Stephansdom und rüber über die Luitpoldbrücke. Unter dir plätschert endlich die Donau, die dir ab jetzt den Weg zeigen wird. Am Nordufer radelst du munter bis Obernzell. Hier bringt dich die Fähre rüber ans Südufer. Auf österreichischer Seite geht's weiter, die Landschaft ist lieblich, die Dörfchen putzig, der Weg immer flach. Du hast viel Zeit, deine Beine und deinen Geist an den neuen Rhythmus zu gewöhnen. In **Schlögen** steigst du für heute ab – und setzt dich noch ein bisschen zu deiner neuen Begleitung, der Donau.

Sehen
Lass dich von der Schlögener Schlinge beeindrucken: Hier wechselt die Donau ihre Richtung und begegnet sich fast selbst …
donauregion.at

Machen
Lern auf einer Führung durch Stift Engelszell nicht nur Österreichs einziges Trappistenkloster kennen, sondern auch dessen Brauerei und ihre süffigen Erzeugnisse.
stift-engelszell.at

Essen
Die Kuchen im Café Im Baderhaus versüßen dir die Pause vom Radeln.
Sauwaldstr. 20, Engelhartszell,
facebook.com/ImBaderhaus

Schlafen
Im Indoorpool im Hotel Donauschlinge entspannen deine müden Waden, während dein Rad in der Radgarage schlummert.
Schlögen 2, Haibach/Donau
donauschlinge.at

2. Tag:
Schlögen – Linz
(55 km)

Bus oder Fähre?

Etappe zwei startet hoffentlich ohne Muskelkater. Die ersten Kilometer sind entspannt, denn du nimmst den Donaubus, der aber eine Fähre ist, durch die Schlögener Schlinge. Am Nordufer geht die Etappe erst richtig los. Für eine Pause in einem der gemütlichen Landgasthöfe ist es zu früh, und du hast noch Power bis Aschach. Hier wird das Donautal langsam breiter. Am Ufer, beim Holzschiff am Fischermuseum, ist endlich Zeit für eine Jause. Gestärkt trittst du in die Pedale, bis du **Linz** erreichst. Dort hast du dir ein Stück Linzer Torte mehr als verdient.

SCHON GEWUSST?

Die Donau ist speziell: Als einer der wenigen Flüsse Europas fließt sie von West nach Ost. Der Donauradweg führt rund 2850 Kilometer von der Quelle im Schwarzwald bis zur Mündung am Schwarzen Meer. Wer ihn komplett fährt, radelt durch acht Länder: Deutschland, Österreich, die Slowakei, Ungarn, Kroatien, Serbien, Bulgarien und Rumänien.

Passau und Donau gehören einfach zusammen.

3 **3. Tag: Linz – Grein** (60 km)

Zweierlei Strudel

Sehen
Was Schopper sind? Das erfährst du im – genau! – Schopper- und Fischermuseum in Aschach. Nur soviel: Es hat etwas mit der Schifffahrt auf der Donau zu tun.
Schopperpl. 2, Aschach
museum.aschach.at

Machen
633 Stufen steigst du hinauf auf den Turm des Mariendoms in Linz. Dein Blick geht aus 112 Metern schwindelnder Höhe weit hinein ins Salzkammergut.
dioezese-linz.at/mariendom

Essen
Schon mal eine echte Linzer Torte gegessen? Gönn dir ein Stück in der Konditorei Jindrak in Linz.
linzertorte.at

Schlafen
Nur fünf Minuten vom Donauradweg liegt das Hotel Stadtoase Kolping in Linz.
Gesellenhausstr. 5, Linz
hotel-kolping.at

Neuer Tag, neue Tour: Sag Linz leise Servus und radel dann am Nordufer der Donau immer weiter stromabwärts. So langsam bist du tiefenentspannt. Die Kilometer rauschen dahin, die Orte auch. In Mauthausen stand in der NS-Zeit das größte österreichische Konzentrationslager. Nachdenklich fährst du weiter, die Donau immer im Blick. Das Tal wird bald enger, der Fluss wilder – willkommen im Strudengau! Früher fürchteten sich die Schiffer hier vor tückischen Strudeln. In **Grein** wartet heute nur ein Strudel auf dich, und zwar der süße, aber deshalb nicht minder gefährliche im Café am Donauufer.

Sehen
Wenn bei Fürstens gefeiert wird: Auf einer Führung durch das prächtige Schloss Grein wandelst du u. a. durch die herzoglichen Festräume.
schloss-greinburg.at

Machen
Unterbrich deine Fahrt für ein schweres, aber immens wichtiges Thema in der KZ-Gedenkstätte Mauthausen.
mauthausen-memorial.org

Essen
Frischen Strudel gibt's direkt am Greiner Ufer im Café Schörgi.
Rathausgasse 2, Grein, schoergi.at

Schlafen
Einfach und mit leckerem Frühstück übernachtest du in der Pension Martha in Grein.
Hauptstr. 12, Grein,
pensionmarthagrein.at

CHECKLISTE

Einpacken
Radbekleidung, Regenschutz, Navi, schickere Stadtkleidung

Hören
An der schönen blauen Donau (Richard Strauß), Vienna calling (Falco)

Lesen
Donau abwärts: Péter Esterházy lässt einen Jungen mit seinem Onkel eine Donaureise unternehmen.
Mord auf der Donau: Im Krimi von Beate Maly stirbt ein Gast auf einem Donaudampfer.

4. – 5. Tag: Grein – Krems an der Donau (80 km)

Auf die Fähre, fertig, los!

Etappe 4 wird sportlich: 80 Kilometer stehen auf dem Plan. Mit der Fähre setzt du erst mal ans Südufer über und radelst dann locker eine Stunde bis zum Donaukraftwerk Ybbs-Persenbeug. Die Fahrt über den Staudamm zum Nordufer macht richtig Spaß. Beim gewaltigen Stift Melk ist Halbzeit! Hinter Melk beginnt die Wachau, ein Paradies mit Burgen und Felsen, Obst und Wein. Das Abendprogramm ist klar: Auf zum Heurigen in **Krems an der Donau**! Die Aussicht auf Fleischlaberl und ein Glaserl Wein motiviert dich zum Schlussspurt. Und weil du dir morgen einen Ruhetag verdient hast, darf's auch gerne ein zweites sein.

Sehen
Die überbordende Barockpracht in der Wallfahrtsbasilika in Maria Taferl gibt deinem heutigen Radeltag eine festliche Prägung.
basilika.at

Machen
Schipper mit einer Zille, dem traditionellen Kremser Holzboot, über die Donau und proste dem Sonnenuntergang zu.
krems.info/zillenfahrten

Essen
Im Heurigen Mösslinger in Krems genießt du nicht nur ein gutes Tröpfchen und die leckere Küche, sondern auch den Ausblick auf Fluss und Weinberge.
Untere Hauptstr., Stratzing, moesslinger.at/heuriger

Schlafen
Bunt, jung und modern geht's im zentral gelegenen Hotel Arte in Krems zu.
Dr. Karl Dorrek-Str. 23, arte-krems.at

6. – 8. Tag: Krems an der Donau – Wien (80 km)

Einmal in Wien

Mit der Sonne im Gesicht radelst du von Krems an der Donau weiter Richtung **Wien**. Die heutige Etappe ist wieder 80 Kilometer lang, aber sehr flach, so kommst du schnell vorwärts. Wer schwere Beine hat, kann in der Mitte abkürzen: Ab Tulln könnte man die Bahn nehmen. Doch mit dem Rad ist es schöner. Wenn du die Donauinsel erreicht hast, bist du schon auf Wiener Boden. Spielplätze, Strände, Grillplätze – hier ist ganz schön was los nach so viel Ruhe am Fluss. Im Hotel ziehst du erst mal die Radkleidung aus und machst dich bereit für ein paar Tage (und Nächte) Großstadt.

Städtetrip mal anders: Mit dem Radl durch Wien.

6 **9. – 11. Tag: Wien – Bratislava**
(80 km)

Sprint nach Bratislava

Ein letzter Fotostopp beim Stephansdom, dann raus aus der City. Wichtiger Tipp: Jause einkaufen! Denn heute fährst du durch den Nationalpark Donauauen, mit wenig Einkehrmöglichkeiten. Kurz vor **Bratislava** überquerst du dann die Grenze zur Slowakei. Schon von Weitem siehst du die weiße Burg leuchten. Noch die letzten Meter zum Hotel rollen, dann endet deine Radreise nach knapp 400 Kilometern. Kompliment! Die gemütliche slowakische Hauptstadt ist genau richtig, um deinen Trip abzurunden. Und beim nächsten Mal radelst du einfach weiter – bis ans Schwarze Meer.

Sehen
Bummel über den Wiener Naschmarkt – der Name ist übrigens Programm. Und am Samstag gibt's noch einen Flohmarkt obendrauf.
stadt-wien.at/wien/maerkte.html

Machen
Im Badeschiff Wien kannst du eine Runde abtauchen. Oder chillen. Oder feiern, tanzen, schlemmen.
Wolfgang-Schmitz-Promenade, auf dem Donaukanal, badeschiff.at

Essen
Schwelge in einem Wiener Apfelstrudel samt Melange im Café Sperl.
cafesperl.at

Schlafen
In den Urban Jungle Apartments werden Gäste, die mit dem Fahrrad kommen, besonders gefeiert. Deinen bereiften Reisekumpel kannst du im großen Abstellraum in der Eingangshalle sicher unterbringen.
urban-jungle.at

Sehen
Wow, und der steht wirklich stabil? Der UFO-Turm in Bratislava wirkt, als würde er nur von ein paar Stahlseilen gehalten. Den Sonnenuntergang über der Donau aus einer Höhe von 95 Metern zu betrachten, ist fantastisch.
u-f-o.sk/de

Machen
Teste auf einer Bier-Tour die leckeren Craft-Biere aus den Mikrobrauereien Bratislavas.
taste-bratislava.com

Essen
Kennst du Brimsennocken? Noch nicht? Dann probier das slowakische Nationalgericht im Biergarten Bratislavský Meštiansky pivovar.
Dunajská 21, Bratislava
mestianskypivovar.sk

Schlafen
Als Belohnung fürs tapfere Durchhalten im Fahrradsattel gönnst du dir ein Zimmer im 5-Sterne-Hotel Marrol's.
Tobrucká 6953/4, Bratislava
hotelmarrols.sk/de

Noch mehr Reisen

Ob durch die mystischen Winterwelten der britischen Cotswolds oder mit einem Hausboot durch die Lagune von Venedig: Europa hat bei bei Trips, die weniger als zwei Wochen dauern, jede Menge zu bieten. Du könntest zum Beispiel auch mit der Schmalspurbahn durch den Norden Spaniens gondeln ...

KANALBOOTABENTEUER

 + 

Lust, bei Shakespeare vorbeizuschippern? Mit einem Narrowboat tuckerst du über den 200 Jahre alten Stratford-Kanal von **Alvechurch** bis nach **Stratford-upon-Avon**. Auf den Wasserwegen, die früher mit Kohle- und Eisenladungen die industrielle Revolution angeheizt haben, kommt heute relaxte Urlaubsstimmung auf. Spannend wird es, wenn du durch den Brandwood Tunnel gleitest oder die historischen Schleusen öffnest. Hübsche Dörfer wie Lowsonford und Wilmcote wechseln sich mit saftiggrüner Landschaft ab. Noch mehr Kanal-Feeling gibt's in Birmingham, der zweitgrößten Stadt im Vereinten Königreich. Einen Superblick auf die Metropole hast du vom Secret Garden aus, einem wunderschönen Dachgarten auf der Stadtbibliothek.

Hinreisen
Mit dem ICE oder TGV nach Paris und dem Eurostar nach London. Dann mit dem Zug von London Euston nach Birmingham.

Weiterreisen
Von Birmingham New Street Station mit dem Zug nach Alvechurch. Weiter mit dem gebuchten Kanalboot nach Stratford-upon-Avon und wieder zurück nach Alvechurch.

 **11 Tage**

 **ca. 100 km**

 **Mai bis September**

 **greatbritish-boating.com**

SCHIENE MIT MEERBLICK

Apfelwein statt Rioja, Dudelsack statt Kastagnetten. Dafür grüne Hügel, hohe Berge, tiefblaues Meer, Fischerdörfer und traumhafte Sandstrände. Mit der Schmalspurbahn entdeckst du die schönsten Spots an der **nordspanischen Küste**. Wie etwa das Guggenheim-Museum in Bilbao, die asturische Costa Verde, die bunten Häuschen von Cudillero oder die prächtigen Paläste von Oviedo. Die Eisenbahngesellschaft Renfe betreibt die Strecke, die weitgehend parallel zum Camino del Norte des Jakobswegs verläuft. Zwei Mal täglich fahren Züge von Bilbao über Santander und Oviedo nach Ferrol. Herrlich entschleunigt bei rund 16 Stunden Fahrtzeit und mehr als 100 Haltestellen. Und mit knapp 50 Euro ein Schnäppchen – im Luxuszug Transcantábrico kostet dieselbe Strecke 15.440 Euro!

Hinreisen
Mit dem TGV nach Paris und weiter nach Barcelona, von dort mit Renfe nach Bilbao-Abando.

Weiterreisen
Mit der Schmalspurbahn Renfe Cercanías AM (früher Feve). Tickets für die Strecken Bilbao–Santander, Santander–Oviedo und Oviedo–Ferrol gibt es an den Fahrkartenschaltern oder -automaten.

 **9 Tage**

 **550 km**

 **Mai-Juli, September, Oktober**

 **renfe.com**

VERWUNSCHENE LAGUNE

Venedig ist ein Traum aus versunkener Zeit, mitten im Wasser. Das finden allerdings jährlich 20 Millionen andere Reisende auch. Wenn du den Zauber von „La Serenissima" erleben und dabei stillere Ecken entdecken willst, eroberst du die Lagune am besten mit dem Hausboot. Du solltest allerdings schon etwas Erfahrung als Kapitänin oder Steuermann haben. Denn der Wasserverkehr vor Venedig ist mit seinen Vaporetti, Gondeln und *taxi acquei* ziemlich lebendig. Sehr gechillt sind dagegen die kleine Laguneninseln wie die Isola di Pellestrina oder die Klosterinsel Francesco del Deserto mit eigenem kleinen Hafen. Durch einen wilden Naturpark mit Kormoranen, Schildkröten und Nutrias schlängelst du dich auf dem Fiume Sile von Cavallino bis nach Jesolo und Portegrandi.

Hinreisen

Mit dem ÖBB Nightjet von Stuttgart oder München aus nach Venedig Santa Lucia. Oder ab München mit dem EC nach Venedig Santa Lucia.

Weiterreisen

Mit dem Bus Nr. 80 in 60 Min. von Venezia Piazzale Roma bis zum Ablegehafen in Chioggia. Oder in 90 Min. mit der Linie 11 (Vaporetto, Bus, Fähre) ab Piazza San Marco bis Chioggia.

 **8 Tage**

 **je nach Route**

 **April-Juni/ September, Oktober**

 **locaboat.com**

BRITISCHER WINTERTRAUM

Im Sommer sind die pittoresken Dörfer der **Cotswolds** arg überlaufen, am Anfang des Jahres aber liegen sie verträumt zwischen Hecken und Hügeln. Und Raureif malt die typisch englische Landschaft mit ihren honiggelben Kalksteincottages, Weiden und Schafherden noch einen Hauch romantischer. Die beste Zeit also, um dich in der kristallklaren Luft durchpusten zu lassen. Das geht prima bei Spaziergängen rund um Ebrington oder auf Etappen des 164 Kilometer langen „Cotswold Way" von Chipping Campden bis Bath. Anschließend wärmt ein stilvoller Afternoon Tea mit Earl Grey und fluffigen Scones. Oder du tauchst ins Thermalwasser in der Badestadt Bath ein. Aufgepasst: Bis März haben die meisten Herrenhäuser geschlossen, ganzjähriges royales Feeling versprüht dagegen Blenheim Palace bei Woodstock.

Hinreisen

Mit dem ICE oder TGV nach Paris und dem Eurostar nach London.

Weiterreisen

In die größeren Städte fahren Züge, die kleinen Ortschaften entdeckst du am einfachsten mit dem Mietwagen.

 **8 Tage**

 **je nach Route ab 200 km**

 **Dezember bis Februar**

 **visitbritain.com**

Reisen
12–14 Tage

HIN UND WEG

Hinreisen

Die MS Norröna der Reederei Smyril Line, die Island ab dem dänischen Hirtshals bedient, nimmt auch Kurs auf die Färöer (smyrilline.de). In der Hauptsaison läuft die Autofähre zweimal pro Woche Tórshavn an, in der Nebensaison einmal. Die Fahrt dauert etwas mehr als 1,5 Tage, an Bord gibt es günstige Schlafliegen und Kabinen, dazu Restaurants, Cafeteria und Bar, Schwimmbad, Sauna und Bordkino.

Weiterreisen

Die einzelnen Inseln der Färöer sind gut erschlossen und durch Straßen, Brücken und Unterwassertunnels miteinander verbunden, die Wege sind kurz. Dennoch muss man wegen kurviger Strecken und manchmal extremem Wetter vorsichtig unterwegs sein. Die Sóljuleiðir, die Routen mit der Butterblume, sind besonders schöne Touristenstraßen (landsverk.fo/en-gb/home).

12 Tage

Mai bis September

400 km

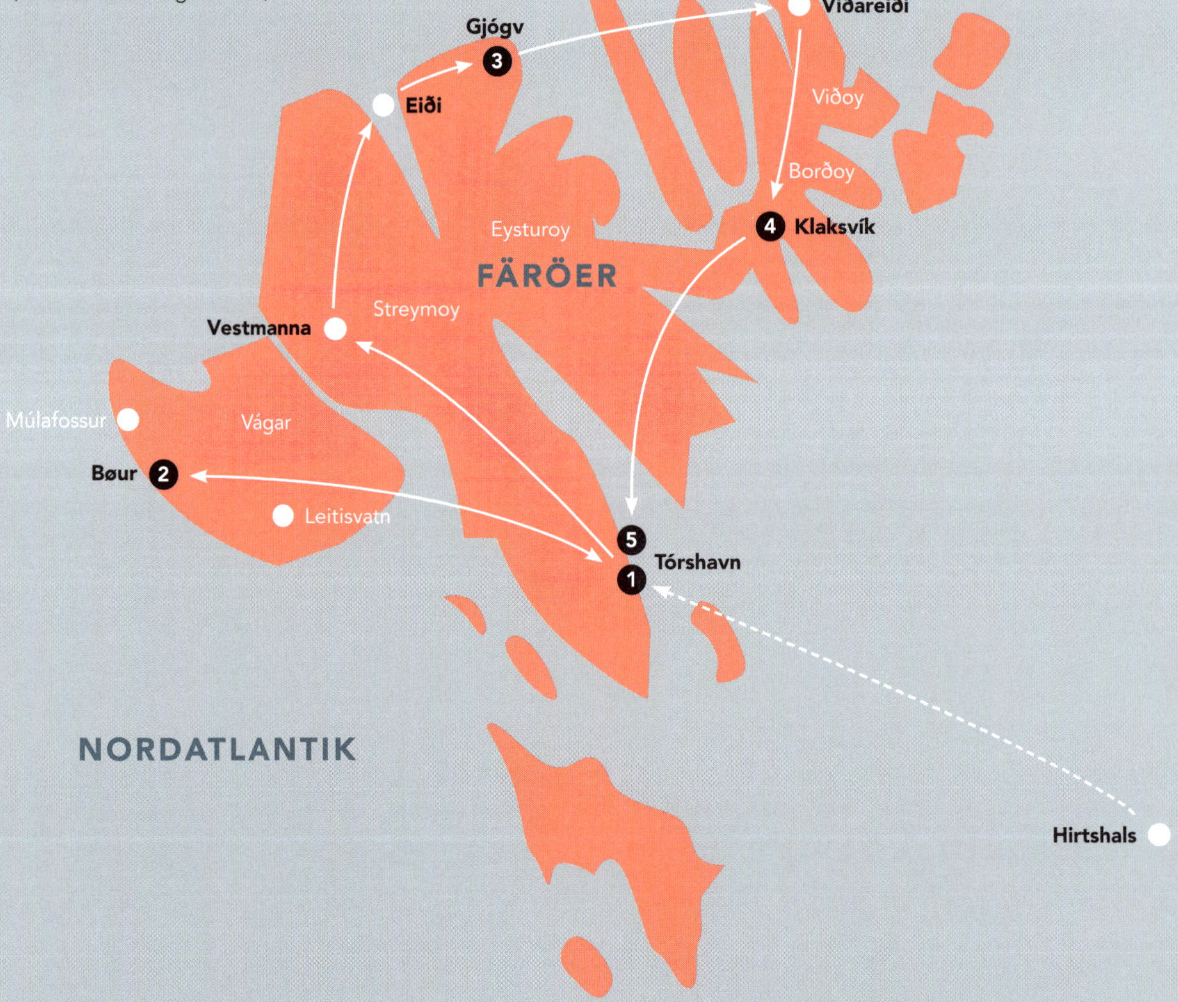

Gjógv
3
Viðareiði
Eiði
Viðoy
Borðoy
Eysturoy
4 Klaksvík
FÄRÖER
Streymoy
Vestmanna
Múlafossur
Vágar
Bøur 2
Leitisvatn
5
Tórshavn
1
NORDATLANTIK
Hirtshals

16 Einsame Wikinger

Färöer – das klingt nach Wind und Nebel, nach Licht, das nordisch klar aus dem Meer zu kommen scheint. Dem Reiz der exotisch-kargen Inselgruppe weit draußen im windgepeitschten Nordatlantik entkommst du so schnell nicht wieder.

1 **1. – 3. Tag: Tórshavn**

2 **4. Tag: Tórshavn – Vágar – Tórshavn** (170 km)

Land in Sicht

Die Erwartungen sind groß, wenn nach vielem Auf und Ab auf dem Meer die bunten Häuschen von **Tórshavn**, der kleinen Hauptstadt der Färöer, vor dem Bug auftauchen. Komm erst mal an und lass dich durch die Gässchen mit den roten und schwarzen Holzhäusern treiben. Dann bummelst du durch Niels Finsens gøta, die einzige Fußgängerzone des Landes. Oder du lehnst dich in einem der gemütlichen Cafés am Hafen zurück, genehmigst dir ein Glas des Nationalgetränks Brennivín und schaust dem geschäftigen Treiben der Schiffe zu.

Sehen

Es regnet? Dann tauch in der Nationalgalerie Listasavn Føroya ein in die besondere Kunst der Färöer-Inseln.

9 Gundadalsvegur, Tórshavn
art.fo

Machen

Eine Wanderung in die Vergangenheit erwartet dich auf dem Weg nach Kirkjubøur, dem ersten Bischofssitz der Färöer.

faroeislands.dk

Essen

Im Kaffihúsið am Hafen sitzt du warm und trocken bei leckerem Kaffee und Kuchen.

Undir Bryggjubakka, Tórshavn
kaffihusid.fo/en

Schlafen

Gemütlich skandinavisch sind die Cottages im Hotel Hafnia, die Zimmer dagegen bunt, modern und ein ganz klein bisschen schräg.

4-10 Áarvegur, Tórshavn
hotelhafnia.com

Bunte Tupfer im Grün

Von Tórshavn aus führt dich der erste Ausflug Richtung Westen. Jetzt bekommst du auch ein Gefühl für diese zauberhaften Inseln im kalten Nordatlantik. Praktisch baumlos sind sie, aber dafür mit einer Fülle an unterschiedlichen Grüntönen ausgemalt, gemischt mit dem Schwarz der Felsen. Dazu die roten, blauen, gelben Häuser, die Farbtupfer in die tief hängenden Wolken malen. Der Weg auf die Insel Vágar geht unter dem Meer hindurch. Erster Stopp ist der **Leitisvatn**, ein See – im ersten Stock über dem Meer. Der Anblick der beiden übereinanderliegenden Wasserflächen ist ganz schön spektakulär. Aber endgültig verfällst du dem rauen Charme der Inseln am Wasserfall **Múlafossur**, der wie ein Schleier die Klippen hinunter ins Meer fällt. Verlieb dich ein wenig in **Bøur**, das am Weg liegt: kleine Holzhäuschen, denen das Gras aufs Dach zu wachsen scheint und die sich direkt am Meer unter dem sommerlichen Nordhimmel zusammenkuscheln. Du merkst, dass du dein Herz verloren hast, wenn du zurück nach Tórshavn fährst.

3 5. – 6. Tag: Tórshavn – Vestmanna – Eiði – Gjógv (110 km)

Drama überall!

Wir haben kein schlechtes Wetter, sagt man auf den Färöer, nur viel davon. Also raus, auch wenn gerade wieder mal ein Regenschauer vorbeizieht. Trotzdem schaukelst du deshalb mit dem Boot von **Vestmanna** aus zu den Vogelklippen, die sich vulkanisch schwarz gegen den Wolkenhimmel stemmen. Drama mit Seevogelkreischen! Nun fährst du rüber zur Nachbarinsel Eysturoy. Auf dem Weg über **Eiði** nach **Gjógv** eröffnen sich atemberaubende Panoramen voller Klippen, Wolkenteppichen und Sonnenlichtlanzen, die den Horizont punktieren. Atemberaubend ist auch die Lage der Kirche Funningur kurz vor Gjógv. Hier kannst du eine wunderschöne Wanderung an der wilden Küste machen, bevor der Tag zu Ende geht.

Sehen
Den Monolith Trøllkonufingur, der wie ein Trollfinger an der Südküste von Vágar aufragt.
Infos unter guidetofaroeislands.fo

Machen
Eine Bootstour von Sørvágur aus auf die Vogelinsel Mykines und Papageientaucher beobachten.
mykines.fo

Essen
Hausgemachten Kuchen? Oder doch lieber eine Suppe mit fangfrischem Fisch? Im Café Mykinesstova auf Mykines gibt's beides maximal lecker.
11 Garðsgøta, Mykines
mykinesstova.com

Schlafen
Falls du zwischen Papageientauchern übermachten möchtest, dann buche eins der vier Apartments im Haus Mykineslon.
11 Garðsgøta, Mykines
mykinesstova.com/en/mykineslon

Sehen
Noch widerstehen sie der Kraft von Wind und Wellen – aber du solltest die Steinsäulen Risin og Kellingin auf einem Abstecher ins pittoreske Tjørnuvík unbedingt besuchen, so lange es noch geht.
Infos unter guidetofaroeislands.fo

Machen
Eine ganz neue Strandspaziergängererfahrung: Wander bei Ebbe von Saksun aus über den schwarzen Sand.
Infos unter guidetofaroeislands.fo

Essen/Schlafen
Schlicht und gemütlich ist es im Gjáargarður Guesthouse in Gjógv.
Dalavegur 20, Gjógv
gjaargardur.fo

SCHON GEWUSST?

Die Färöer gehören zu Dänemark, sind aber autonom. Die Herkunft des Landesnamens ist nicht eindeutig geklärt: Das altnordische Færeyjar bedeutet so viel wie »Schafsinseln« – passend, denn die Zahl der Schafe übersteigt die der 50000 Fähringer deutlich. Der Name könnte aber auch vom keltischen Farei stammen, »ferne Inseln«. Wie dem auch sei: Die Fähringer fühlen sich jedenfalls eher als Wikinger denn als Dänen.

Optische Täuschung? Nein, der See Leitisvatn liegt tatsächlich im Obergeschoss.

4 **7. – 9. Tag: Gjógv – Viðareiði – Klaksvík** (80 km)

5 **10. – 12. Tag: Klaksvík – Tórshavn** (40 km)

Das Ende der Welt

Die Wege sind kurz, doch der Tag ist lang und die Fahrt nach **Viðareiði**, zum nördlichsten Punkt der Inseln auf Viðoy, dauert nur eine Stunde. Jetzt bist du endgültig am Ende der Welt angekommen. Der Alltag ist nur noch Hintergrundrauschen. Im Vordergrund stattdessen: dramatische Klippen, Berge und die Kirche von Viðareiði vor den wolkenumkränzten Kaps. Wie zum Teufel konnten hier im Mittelalter Menschen überleben? In den Cafés und Shops von **Klaksvík**, der zweitgrößten Stadt der Insel, holst du dir später die Zivilisation zurück.

Sehen
Eine Herausforderung für alle, die Höhenangst haben: Das Kap Enniberg ist eines der höchsten Kliffs der Welt. Zum Kap kommst du nur zu Fuß und mit einem Guide!
guidetofaroeislands.fo/travel-faroe-islands/drive/cape-enniberg

Machen
Die Fähre auf die Insel Kalsoy nehmen und dann von Trøllanes aus zum Leuchtturm Kallur mit seiner tollen Aussicht wandern – und eine Gedenkminute am Grabstein von 007 James Bond einlegen …
guidetofaroeislands.fo/travel-faroe-islands/drive/kalsoy

Essen
Die Suppe des Tages schmeckt dir sicher im Fríða Kaffihús in Klaksvík.
Biskupstorg 5, Klasvík
frida.fo

Schlafen
Buch dich in einem Apartment oder einer Ferienwohnung in Klaksvík ein.

Abschied – für immer?

Deine Zeit auf den Färöer neigt sich schon dem Ende zu. Über Serpentinen, durch Tunnel, wellige Heidelandschaften und kleine Orte, entlang von Seen und Klippen – das Meer und die Schafe nie weit – geht es zurück nach **Tórshavn**. Dieses Land der dunklen Felsriesen und Wasserfälle, der Wellen, Wolken und Möwenschreie, die dich praktisch überall begleiten – es wird dich so schnell nicht mehr loslassen. Allein das nordische Licht macht süchtig. Gönn dir noch einen Tag in der Hauptstadt oder mach einen Ausflug in die Umgebung, bevor dich die Fähre wieder aufs Festland trägt. Mit dem Wissen: Du wirst wiederkommen, unbedingt!

In den Vororten von Tórshavn ist die Natur sehr nah.

Sehen

Der weiße Sandstrand von Sandur auf der südlichen Insel Sandoy ist ein ganz besonderer Anblick.
visitsandoy.fo

Machen

Wenn das Wetter passt, ist ein Wanderausflug mit dem Boot nach Nólsoy, der Insel vor Tórshavn, ein perfektes Abschiedsgeschenk an dich selbst.
guidetofaroeislands.fo/travel-faroe-islands/drive/nolsoy

Essen

Genieß noch einmal den allerfrischesten, auf Färöer-Art zubereiteten Fisch im atmosphärischen Barbaras Fish House in Tórshavn.
Gongin 4-6, Tórshavn
barbara.fo/barbara

Schlafen

Im Hotel Havgrím, dem neusten Boutique-Hotel der Insel mit ordentlich Style.
14 Yviri við Strond, Tórshavn
hotelhavgrim.fo

CHECKLISTE

Einpacken

Gute Kleidung für jedes Wetter, Wandersachen und Schlafmaske für die hellen Nächte

Hören

Josephine (Teitur)
Trøllabundin (Eivør Pálsdóttir)

Lesen

Endstation Färöer: Im Krimi des Tórshaveners Jógvan Isaksen erfährt man viel über die Menschen, die Landschaft und Fischereirechte.
Tanz auf den Klippen: Die Fähringerin Sólrún Michelsen erzählt die Geschichte zweier Freundinnen, die in der rauen Landschaft aufwachsen und sich als Erwachsene wiederbegegnen.

Meeting im Vogelfelsen: buntschnäblige Papageientaucher.

HIN UND WEG

Hinreisen

Mit dem Zug bis Brüssel oder Paris, dann mit dem Eurostar bis London (2 bzw. 2,5 Std.). Weiter nach Liverpool (2,5 Std.) und von dort mit der Fähre nach Belfast (8 Std., stenaline.de).

Weiterreisen

Das Auto buchst du am besten schon von zu Hause aus, dann ist's meist günstiger. Die meisten Autoverleiher haben ihre Station am Flughafen. Aber Vorsicht: Belfast hat zwei davon …

14 Tage

Mai bis September

255 km

ATLANTIK

Dunluce Castle
Giant's Causeway
Carrick-a-Rede
Rathlin Island
Ballycastle
4
5
Portstewart Strand
Portrush
3 Cushendun
Glenariff Forest Park
2 Glenarm
IRLAND
Whitehead
Carrickfergus
NORDIRLAND
Lough Neagh
6 1 Belfast
Liverpool

17 Irland intensiv

Die Rundreise durch Nordirland ist nur 250 Kilometer lang – und beherbergt doch so viel Schönheit, als ob sich die irische Insel in Gänze darin verewigt hätte. Auf der Spur von Riesen, Fantasy-Rittern und schwarzen Klippen über tobender See.

1 **1. – 3. Tag: Belfast**

2 **4. – 5. Tag: Belfast – Whitehead – Glenarm** (60 km)

Von der Titanic ins Pub

Dein Trip startet mit einer Katastrophe: Das Titanic-Museum ist ein Must in der Stadt, in der der unglückselige Riesendampfer gebaut wurde. Der schimmernde, einem Schiffsbug nachempfundene Museumsbau beeindruckt – die Multimedia-Begegnungen mit den Menschen, die mit der Titanic untergegangen sind, noch mehr. Einen prima Überblick über **Belfast** verschafft man sich von der spektakulären Kuppel des Victoria Square Shopping Centre. Die Mall ist aber Durchschnitt, also nichts wie rein ins quirlige Treiben des St. George's Market, der letzten viktorianischen Markthalle der Stadt. Pflicht ist ein Pint in einem der vielen Pubs des Ausgehviertels Cathedral Quarter.

Sehen
Genug vom quirligen Trubel der City? Dann hol ein- oder zweimal tief Luft im beliebten Botanischen Garten.
Botanic Avenue, Belfast
Infos unter visitbelfast.com

Machen
Die geführte Tour zu den martialischen Murals führt dich mitten hinein in die jüngere Geschichte und in den Nordirlandkonflikt.
belfastmuraltours.com

Essen
Moderne irische Küche – ja, die gibt's! – wird im Holohan's Irish Pantry serviert.
43 University Road, Belfast
holohanspantry.co.uk

Schlafen
Gediegen sind die Zimmer im Dukes At Queens beim Uni-Viertel Queens Quarter.
65-67 University Street, Belfast
dukesatqueens.com

An Klippen spazieren

Nach den Stadttagen spürst du, wie das Meer ruft. Erster Stopp auf der Causeway Coastal Route ist **Carrickfergus** mit seiner 800 Jahre alten Burg. Nur wenige Meilen entfernt wartet The Gobbins bei **Whitehead**. Was klingt wie eine Figur aus Herr der Ringe, ist ein atemberaubender Pfad, der am Fuß der Basaltklippen über Brücken und Brandung führt. Nach der Nacht in Whitehead bummelst du mit dem Auto an der See entlang nach **Glenarm**. Steck die Nase in die Salzluft und spazier an georgianischen Fassaden entlang auf dem Layde Walk. Es geht steil hinauf, doch als Belohnung breitet sich vor dir eine betörende Szenerie aus. Die Krönung aber ist die Übernachtung auf dem Grundstück von Glenarm Castle in lustigen grünen Röhren mit Bett, Bad und fantastischer Aussicht aufs Meer.

Im Belfaster St. George's Market gibt es Gutes aus dem Meer.

Sehen

Durch die Geschichte reist du im Carrickfergus Museum.
11 Antrim Street, Carrickfergus
Infos unter midandeastantrim.gov.uk

Machen

Eine Bootstour bei Carnlough – vielleicht mit Delfin-Begleitung.
carnloughboattours.weebly.com

Essen

A cup of tea, my dear? Echt königlich geht's im Glenarm Castle Tea Room zu.
2 Castle Lane, Glenarm
glenarmcastle.com/eating-at-glenarm

Schlafen

Buch ein Zimmer bei David und Jane im Whitehead Bed and Breakfast oder lass dich von einem der leicht skurrilen Ocean View Pods auf dem Grundstück von Glenarm Castle überraschen.
30 Cable Road, Whitehead
whitehead-bed-and-breakfast.business.site
1 Tully Road, Glenarm
glenarmcastle.com/pods

SCHON GEWUSST?

In Nordirland wurde ein großer Teil der TV-Serie Game of Thrones gedreht. Wer auf der Causeway Coastal Route unterwegs ist, landet in der Burg (Dunluce Castle) und im Hafen (Ballintoy) der Graufreuds, an der dornischen Küste (Portstewart Strand) oder am Strand von Drachenstein (Mussenden Temple und Downhill Beach). Es gibt noch viele weitere Drehorte, die man auf geführten Touren von Belfast aus erkunden kann.

Schwindelerregendes Klippenabenteuer: Gobbins Walk.

3 **6. Tag:**
Glenarm – Cushendun
(30 km)

4 **7. – 9. Tag:**
Cushendun – Ballycastle
(35 km)

Wandern im Waldland

In Glenarm wachst du mit Blick aufs Meer auf. Von dem heißt es jetzt aber kurz Abschied nehmen. Der **Glenariff Forest Park** liegt ein paar Meilen landeinwärts und offenbart die Schönheit der Glens von Antrim. Die eiszeitlichen Täler prägen diesen wilden Küstenabschnitt. Schnür die Wanderstiefel und erkunde die Wasserfälle und die Klamm des River Inver. Später fährst du nach **Cushendun** mit den gleichnamigen Höhlen, die Game-of-Thrones-Fans bekannt vorkommen dürften (Stichwörter Melisandre und Schattengestalt). Der Tag klingt dann richtig irisch aus im kleinsten Pub Nordirlands mit Sirloin Steak, Whiskey und Live-Musik.

Sehen
Der Game-of-Thrones-Schmuck von Juwelier Steensons in Glenarm ist längst nicht nur etwas für Fans der Fantasy-Serie.
Seaview Hall, New Road, Glenarm
thesteensons.com

Machen
Wander über einen der vielen, unterschiedlich langen Trails im wilden Glenariff Forest Park.
Infos unter nidirect.gov.uk

Essen
Im kleinsten Pub Nordirlands, dem Mary McBride's Pub in Cushendun, bekommt man beim Guinness ganz sicher Kontakt zu den Einheimischen.
2 Main Street, Cushendun
facebook.com/Mcbridescushendun

Schlafen
Mit Meerblick im Glendale Bed and Breakfast.
46 Coast Road, Cushendall

Welt aus Basalt

Von Cushendun fährst du auf dem Torr Head Scenic Drive Richtung Norden. **Ballycastle** ist für die nächsten Tage dein Hauptquartier. Sollte es ein windiger Tag sein, dann auf nach **Carrick-a-Rede**. Wer jetzt die 20 Meter lange, wie verrückt schwankende Hängebrücke 30 Meter über der tobenden See überquert, hat's wirklich drauf. Und jetzt: Giganten oder Buntschnäbel? Wer sich für Erstere entscheidet, fährt zum **Giant's Causeway**, dem Damm des Riesen. Zehntausende achteckige Basaltsäulen wirken wie aus dem Reich der Legenden – und natürlich ranken sich jede Menge von diesen um das UNESCO-Welterbe. **Rathlin Island** ist zwar auch märchenhaft, aber anders: Die kleine Insel teilen sich 100 Menschen mit Tausenden von Vögeln. Vor allem die buntschnäbligen lusti-

Nur für Schwindelfreie: die Hängebrücke Carrick-a-Rede.

5 **10. – 12. Tag: Ballycastle – Portrush** (30 km)

gen Papageientaucher machen die Insel zu einem einmaligen Erlebnis. Wenn dir so viel Action zu viel ist, kannst du aber auch einfach im bezaubernden Ballycastle bleiben, im Tea Room relaxen, durch die Gassen streifen oder am Strand dösen.

Sehen
Die Ruinen von Dunseverick Castle aus dem 5. Jahrhundert.
Infos unter nationaltrust.org.uk

Machen
Auf dem Ballycastle Heritage Trail reist du in die Vergangenheit.
Infos unter moyle-council.org

Essen
Frisches Seafood gibt's im The Cellar in Ballycastle.
11B The Diamond, Ballycastle
facebook.com/cellarballycastle

Schlafen
Mit tollem Ausblick residierst du in den Salthouse Eco Lodges.
39 Dunamallaght Road, Ballycastle
thesalthousehotel.com/lodges.html

Whiskey und Wellen

Du verlässt Ballycastle Richtung **Portrush**, dein Headquarter für die nächsten Tage, die zwischen Wellen, Whiskey und Weitblicken pendeln werden. Letztere findest du am **Dunluce Castle**, dessen mächtige Ruine auf einer Basaltklippe der perfekte Historien-Hotspot ist. Wellen satt gibt's zum Beispiel bei einem Surfkurs in Portrush. Und Whiskey? Kannst du bei der Führung durch die Old Bushmills Distillery testen, der ältesten des Landes. Nicht verpassen solltest du auch den **Portstewart Strand**, einen paradiesischen Streifen goldenen Sands vor Dünenhügeln. Genieß sie, die karibische Auszeit mit original irischem Flair.

Sehen
Die berühmte Bushmills-Destillerie und ihre feinen Whiskeys lernst du bei einer Führung kennen.
2 Distillery Road, Bushmills
bushmills.com/intl/distillery

Machen
Surfen, Kajak fahren oder mit dem SUP-Board: In Portrush geht's in jedem Fall raus aufs Wasser.
aliveadventures.co.uk

Essen
Lass dir Steaks und Seafood im Harbour Bistro im Multi-Restaurant Ramore am Hafen von Portrush schmecken.
1 Harbour Road, Portrush
ramorerestaurant.com

Schlafen
An der Steilküste im Inn On The Coast in Portrush geht dein Blick bis zum Horizont.
50 Ballyreagh Road, Portrush
innonthecoastportrush.com

Reich der Legenden

Gibt sich herrlich gruselig: Dunluce Castle.

6 **13. – 14. Tag:**
Portrush – Loug Neagh – Belfast (100 km)

Ein süßer Ozean

Verabschiede dich vom Meer und besuche einen Ozean – aus Süßwasser. Der **Loug Neagh** ist der größte See Großbritanniens und wirkt mit seinen Inseln und der weiten Wasserfläche tatsächlich ein wenig wie das Meer. Bootstouren führen zu Inseln, an seinen Ufern liegen nette Örtchen, schöne Wälder und alte Burgen. Du kannst noch einmal wandern, Rad fahren und die Natur genießen, bevor dich der Weg zurück nach **Belfast** führt – aus dem Land der Feen und Riesen, der Klippen und Burgruinen, der Fantasy und Historie zurück ins Trubelleben der echten Welt.

Sehen

Mehr als 400 Jahre alt sind die riesigen Antrim Castle Gardens. Auf verschiedenen Touren kannst du sie und ihre Geschichte erkunden, Blumenpracht inklusive.
24 Castle Street, Antrim
antrimandnewtownabbey.gov.uk

Machen

Bei einer Bootstour auf dem Lough Neagh lernst du nicht nur die hübschen Inseln des Sees kennen, sondern auch die Fischer, die hier ihren Lebensunterhalt verdienen.
abhainncruises.com

Essen

Falls es Sonntag ist: Beim ein- bis dreigängigen Sunday Roast im Top of the Town in Antrim wirst du genussvoll satt.
77 Fountain Street, Antrim
topofthetown.co.uk

Schlafen

Nordirische Gastfreundschaft erwartet dich im Brooke Lodge Guesthouse in Magherafelt.
2 Laurelbrook, Magherafelt
brooke-lodge.co.uk

CHECKLISTE

Einpacken

Regenkleidung, Wanderausrüstung, Fernglas und Badesachen

Hören

Sunday Bloody Sunday (U2)
Main Title (Game-Of-Thrones-Soundtrack) (Ramin Djawadi)

Lesen

Die Sirenen von Belfast: Im umkämpften Nordirland von 1982 lässt Adrian McKinty seinen Ermittler Sean Duffy in Carrickfergus einen IRA-Mord aufklären.
Die Chroniken von Narnia: Fantasyreihe vom Belfaster Autor und Tolkien-Freund C. S. Lewis.

Der Königsweg aus Game of Thrones: die Dark Hedges zwischen Armoy und Stranocum.

12 Tage

Mai bis Oktober

445 km

HIN UND WEG

Hinreisen

Die Tour beginnt in Ahlbeck auf Usedom. Achte beim Buchen des Zuges dorthin darauf, dass die Fahrradmitnahme gestattet ist.

Weiterreisen

Der polnische Ostseeküsten-Radweg R10 ist Teil der Route EuroVelo 10, die einmal die Ostsee umrundet (de.eurovelo.com). Er ist nicht immer ausgeschildert, an manchen Stellen muss man auf eine gute Karte zurückgreifen. In der Hochsaison im Juli und August empfiehlt es sich, die Hotels im Voraus zu buchen. Ein gutes Tourenbike mit Stollenreifen ist auf den teils rauen Strecken von Vorteil. Für die Rückreise gibt es viele Zugverbindungen zwischen Gdánsk und Berlin (7 bis 8 Std.).

18 An Backsteinständen

Endlose weiße Strände, das Rauschen des Windes und der Ostseewellen, dazu kleine Fischerdörfer und Backsteinstädte wie Gdánsk: Die polnische Ostseeküste ist zwar kein Geheimtipp, aber perfekt für eine unvergessliche Radreise.

1 **1. Tag:**
Ahlbeck

2 **2. Tag:**
Ahlbeck – Rewal
(70 km)

Kaiserlicher Start

Was hat es bei Radfahrern nur auf sich beim Thema polnische Ostseeküste? Die einen sprechen von Massentourismus, Stechmücken und schlechten Radwegen, die anderen von unendlich langen Sandstränden, wunderschönen Wäldern und der Weite der Ostsee. Zeit also, sich ein eigenes Urteil zu bilden. Die Tour startet in **Ahlbeck**, dem Kaiserbad auf Usedom. Schön ist es hier, rund um die Seepromenade, wo sich die erker-, türmchen- und säulenverzierten Bäderarchitektur-Villen tummeln. Die blaue Stunde erlebst du an der berühmten Seebrücke. Die Radtour soll erst morgen starten.

Sehen
Loriot-Fans kennen die berühmte Seebrücke von 1898 im Kaiserbad Ahlbeck aus der Komödie »Pappa ante portas«. 280 Meter reicht ihr Steg in die Ostsee.
kaiserbaeder-auf-usedom.de

Machen
Auf einer Schiffsrundfahrt ab Ahlbeck lernst du den geschäftigen Hafen von Świnoujście kennen.
Infos unter adler-schiffe.de

Essen
Das Pfannengold der Küste: Fisch aus eigenem Fang in Uwe's Fischerhütte in Ahlbeck.
Strandpromenade 12, Heringsdorf
uwes-fischerhuette.de

Schlafen
In einer Ferienwohnung im Ferienhof Schulz in Ahlbeck groovst du dich für die kommende Tour ein.
Gothenweg 8 e-g, Ahlbeck
ferienhof-schulz.info

Radeln mit Badepausen

Die Grenzüberquerung nach Polen geht am nächsten Morgen praktisch unbemerkt vonstatten. In **Świnoujście** machst du kurz Pause und besteigst den mehr als 160 Jahre alten Leuchtturm. Aber dann geht's endgültig los – und schon kannst du manche Radler verstehen: Der Untergrund wechselt zwischen Sand und Betonplatten, beides erleichtert das Fahren nicht gerade. Unter den Kronen eines großen, lichten Buchenwalds führt der Weg entspannt durch den **Woliński-Nationalpark**. In **Rewal** springst du dann – wenn du es nicht schon an einem der vielen anderen weißen Strände getan hast – endlich in die Ostseewellen

Wo schon Kaiser und Könige Urlaub machten: das Seebad Ahlbeck.

3 3. – 4. Tag: **Rewal – Kołobrzeg** (45 km)

Sommerfrischegenuss

So langsam findest du deinen Rhythmus. Auf der heutigen Etappe wechseln sich lange Sandstrände und küstennahe Wälder ab mit kleinen Orten, in denen man Pause machen oder einkaufen kann. In der Hauptsaison tobt das Urlauberleben laut und fröhlich, in der Nebensaison übernimmt das Rauschen des Windes die Regie. Biege bei Pogorzelica nach links ab. Diese Variante des R10 führt nämlich einsam durch imposante Wälder und am Strand entlang. In **Kołobrzeg** gönnst du dir einen Tag Pause und erkundest diesen Hotspot der polnischen Sommerfrische. Flaniere über die Seebrücke, bummel durch den Kurpark und schau ehrfürchtig an der 1000 Jahre alten Marienkathedrale hinauf.

Sehen
Erlebe die Kraft der Natur: Die Kirchenruine von Trzęsacz lag früher weit im Landesinneren, heute steht sie ganz nah am Klippenrand.

Machen
Wisente sind die letzten in Europa vorkommenden Wildrinder. Im Woliński-Nationalpark kannst du eine große Herde der sanften Riesen bestaunen.
wolinpn.pl

Essen
Köstliche polnische Pierogi kommen im in Strandnähe liegenden Rybio Grande aus den Kochtöpfen.
Saperska 5, Rewal
facebook.com/RybioG

Schlafen
Im Oasis Resort & Spa in Rewal solltest du auf keinen Fall den Wellnessbereich auslassen.
ul. Klifowa 34, Rewal
oasisresort.pl/de

Sehen
Das Ostsee-Panorama vom roten Leuchtturm in Kołobrzeg nimmt dich auf jeden Fall gefangen.

Machen
Eine Tagesfahrt über die dänische Grenze nach Bornholm mit einem der Ausflugsschiffe im Hafen von Kołobrzeg ist eine willkommene Abwechslung vom Radeln.
kolobrzeg.de/ausflugsschiffe/blog

Essen
Moderne Fischküche ist bei – der Name verrät's bereits – Fishka-Fishka in Kołobrzeg angesagt.
ul. Solna 12, Kołobrzeg
fishkafishka.pl

Schlafen
Im Hotel Maxymilian in Kołobrzeg wartet ein Spa-Bereich auf müde Radlerbeine.
ul. M. Borzymowskiego 3/4, Kołobrzeg
hotel-maxymilian.pl/de

Radel
dich
frei

Schiffsverkehr: Viel los im Hafen von Kołobrzeg.

4 **5. Tag: Kołobrzeg – Darłowo** (75 km)

Mücken und Wurst

Mit Ustronie Morskie, Mielno oder Łazy warten einige der beliebtesten Badeorte auf den nächsten Kilometern. Aber auch einige der eindrucksvollsten Naturerlebnisse. Denn jetzt glitzert nicht nur links die Ostsee, auch rechts tauchen immer wieder sonnenerleuchtete Lagunenidyllen auf. Und spätestens hier sind sie dann auch – die Mücken-Plagegeister, die zu einer Radtour an der polnischen Ostsee einfach dazugehören. Lass dich am Etappenziel von den historischen Bürgerhäusern in der Altstadt von **Darłowo** verzaubern, das früher Rügenwalde hieß und sich mit Wurst einen Namen gemacht hat

Sehen

Flugverkehr über Wasser, Schilf und Wäldern: Stundenlang kann man die Scharen von Wasservögeln beim Jezioro Bukowo (Buckower See) beobachten, ohne dass einem langweilig wird.
seen.de/jezioro-bukowo

Machen

Besuch das Regionalmuseum im Schloss der Pommerschen Herzöge in Darłowo.
Zamkowa 4, Darłowo
zamekdarlowo.pl (nur auf Polnisch)

Essen/Schlafen

Pittoresk am Wasser und zwischen alten Bäumen liegt das Fachwerk-Hotel Zamkowy in Darłowo – direkt neben dem Schloss der Pommerschen Herzöge.
l. Marii Skłodowskiej-Curie 23, Darłowo,
zamkowy.pl

5 **6. Tag: Darłowo – Smołdzino** (95 km)

Auf Zeitreise

Heute heißt es früh losradeln, es steht eine längere Etappe an. Mach in Ustka eine stärkende Mittagspause. Danach geht es auf einer schönen Naturstrecke am Jezioro Gardno (Garder See) entlang, bis die Route schließlich ins Landesinnere abbiegt. Heute übernachtest du ausnahmsweise mal nicht am Meer. Du beschließt den Tag im Dörfchen **Smołdzino** im Słowiński-Nationalpark, benannt nach dem westslawischen Volk der Slowinzen, das einst in dieser Gegend lebte. Genieße die Ruhe auf dem Land, die morgige Etappe wird kürzer, versprochen!

6 7. – 8. Tag: Smołdzino – Łeba
(45 km)

In der Sahara Polens

Schon nach 45 Kilometern taucht **Łeba** vor dir auf. Hier verbringst du zwei Tage, um den **Słowiński-Nationalpark** zu erkunden. Besonders eindrucksvoll sind die bis zu 40 Meter hohen Wanderdünen. Mit dem Ausflugsboot oder zu Fuß geht es hinein in den Park: Die »polnische Sahara« ist ein Traum für alle, die einsame Strände lieben, den Duft von Kiefern und Meer, das Gefühl, zwischen Dünen, Seen und Lagunen eine ganz ursprüngliche Landschaft zu entdecken. Aber vielleicht brauchen deine radelmüden Beine auch einfach nur eine Pause? Dann genieß den Strand und das quirlige Leben zwischen Hafen und Cafés in Łeba.

Essen
Berliner, Pfannkuchen, Krapfen: Das süße Gebäck mit der Marmeladenfüllung hat in Deutschland viele Namen. In Polen heißt es Pączki,ist oft mit Hagebuttenkonfitüre gefüllt und schmeckt an einem der Stände an der Strandpromenade von Ustka ganz besonders gut – vor allem bei einer so langen Radetappe, wie sie heute auf dem Plan steht.

Schlafen
Ruhig und gemütlich streckst du im Letnisko Smołdzino die Beine von dir und erholst dich vom langen Radeltag.
Ul. Lesna 43, Smołdzino

Sehen
Das Freilichtmuseum Kluki entführt dich mit seinen reetgedeckten Fachwerkhäusern und schönen Gärten in ein Land weit vor unserer modernen Zeit.
Kluki 27, Smołdzino
muzeumkluki.pl/de

Machen
Mit dem Ausflugsboot geht es zur Raketenversuchsstation Muzeum Wyrzutnia Rakiet bei Łeba – ein deutlicher Kontrast zur friedlichen Landschaft rund um die »polnische Sahara«.
Infos unter łeba.com.pl

Essen/Schlafen
Das Hotel Neptun in Łeba ist ein echtes, mehr als hundert Jahre altes Strand-Schlösschen.
Sosnowa 1, Łeba
neptunhotel.pl/de

SCHON GEWUSST?

Du musst schon sehr viel Glück haben, wenn du Bernstein am Strand findest. Am ehesten gelingt dir das nach einem Sturm. Bernstein ist ein 40 bis 50 Millionen Jahre altes fossiles Harz, das meist honiggolden glänzt, aber auch elfenbeinfarben oder grün sein kann. Schmuck aus Bernstein ist das perfekte Souvenir und wird in vielen Läden an der polnischen Ostseeküste verkauft.

Sand bis an den Horizont: die Dünen im Słowiński-Nationalpark.

7 **9. Tag: Łeba – Jastrzębia Góra** (70 km)

Mal wieder: Romantik

Von Łeba aus führt die heutige Etappe am Jezioro Sarbsko (Sarbsker See) entlang. Der Weg ist sehr reizvoll, aber wegen Wurzeln und Sand schwer zu fahren. Als Lohn für die Mühen winken harzig duftender Kiefernwald und Düneneinsamkeit. Bei Sławoszyno biegt die Strecke, die zuvor durch jede Menge hübscher Küstenorte geführt hat, ins Landesinnere ab. Von hier lohnt sich ein kleiner Umweg – schließlich zählt der Radweg nach Łebcz zu den schönsten Polens. Nach Łebcz fährst du wieder nach Norden. Im Unterschied zum völlig überlaufenen Władysławowo ist **Jastrzębia Góra** mit seiner wildromantischen Steilküste die bessere Alternative.

Sehen

Lass deinen Blick vom Leuchtturm Stilo, der auf einer hohen Düne steht, weit über die ganze Küste schweifen.

Machen

Bei einem Abstecher nach Krokowa besuchst du das hübsche Barockschloss der Grafen von Krockow, das nicht nur ein Hotel, sondern auch ein Restaurant beherbergt. Im Dorfgasthaus findest du das Regionalmuseum mit vielen Infos über die Nordkaschubei.

ul. Zamkowa 1, Krokowa
zamekkrokowa.pl/de

Essen

Selbst geräucherten Fisch verputzt du in der Wędzarnia Przypiecek in Jastrzębia Góra.

ul. Kaszubska 2, Jastrzębia Góra
wedzarnia-jastrzebiagora.pl

Schlafen

Direkt an der Strandpromenade in der Willa Victor in Jastrzębia Góra.

ul. Bałtycka 33, Jastrzębia Góra
willavictor.pl/de

Die Backsteinschönheit Gdánsk setzt einen wundervollen Schlusspunkt.

8 **10. – 12. Tag: Jastrzębia Góra – Hel – Gdánsk** (45 km)

Strände und Backstein

Zum Schluss wartet ein echtes Highlight auf dich. Wie ein Kuhschwanz – »Krowi ogon« nennen sie denn auch die Polen – zieht sich die Halbinsel **Hel** gen Süden. Noch einmal führt dich die Strecke an scheinbar endlosen Stränden und ehemaligen Fischerdörfern vorbei. Längst haben sie sich in Urlaubsoasen verwandelt, samt frischer Seeluft und allen Annehmlichkeiten. An der Südspitze von Hel steigst du auf die Fähre und näherst dich **Gdánsk** übers Wasser. Nach so viel Strand, Kiefernwäldern und Fischerdörfern ist die Großstadt ein Ansturm auf alle Sinne. Lass dich ein auf diese einzigartige Stadt-Schönheit mit ihren herrlichen Patrizierhäusern, dem Hafen mit dem berühmten Krantor, ihren schmalen, gewundenen Gassen, dem prächtigen Langmarkt und dem größten Backstein-Gotteshaus der Welt, der Marienkirche. Kaum zu glauben, dass dies alles erst nach 1945, nach dem ende des Zweiten Weltkriegs, wiederaufgebaut wurde. Die Bilder dieser wundervollen Stadt begleiten dich auf dem Heimweg.

Sehen
In Władysławowo isst man Fisch (wie eigentlich überall an der polnischen Ostseeküste). Ein guter Grund also, sich das Treiben im größten Fischereihafen des Landes anzuschauen.

Machen
Im Fokarium in Hel begegnest du Kegelrobben, die hier gezüchtet werden.
Morska 2, Hel
fokarium.ug.edu.pl (nur auf Polnisch)

Essen
Wie war das doch gleich mit dem Essen an der Ostseeküste? Genau! Der geräucherte Fisch in einer Fiszeria in Hel schmeckt ganz hervorragend.

Schlafen
Steig im Hotel Wolne Miasto ab, um von hier aus ganz bequem die Altstadt von Gdánsk zu erobern.
ul. Św. Ducha 2, Gdańsk
hotelwm.pl

CHECKLISTE

Einpacken
Radbekleidung, Regenschutz, Badesachen, Reparaturwerkzeug und Mückenschutz

Hören
Lighthouse (Motion Trio)
Towards The Blue Horizon (Riverside)

Lesen
Bikeline Radtourenbuch – Ostseeküsten-Radweg Teil 3: Diese minutiöse Streckenbeschreibung ist auf dem R10 unersetzlich.
Das Mädchen aus dem Norden: Katarzyna Bonda verwickelt eine Profilerin aus Gdánsk in eine Geschichte aus Mord und Erpressung.

Zeit für eine gemütliche Pause in Gdánsk.

HIN UND WEG

Hinreisen

Mit dem Auto über Mailand und Genua bis nach Savona. Mit der Nachtfähre von Savona bis nach Bastia (corsica-ferries.de).

Weiterreisen

Die Distanzen auf Korsika sind kurz, aber die Straßen sind oft eng und kurvig. Achtung Schafe und Wildschweine! Gut ausgebaut ist die Verbindung an der Ostküste. Es lohnt sich, auch mal einen Tagesausflug mit der korsischen Eisenbahn CFC zu machen (cf-corse.corsica).

14 Tage

Mai bis Oktober

700 km

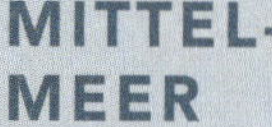

19 Mare e Monti

Meer? Oder lieber Berge? Wer sich nicht entscheiden kann, ist auf Frankreichs Mittelmeerinsel genau richtig – hier wechseln sich kilometerlange Sandstrände ab mit alpinen Gipfelabenteuern.

Das Auto darf mal stehen bleiben: Die korsische Eisenbahn ist ein Erlebnis.

1 **1. Tag: Bastia – Sant'Antonino – Calvi** (105 km)

2 **2. – 3. Tag: Calvi**

Gewürze im Wind

Wenn der Wind richtig weht, riechst du Korsika schon von der Fähre aus: Myrte, Rosmarin, Wacholder, Ginster mischen sich mit der salzigen Seeluft. Es ist noch früh am Morgen, also starte in **Bastia** gleich Richtung Westen. Es lockt der **Plage de l'Ostriconi** – einer dieser wunderbar zwischen Gebüsch und Felsen gelegenen, feinsandigen Strände der korsischen Westküste. Nach ausgiebigem Morgenbad geht es hinauf in die Bergkulisse. Überragt wird alles vom Monte Cinto, mit 2700 Metern Korsikas höchster Gipfel. Über kurvige Straßen gelangst du bis zum ältesten Dorf der Insel: **Sant'Antonino**, voller Flair und in umwerfender Lage. Die Pause am Dorfplatz ist Pflicht vor dem erlebnissatten Abstieg nach **Calvi**.

Sehen

Das Künstler- und Handwerkerdorf Pigna hockt auf einem Hügel über dem Meer und lockt dich mit dem Duft, der seine blumengeschmückten Gassen durchzieht.
Infos unter visit-corsica.com

Essen

Korsenköstlichkeiten unter Pinien, die du dir nicht entgehen lassen solltest: U Fanale in Calvi.
Route de Porto, Calvi

Schlafen

Von außen relativ unscheinbar, bietet das zentral in Calvi und nur wenige Gehminuten vom Yachthafen liegende Hôtel Les Arbousiers komfortable Zimmer.
Route Pietramaggiore, Calvi
hotel-calvi-lesarbousiers.com

Auf ein Stufatu in Calvi

Das Auto bleibt heute stehen. Steig zur granitleuchtenden Zitadelle hoch und verschaff dir von den Mauern einen Überblick über **Calvi**. Am Abend funkeln hier die Lichter des Städtchens mit den Sternen um die Wette. Jetzt aber runter in die Unterstadt, lass dich durch mittelalterliche Gässchen treiben, schlürfe unter Markisen am Hafen einen Grand Crème oder verputz gleich eine Zuppa Corsa und ein Stufatu (Ragout mit Nudeln). Du willst ins Wasser zum Baden? Kein Problem: Das kannst du entweder direkt am schönen (aber vollen) Stadtstrand. Oder du nimmst den Zug in Richtung L'Île-Rousse: »La Micheline« zuckelt nämlich an der Küste entlang und hält an den schönsten Badestellen. Es sind so viele, dass du gleich zwei faule Urlaubstage hierbleibst.

SCHON GEWUSST?

Bei Tagesausflügen mit dem Zug ist auf Korsika der Weg das Ziel: 32 Tunnel und 76 Brücken – bei nur rund 350 Kilometern Schienennetz. Die korsischen Eisenbahnen CFC haben unzählige Spitznamen, zum Beispiel La Micheline, Tramway de Balagne (zwischen Calvi und Île-Rousse) oder U Trinighellu (»der Zitternde«) – weil die Wagen auf den ausgefahrenen Gleisen so vibrieren.

Korsika kann auch alpin: Wandern am Monte Cinto.

3 **4. – 5. Tag: Calvi – Corte** (160 km)

Die Berge rufen

Jetzt heißt es »tschüss mare, hallo muntagne«: Über Pässe und durch enge Schluchten kurvst du zum heutigen Tagesziel. **Corte** ist die heimliche Hauptstadt Korsikas und die einzige größere Stadt in den Bergen. Erkunde gemütlich die romantisch bröckelnde Altstadt, bevor am nächsten Tag die Beine gefordert werden. Die Berge sind schließlich Wandergebiet! Die Tour zum **Lac de Nino** ist einer der schönsten Tagestrips der Insel. Halte die Füße in die zahlreichen Schmelzwasserbächlein. Es kostet Überwindung, aber danach läuft es sich deutlich leichter, versprochen! Am Abend steigen aus Cortes Gassen Träume der Vergangenheit.

Sehen
Wenn sich der Tag dem Ende zuneigt, solltest du in die Höhe gehen: Der Sonnenuntergang von der Kapelle Notre-Dame de la Serra über Calvi ist ein echtes Highlight.
visit-corsica.com/de

Machen
Warum nicht mit dem Zug die schönsten Badestellen abklappern? Und einfach aussteigen, wo es dir am besten gefällt.
cf-corse.corsica

Essen
Heute lassen wir einfach mal Restaurant Restaurant sein und setzen uns mit einem fluffigen Baguette und würzigem korsischen Schafskäse für ein Picknick an den Strand.

Sehen
Der Blick in die Kunst, die Geschichte, die Kultur und schließlich die Seele der Korsen: das Museu di a Corsica in Corte.
Rue de la Citadelle, Corte
museudiacorsica.corsica

Machen
Einen Abstecher in die roten, bizarr geformten Granitfelsen der Calanches de Piana.

Essen
Leckeres vom Grill wird dir im La Rivière des Vins auf den Teller geladen.
5 rampe Ste-Croix, Corte, auf Facebook

Schlafen
Im charmanten Hôtel du Nord in Corte träumst du von Bergen, Pässen und bodenlosen Schluchten.
22 cours Paoli, Corte
hoteldunord-corte.com

Auf den ersten Blick abweisend, aber voller Flair ist Sartène.

6. – 7. Tag:
Corte – Bocognano – Ajaccio (80 km)

8. – 9. Tag:
Ajaccio – Propriano (70 km)

Hauptstadttreiben

Es geht wieder hinab auf Meereshöhe, von Corte nach **Ajaccio**. Endlos scheinen die Kastanienwälder, die die Straße säumen. Pflichtstopp ist das Bergdorf **Bocognano**, von hier führt eine Wanderung zum höchsten Wasserfall Korsikas, der **Cascade du Voile de la Mariée**. Der Wechsel von der – zugegeben ebenfalls gut besuchten – Natur zu Ajaccios Hauptstadttrubel ist fast ein Schock. Fast! Denn trotz Boulevards, Prachtbauten und dem wuseligen Treiben auf dem wohl schönsten Markt der Insel ist Ajaccio kleinstädtisch entspannt, wie du beim Bummeln am nächsten Tag feststellen wirst.

Sehen
Den Sonnenuntergang mit Genueserturm am Pointe de la Parata bei Ajaccio.

Machen
Am Plage de la Terre Sacrée bei Ajaccio ins Meer hüpfen.

Essen
Im Restaurant Le 20123 in Ajaccio sitzt du wie in einem korsischen Dorf, serviert wird authentische Inselküche.
2 rue du Roi de Rome, Ajaccio
20123.fr

Schlafen
Mit Blick hinaus aufs Meer: Süßes Nichtstun erwartet dich am herrlichen Pool im Hôtel Dolce Vita bei Ajaccio.
51 route des Iles Sanguinaires, Ajaccio
hotel-dolcevita.com

Sand oder Grusel?

Die Fahrt von Ajaccio nach **Propriano** dauert nur zwei Stunden, doch das genügt, hier gibt es einiges zu sehen: In **Filitosa** kann man die 4000 Jahre alte Megalithkultur bestaunen, **Sartène** dagegen gilt als die korsischste aller korsischen Städte. Mit Sicherheit ist sie die gruseligste: In den mittelalterlichen Gassen fühlst du den Schauder der Blutrache, der die Stadt jahrhundertelang im Griff hatte. Wie gut, dass an den kilometerlangen Stränden Proprianos das süße Leben wartet.

Glasklare Bade- und Angelfreuden bei Porto-Vecchio.

10. – 11. Tag:
Propriano – Bonifacio – Porto-Vecchio (95 km)

Auf der Klippe

Wie wär's heute mal mit früh Aufstehen? So früh, dass du im rund eine Stunde entfernten **Bonifacio** die ersten Sonnenstrahlen auf der Klippe einfängst, auf der die Stadt balanciert? Der Anblick ist grandios! Mindestens so grandios wie das duftende Baguette in einem der Cafés in den engen, schattigen Altstadtgassen. Noch schnell ein Abstecher zum Phare de Pertusato, vom Leuchtturm aus kann man nämlich bis Sardinien schauen. Schnurgerade führt nun die Straße nach Norden, bis zur **Plage de Palombaggia** bei **Porto-Vecchio**, einer der schönsten Strände der an schönen Stränden nicht armen Insel. Genieß noch einmal die Sonne, während du auf dem feinen Sand liegst und um dich das glasklare Wasser plätschert.

Sehen

Die Aussicht vom abgelegenen Genueserturm am Capu Neru sucht ihresgleichen.

Machen

Das kommt jetzt überraschend: Auch Korsika hat seine Heilquellen und Entspannen im Thermalwasser der Bains de Baracci bei Propriano hat noch niemandem geschadet.

Route de Baraci
Auf Facebook

Essen

Schlemmen im Delikatessenladen? Bei Tempi Fa in Propriano, wo die Schinken von der Decke hängen, hast du das Glück, die servierten Leckerbissen auch gleich für zu Hause einzukaufen.

11 avenue Napoléon III, Propriano
tempifa.com

Schlafen

Strandnah liegt das Hotel Bartaccia in Propriano.

Route de la Corniche, 12 Quartier Bartaccia, Propriano
bartaccia.fr

Sehen

Normalerweise schaut man von der Klippe, auf der Bonifacio liegt, hinaus aufs Meer. Spannend ist aber auch der Blick von unten, bei einer Bootstour zu den Grotten unterhalb der Stadt.

spmbonifacio.com

Machen

Übers Wasser fliegen beim Kitesurfen außerhalb von Bonifacio. Kannst du nicht? Dann mach einen Kurs!

corsica-kiteboarding.com

Essen

Am Strand im Restaurant Tamaricciu an der Plage de Palombaggia.

Plage de Palombaggia, Porto-Vecchio
tamaricciu.com

Schlafen

In der Ferienanlage Résidence Santa Giulia Palace bei Porto-Vecchio herrscht unvergleichliche Ruhe zwischen Olivenbäumen und alten Steinhäusern.

Baie de Santa Giulia, Porto-Vecchio
santa-giulia.net

12. – 14. Tag:
Porto-Vecchio – Bastia
(190 km)

Traumstrände en masse

Rund um Palombaggia liegt ein Traumstrand neben dem anderen – Gelegenheit genug also, um die letzten Tage abzuhängen. Und im hübschen Porto-Vecchio korsische Gastfreundschaft zu genießen. Wer noch einmal Bergluft schnuppern möchte, nimmt die vielen Kurven hinauf zum **Col de Bavella**, dem wohl schönsten Pass der Insel. Vom Parkplatz aus führen Wanderungen in die Waldeinsamkeit. Im Schatten der Aiguilles de Bavella in Zonza stärkt Wildschwein mit Feigen gleich doppelt so gut. Da die Fahrt nach Bastia nur drei Stunden dauert und die Fähre erst in der Nacht fährt, kannst du den Abreisetag in vollen Zügen genießen. Noch mal an einem der unendlichen Strände sonnen? Oder die interessanten römischen Ruinen von Aléria besuchen? Einen Streifzug durch die Altstadt und das Hafenviertel von Bastia machen? Die zweitgrößte Stadt der Insel hast du ja am ersten Tag glatt verpasst

Sehen
Den Plage de Pinia bei Ghisonaccia am größten Küstenkiefernwald Korsikas.

Machen
Eine Panorama-Rundtour über die Höhenstraße Corniche de la Castagniccia (ca. 1 Std.).

Essen
Austern und frischester Fisch wird dir im Aux Coquillages de Diana serviert.
Etang de Diana, Aléria

Schlafen
Mitten im Zentrum von Bastia logierst du im stimmungsvollen Hotel Les Voyageurs.
9, avenue Maréchal Sebastiani, Bastia
hotel-lesvoyageurs-bastia.com

CHECKLISTE

Einpacken
Wanderausrüstung, Badesachen und warmer Pullover für Abende in den Bergen

Hören
A tè Corsica (I Muvrini)
Giramondu (Les Nouvelles Polyphonies Corses)

Lesen
Asterix auf Korsika: Treffender als Goscinny und Uderzo kann man die Insel nicht charakterisieren.
Fremde Tochter: Aus einem Autounfall auf der Küstenstraße macht Michel Bussi einen Mystery-Thriller.

Gewagter Logenplatz an der Klippe: Bonifacio.

HIN UND WEG

Hinreisen
Mit dem Nachtzug von München über Salzburg nach Mailand (täglich, 12 Std.) oder ab Zürich mit dem EC (mehrmals täglich, 3 Std. 17).

Weiterreisen
Tickets und Fahrpläne in den Apps von Trenitalia, Trainline oder Omio. Für den Sentiero Azzurro muss man ein Tagesticket lösen, informiere dich vorher, ob der Weg offen ist (incinqueterre.com/de/trail-number2-blue). Zurück nach Hause geht's wieder ab Mailand mit dem Nachtzug oder dem EC.

20 Und ewig lockt Italien

Mit dem Zug durch Italien – immer am Meer entlang. Unendlich viele Ausblicke auf die blaue Weite von Mittelmeer und Adria. Dazwischen die Ewige Stadt Rom. Das Dolce Vita ist so nah!

1. – 2. Tag:
Mailand

3. – 4. Tag:
Mailand – Monterosso – Riomaggiore (4 Std.)

Buongiorno Milano

Milano Centrale – Sonnenbrille auf! Nicht, weil das Licht hier besonders hell strahlt, sondern weil du in **Mailand**, der coolsten Stadt Italiens, angekommen bist. Da rund um den Dom alles dicht beieinanderliegt, kannst du prima zu Fuß losziehen. Hier gibt es so viel zu tun, dass man gar nicht weiß, wo man anfangen soll. Shoppen? Im historischen Einkaufstempel Galleria Vittorio Emanuele II, in der Via Monte Napoleone oder der Via Dante. Sightseeing? Die berühmte Scala oder das Castello Sforzesco. Schlemmen? Risotto Milanese oder Bistecca Milanese … Zur Ruhe kommst du danach bei einem Spritz oder Negroni in einer der angesagten Dachbars.

Sehen

Vom Dach des Mailänder Doms breitet sich unter dir das Häusermeer der Stadt aus.

Piazza del Duomo, Mailand
duomomilano.it

Machen

Sightseeing auf die kostengünstige Art – mit den Straßenbahnen der Linien 9 und 10.

offentlicheverkehrsmittelmailand.de

Essen

Der moderne Klassiker: neu interpretierte italienische Küche in der Osteria Brunello.

Corso Garibaldi 117, Mailand
osteriabrunello.it

Schlafen

In der Design-Hauptstadt schläfst du selbstverständlich im Im Design-Hotel: Casa BASE.

Via Bergognone 34, Mailand
base.milano.it

Der Duft der Pinien

Von Mailand ist es ein Katzensprung bis an die Küste: Nur drei Stunden dauert die Fahrt nach **Monterosso**. Es ist das erste der fünf malerischen Küstendörfer der **Cinque Terre**, die sich hoch über dem Meer mit ihren kunterbunten Häusern an die Klippen Liguriens schmiegen. Und es hat einen Strand! Wenn du schon mal zu Fuß unterwegs bist, kannst du auch den Rest des Nationalparks Cinque Terre auf dem Sentiero Azzurro durchstreifen. Von Örtchen zu Örtchen geht es, bei traumhaften Meerblicken, Pinienduft und köstlichem Essen. Nimm dir unbedingt zwei Tage Zeit für die Tour bis **Riomaggiore**!

Einstimmung auf die Grandezza von Mailand am Hauptbahnhof.

3 5. – 7. Tag: Riomaggiore – Rom
(5 Std.)

Die ewige Schöne

Sehen
Zauberhafter Anblick: die bunten Häuschen von Vernazza unter dem Castello Doria.
Auf Facebook

Machen
Alternative zum Sentiero Azzurro: Der Sentiero del Crinale führt hoch über dem Meer von Monterosso nach Riomaggiore.
Infos unter incinqueterre.com

Essen
Fisch über der Brandung: Im Nessun Dorma in Manarola gibt's Köstlichkeiten aus dem Meer.
Località Punta Bonfiglio, Manarola
nessundormacinqueterre.com

Schlafen
Mit traumhaftem Meerblick im Affittacamere Arbasia De Ma in Corniglia.
Via Fieschi 214, Corniglia
arbasia-de-ma.business.site

Heute verlässt du das Meer, aber es lohnt sich. Von Riomaggiore bist du in zehn Zugminuten in La Spezia. Von dort geht es mit dem Intercity in viereinhalb Stunden nach Süden. Und dann: **Rom**, die Ewige Stadt! Bring das Gepäck ins Hotel und zieh die Sieben-Meilen-Stadterkundungsstiefel an: Kolosseum, Forum Romanum, Pantheon, Piazza Navona, Trevi-Brunnen, Spanische Treppe, Sixtinische Kapelle, Petersdom – haben wir was vergessen? Bestimmt! Die vielen Cafés zum Beispiel, in denen unwiderstehliche Dolci warten, die Restaurants mit einer Pastavielfalt zum Träumen, das italienische Design in den Läden, die Abende in den Bars von Trastevere. Eigentlich willst du gar nicht mehr weiterfahren …

Sehen
Rom und die Fülle seiner Museen, das kann zur unendlichen Geschichte ausarten. Wenn du das MAXXI-Museum für moderne Kunst im spektakulären Bau von Zaha Hadid besuchst, machst du auf jeden Fall nichts falsch.
Via Guido Reni 4a, Rom
maxxi.art

Machen
Auf einer Stadtführung die verborgenen Seiten des weltweiten Touristen-Hotspots Roms erleben.
romaculta.com

Essen
Wie aus der Zeit gefallen ist die Trattoria Da Augusto in Trastevere: Italienische Hausmannskost trifft auf römischen Charme.
Piazza de' Renzi 15, Rom

Schlafen
Ruhepol im quirligen Trastevere: Im Hotel Santa Maria erholst du dich vom wilden Stadtleben.
Vicolo del Piede 2, Rom
hotelsantamariatrastevere.it

CHECKLISTE

Einpacken
Bequemes für den Zug, Stadt-Outfit und Wanderkleidung, feste Schuhe für den Sentiero Azzurro, Badesachen

Hören
Azzurro (Adriano Celentano)
Il mare impetuoso al tramonto (Zucchero)

Lesen
Der talentierte Mr. Ripley: In Patricia Highsmiths Kult-Krimi nimmt der Titelheld in Süditalien die Identität eines Mordopfers an.
Es war einmal in Italien: Der 700-Seiten-Schmöker von Luca di Fulvio ist die perfekte Urlaubslektüre.

4 **8. – 9. Tag:**
Rom – Neapel
(1,5 Std.)

Weiter nach Süden

Nächster Halt: Traumküste. Nimm gleich morgens den Zug von Roma Termini nach **Neapel**. Napoli ist laut, chaotisch – und absolut faszinierend. Lass dich vom lärmigen Leben durchschütteln und geh auf Entdeckungsreise: durch die engen Gassen der Quartieri Spagnoli, das mondäne Villenviertel Posillipo bis runter an den Hafen, wo die Fischer ihren Fang anlanden. Mach mit der Lokalbahn Circumvesuviana eine Zeitreise in die Antike: In einer halben Stunde bringt sie dich zu den ausgedehnten Ausgrabungen von Pompeji. Hier ist die Zeit nach dem Vesuv-Ausbruch stehengeblieben. Zum Abendessen probierst du dann, ob die Pizza in Neapel wirklich so viel besser schmeckt als anderswo – schließlich soll sie hier erfunden worden sein.

Sehen
Die Postkartenaussicht auf die Bucht von Neapel von Posillipo aus.

Machen
Neapels Straßen und Gassen sind schon eine Reise wert, aber eine Tour in Neapels Untergrund aus Tuffsteinhöhlen hat noch einmal ganz andere Qualitäten.
napolisotterranea.org

Essen
Wo die Pizza Margherita erfunden wurde: Betätige dich in der Pizzeria Brandi als historischer Kulinarikforscher.
Salita S. Anna di Palazzo 1/2, Neapel
pizzeriabrandi.com

Schlafen
Lauschig, aber zentral wohnst du im Apart Hotel Plebiscito in Neapel.
Via Chiaia 79, Neapel
aparthotelplebiscito.eu

5 **10. – 13. Tag:**
Neapel – Rom – Ancona – Numana (6,5 Std.)

An der Adria entlang

Wenn es schon wieder nach Norden gehen muss, dann wenigstens so schön wie möglich. Also rüber zur Adriaküste! Ab Neapel fährt der Zug über Rom nach **Ancona,** der Hauptstadt der Marken. Nach so viel Zug hast du jetzt bestimmt Lust auf Strand. Südlich von Ancona beginnt die **Riviera del Conero**, wo sich zwischen steil aufragenden weißen Klippen viele kleine wildromantische Strände verstecken – ohne die Sonnenschirmburgen, die unser Bild von der Adria prägen. Such dir deinen Lieblingssandstreifen um Numana und verbring dort die letzten Tage. Viel zu früh fährt dein Zug. Immer die Adriaküste vor dem rechten Fenster verabschiedest du dich vom Meer und gelangst auf direktem Weg nach Mailand zurück. Ciao mare, e arrivederci!

Neapel, wie es leibt und lebt: das kunterbunte Quartieri Spagnoli.

Machen

Mit dem Boot ab Numana entlang der schönen Küstenszenerie zur Spiaggia delle due Sorelle.
traghettatoridelconero.it

Essen

Im typisch italienischen Familienbetrieb Ristorante da Franca in Numana.
Via della Torre 30, Numana
ristorantedafranca.it

Schlafen

Fünf Minuten brauchst du zum Strand von deinem Zimmer im Velia Mare in Numana aus.
Via della Sirena 3, Numana
veliamarenumana.it

SCHON GEWUSST?

Der verheerende Ausbruch des Vesuvs im Jahr 79 n. Chr. traf die 20000 Einwohner von Pompeji völlig unerwartet. Eine heiße Gas-Asche-Wolke raste über die Stadt und vernichtete das meiste Leben, begleitet von Ascheregen, Glutlawinen und Schlammströmen. Eine mehrere Meter hohe Ascheschicht fror Pompeji für Jahrhunderte wie in einer Zeitkapsel ein. Ein Glücksfall für die Archäologie: Gut erhaltene Wandmalereien und Mosaiken geben einen faszinierenden Einblick in das antike Leben. Gruselig sind die Abgüsse von Menschen, die sich Schutz suchend aneinandergeklammert haben.

Entdecke deinen Lieblingsstrand an der Riviera del Conero.

12 Tage

September

1200 km

KROATIEN

HIN UND WEG

Hinreisen

Mit dem Nachtzug von München (9 Std.) oder Zürich (14,5 Std.) bis Zagreb (nightjet.com).

Weiterreisen

Mit dem Direktzug nach Split (täglich, ca. 6 Std.). Dort mietest du einen Mietwagen für die Rundtour nach Bosnien-Herzegowina. Zusätzliche Versicherungen braucht man nicht, das Auto sollte aber eine in beiden Ländern akzeptierte grüne Versicherungskarte haben. Manche Autoverleiher verlangen eine Zusatzgebühr für den Grenzübertritt. Von Split mit dem Zug zurück nach Zagreb und mit dem Nachtzug nach Hause.

BOSNIEN-HERZEGOWINA

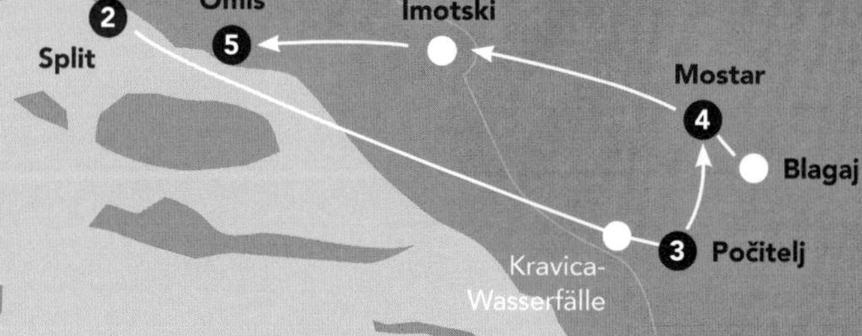

MITTELMEER

21 Gechilltes Balkanfeeling

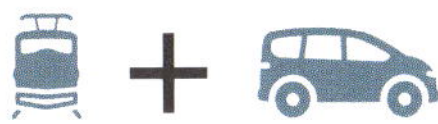

Wer an Kroatien oder Bosnien-Herzegowina denkt, hat oft die üblichen Balkan-Klischees vor Augen. Doch beide Länder haben so viel mehr zu bieten: Geschichte, wilde Natur und Abenteuer.

Mit Stil: das Hotel Esplanade in Zagreb.

SCHON GEWUSST?

Der Bosnienkrieg von 1992 bis 1995 war ein überaus grausamer Konflikt. Ausgelöst wurde er, als sich Bosnien-Herzegowina in einem Referendum vom zerfallenden Jugoslawien unabhängig erklärte. 100 000 Menschen starben, über zwei Millionen wurden vertrieben. Mehr als 700 000 Menschen flüchteten, die Hälfte von ihnen nach Deutschland.

1 **1. – 2. Tag: Zagreb**

One Night in Zagreb

In **Zagreb** weiß man auch ohne Uhr, wann es Mittag ist: Erst knallt der Kanonenmann, dann läuten die Kirchenglocken. Zum Glück kommt der Nachtzug frühmorgens in Kroatiens Hauptstadt an. Genügend Zeit, um zu Fuß vom Hotel zum Lotrščak-Turm zu gehen und das Spektakel live zu erleben. Der Blick vom früheren Wehrturm ist einmalig: Zagreb liegt dir zu Füßen. Zum nächsten Ziel, den roten Schirmen des Dolac-Markts, geht's in 64 Sekunden mit der kürzesten Zahnradbahn der Welt hinab. Auf dem Markt stürzt du dich ins Getümmel. Danach spazierst du zwischen Platten- und Prachtbauten umher. In einem der schönsten Gebäude geht der Tag zu Ende: Im Hotel Esplanade genießt du den Charme der 1920er-Jahre – und ein leckeres Štrukli.

Sehen

Für alle, die schon mal Herzschmerz verspürt haben: Das Museum der zerbrochenen Beziehungen bewahrt Dinge, die für das Ende der Liebe stehen.
Ćirilometodska ul. 2, Zagreb
brokenships.com/visit/museum-details

Machen

Die Eingänge zum Grič-Tunnel aus dem Zweiten Weltkrieg sind nicht leicht zu finden – aber wenn du erfolgreich warst, kannst du die Altstadt zu Fuß unterqueren.

Essen

Probier das Nationalgericht Štrukli im Hotel-Bistro des Hotel Esplanade.
Mihanovićeva 1, Zagreb
lebistro.hr

Schlafen

Direkt am Hauptbahnhof wohnst du im bezahlbaren Fünf-Sterne-Hotel Esplanade.
Mihanovićeva 1, Zagreb
esplanade.hr

2 **3. – 5. Tag: Zagreb – Split** (400 km)

Stressfrei nach Split

Kroatien und Züge, das ist so eine Sache. Doch von Zagreb nach Split klappt der Schienenritt perfekt: einmal ohne umsteigen quer durchs Land an die Adria. Nicht die schnellste Art zu reisen, aber dafür stressfrei. Und dann **Split**! Diese Stadt verzaubert dich. Spätestens dann, wenn du hoch oben vom Glockenturm der Kathedrale Sveti Duje über Stadt und Meer schaust, dich in den engen Gassen rund um den Diokletianpalast auf der Suche nach einem netten Café verirrst oder wenn du an einem der herrlichen Stadtstrände aufs türkisblaue Meer und die vorbeiziehenden Boote schaust. »Samo polako!«, sagen sie hier gern. Immer mit der Ruhe …

Immer mit der Ruhe vor den Mauern des Diokletianpalasts in Split.

6. Tag:
Split – Kravica-Wasserfälle – Počitelj (155 km)

Grenzgänger

Nach entspannten Tagen steigt die Lust auf Abenteuer. Alles, was du brauchst, ist ein Mietwagen und den Reisepass für die Fahrt über die Grenze nach Bosnien-Herzegowina. Beim kleinen Ort Studenci erwartet dich Großes: die **Kravica-Wasserfälle**. Schon von der Straße kann man das Wasser herabstürzen sehen. Und wenn die Sonne scheint, leuchtet der See in vielen Grüntönen. Pack die Badesachen aus und nimm ein Dschungelbad. Danach geht die Fahrt weiter nach **Počitelj**. Von der Festung blickst du übers Neretva-Tal. Hier oben kann man sich kaum mehr vorstellen, dass die kleine Stadt aus Stein im Bosnienkrieg verwüstet wurde.

Sehen
Probier sie alle mal aus, die schönen Strände von Split: Ježinac, Firule, Bačvice, Bene, Trstenik und Kašjuni.

Machen
Mit der Fähre geht es zur Insel Brac mit dem berühmten Goldstrand.
kroati.de

Essen
Mit Blick aufs Meer schlemmst du im Garten des Restaurants Dvor in Split.
Put Firula 14, Split
facebook.com/Dvor.Split

Schlafen
Übernachten in einem Palast aus dem 16. Jahrhundert: Im Hotel Palace Judita in Split spürst du den Atem der Geschichte.
Narodni trg 4, Split
juditapalace.com

Sehen
Nicht nur die Festung von Počitelj ist ein Juwel, das trifft auch auf die mittelalterliche Stadt zu, die in ihrem Schatten auf einer Klippe über der Neretva liegt.

Machen
Bei den Kravica-Wasserfällen ein kühles Bad nehmen.
kravica.ba

Essen
An Baklava und mehr kannst du dich im Bistro Stari Grad in Počitelj an der Hauptstraße bei der Moschee sattessen.
Počitelj
Auf Facebook

Schlafen
Direkt am Fluss liegt das Riverside Guesthouse in Počitelj mit seinen einfachen, aber hübschen Zimmern.
Počitelj
riverside.xtadia.com

Tolle Strände, hohe Berge: willkommen in Omiš.

4 **7. – 8. Tag: Počitelj – Mostar** (30 km)

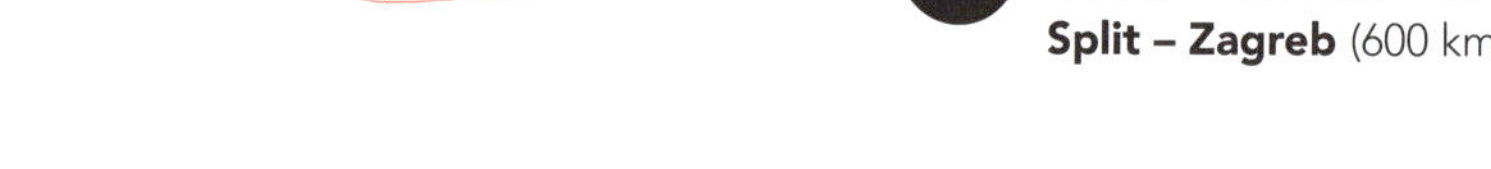

5 **9. – 12. Tag: Mostar – Imotski – Omiš – Split – Zagreb** (600 km)

Brücke ins Glück

Keine halbe Stunde Fahrt dauert es von Počitelj bis **Mostar**. Hier steht die schönste Brücke des Balkans: Stari most. Über 400 Jahre führte die Steinbrücke über die Neretva. Doch kroatische Truppen ließen 1993 nicht viel davon übrig. Zum Glück wurde sie wiederaufgebaut, wie große Teil der Stadt. Vom Ufer hat man den besten Blick auf die Brückenspringer. Aus 20 Metern stürzen sie sich ins Wasser. Wahnsinn! Du verbringst die heiße Mittagszeit nicht ganz so waghalsig am Hotel-Pool. Die Gassen der Altstadt entdeckt man hier besser abends. Dann ist die Hitze weg – und die Touristen auch. Am nächsten Tag wartet noch ein magischer Ort auf dich: das Derwischkloster in **Blagaj**, unweit von Mostar. Es liegt dramatisch schön an einer steilen Felswand, direkt an der Quelle des Flusses Buna. Seit Instagram ist der Ort noch beliebter geworden, also am besten frühmorgens kommen.

Sehen
Schnupper auf dem Markt Čaršija mitten in der Altstadt von Mostar orientalisches Flair.

Machen
Einen Tagesausflug zum Derwisch-Kloster im benachbarten Blagaj (mit kleinem Museum), das wie ein Schwalbennest am Flussufer in den Felsen klebt.
Blagajska tekija, Mostar
tekijablagaj.ba

Essen
Leckeres Burek abends in einem der Restaurants am Fluss.

Schlafen
Mit Garten und kleinem Pool in der Villa Mike in Mostar.
Cernica Tutina 15, Mostar
villamike-mostar.com

Nervenkitzel in Omiš

Von Mostar geht's durchs Hinterland zurück Richtung Westen. Kurz vor **Imotski** überquerst du wieder die Grenze nach Kroatien. Am Rand des kleinen Ortes liegen zwei faszinierende Seen: Modro jezero und Crveno jezero, der Blaue und der Rote See. Oben am Kraterrand zittern dir die Knie: 300 Meter geht es in die Tiefe. Doch es wird noch besser werden. 30 Minuten Fahrt, und schon bist du zurück an der Küste. Dein Etappenziel ist **Omiš**, die Piratenstadt, mit allem für ein paar letzte Tage Traumurlaub: tolle Strände, hohe Berge, eine kleine Altstadt und ganz viel Action. Omiš liegt an einem Canyon des Flusses Cetina. Und der bietet dir die unterschiedlichsten Adrenalinkicks. Runterkommen kannst du dann auf der Heimfahrt im Zug ab Split.

CHECKLISTE

Einpacken
Badeschuhe, Badehose, Pass

Hören
Frka (Nipplepeople),
No Escape (from Balkan)
(Dubioza kolektiv)

Lesen
Kroatisches Roulette: Tatort-Kommissar Miroslav Nemec ermittelt in seiner Heimat – spannendes Krimi-Rollenspiel.
Kein Gott in Susedgrad: Sammelband mit Short Stories der kroatischen Nachkriegsgeneration.

Sehen
Den Blauen und den Roten See in Imotski.
kroati.de

Machen
Das Adrenalin spüren beim Zip-Lining über die Cetina-Schlucht.
zipline-croatia.com/en

Essen
Mit Panoramablick auf Omiš auf der Terrasse des Restaurant Knez.
Mosorska cesta 13, Omiš
restaurant-knez.com.hr

Schlafen
In den modernen Apartments Mimac unweit vom Strand.
Fra Stjepana Vrlića 28, Omiš

Magie des Balkans

Blick in den Blauen See bei Imotski.

Zerstört und wiederaufgebaut:
die Brücke Stari most in Mostar.

HIN UND WEG

Hinreisen

Mit dem Nachtzug von München bis Budapest (nightjet.com, 10,5 Std.), ab Hamburg/Berlin mit dem EC (13 bzw. 11 Std.). Weiter geht es mit dem nächsten Nachtzug bis ins rumänische Arad.

Weiterreisen

Mit dem Zug von Arad durch Transsilvanien (Siebenbürgen) bis nach Bukarest. Fahrplan und Tickets gibt es unter cfrcalatori.ro/en. Zurück geht es auf demselben Weg.

13 Tage

Juni bis August

900 km

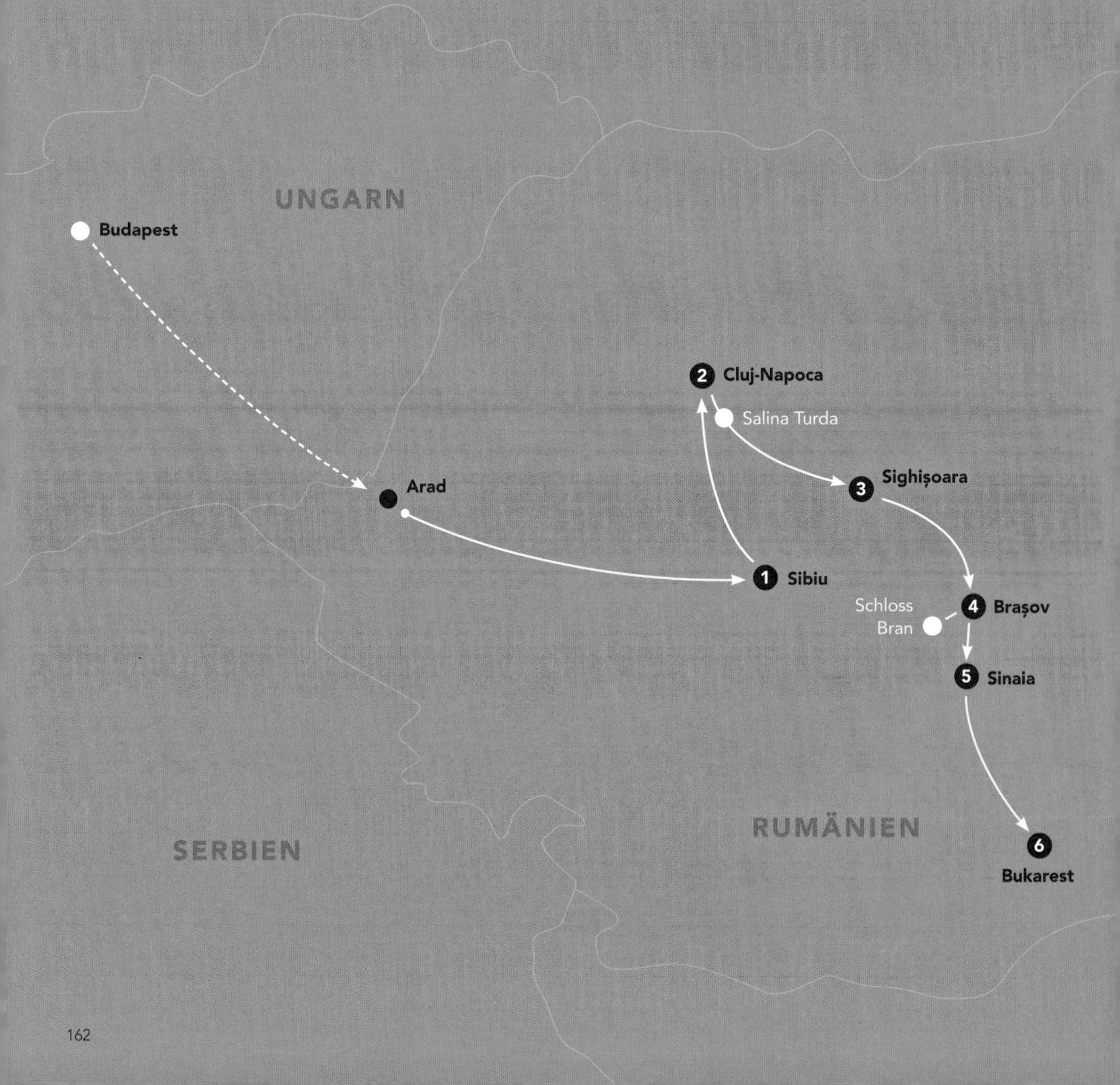

UNGARN
Budapest
Arad
1 Sibiu
2 Cluj-Napoca
Salina Turda
3 Sighișoara
4 Brașov
Schloss Bran
5 Sinaia
6 Bukarest
RUMÄNIEN
SERBIEN

22 Klöster, Burgen und freundliche Vampire

Dracula-Fans aufgepasst: Im Land des berühmten Fürsten wartet ein schaurig-schönes Abenteuer. Burgen, Schlösser und Pferdekarren: In Siebenbürgen ist die Zeit fast stehen geblieben. Und Zugfahren ist noch eine Herausforderung. Also Knoblauch einpacken und los!

1 **1. – 2. Tag:** **Arad – Sibiu** (6 Std.)

2 **3. – 4. Tag:** **Sibiu – Cluj-Napoca** (4 Std.)

Zug um Zug

Es schüttelt und ruckelt und geht nur langsam vorwärts: Zugfahren in Rumänien ist nichts für Ungeduldige. Die Fahrt von **Arad** an der ungarischen Grenze nach **Sibiu** (Hermannstadt) dauert sechs Stunden – für 279 Kilometer. Reisen wie in Zeitlupe, aber perfekt, um Land und Leute kennenzulernen. Das erste Ziel: Sibiu, 2007 Kulturhauptstadt Europas. Aber ein kulturelles und geistiges Zentrum war Sibiu schon lange vorher. Lass dich durch die engen Gassen treiben, von Platz zu Platz, von Kirche zu Kirche. Bis zur Lügenbrücke. Dort kannst du prüfen, ob deine Reisebegleitung die Wahrheit spricht. Wehe, wenn nicht! Dann beginnt die Brücke fürchterlich zu beben …

Sehen
Nach eigenen Angaben ist das Freilichtmuseum Astra in Sibiu das größte seiner Art in Europa – bring also genügend Zeit mit.
Strada Pădurea Dumbrava 16-20, Sibiu
muzeulastra.ro

Machen
Einen Ausflug mit dem Bus zur spektakulären Hochgebirgsstraße Transfăgărășan, die sich in unzähligen Kurven und Windungen auf über 2000 Meter in die Karpaten hinaufschraubt.

Essen
Feine osteuropäische Küche im La Cuptor in Sibiu.
Strada 9 Mai 7, Sibiu
lacuptorsibiu.ro

Schlafen
Im Airbnb Shagy's Central Oasis in der Altstadt von Sibiu.
Strada Manejului, Sibiu

Multikulti in Cluj

Auf Schienen geht es von Sibiu Richtung Norden. Nächster Halt: **Cluj-Napoca** (Klausenburg), eine typische Studentenstadt: jung, laut und cool. Altstadt trifft hier auf Plattenbau und Tradition auf Moderne. Die zweitgrößte Stadt Rumäniens hat viele Theater, Museen, Cafés, Restaurants und Bars. Und eine spannende Geschichte: Deutsche Siedler gründeten sie im Mittelalter. Beim Spazieren durch enge Altstadtgassen liest du viele deutsche Wörter – und noch mehr ungarische. Denn Cluj ist das Zentrum der ungarischen Minderheit in Rumänien. Am nächsten Tag fährst du ausnahmsweise nicht mit dem Zug, sondern mit dem Bus. In **Turda** (Thorenburg) wartet ein crazy Salzbergwerk auf dich – mit unterirdischem Riesenrad, Bowlingbahn und Ruderbooten.

In einem Salzbergwerk bei Turda versteckt sich ein Vergnügungspark.

Sehen
Die Aussicht über das grüne Cluj-Napoca mit seinen gotischen und barocken Gebäuden vom Cetățuie-Park aus.
romaniatourism.com/cluj-napoca.html

Machen
Einen Ausflug zum unterirdischen Freizeitpark Salina Turda, der in einer ehemaligen Salzmine angelegt wurde.
Strada Aleea Durgaului 7, Turda
salinaturda.eu

Essen
Traditionell, aber mit hippem Look im Zama in Cluj-Napoca.
Strada Napoca 16, Cluj-Napoca
zamabistro.ro

Schlafen
Zentral und günstig im hübschen Retro Youth Hostel in Cluj-Napoca.
Strada Potaissa 11, Cluj-Napoca
retro.ro

SCHON GEWUSST?

Auf Deutsch heißt Transsilvanien (»Land hinter den Wäldern«) Siebenbürgen. Um 1930 lebten hier noch rund 300 000 Angehörige der deutschsprachigen Siebenbürger Sachsen. Nach dem Zweiten Weltkrieg und vor allem nach der Wende verließen viele das Land. Heute leben noch etwa 15 000 Siebenbürger Sachsen in Transsilvanien.

Überirdisch schön: die Fresken in der Kathedrale von Sibiu.

3 **5. – 6. Tag:**
Cluj-Napoca – Sighișoara
(3,5 Std.)

4 **7. – 8. Tag:**
Sighișoara – Brașov
(3 Std.)

Zum Gruseln schön

Die Jagd nach Dracula beginnt in **Sighișoara** (Schäßburg), nur 3,5 Stunden Zugfahrt von Cluj-Napoca. Hier, am Rande der Karpaten, in einem gelben Haus, soll er geboren worden sein: Vlad III. Drăculea, der grausame Herrscher über die Walachei. Bei einem Spaziergang durch die Gassen kannst du das kaum glauben. Türme, Tore, Kirchen, Klöster und zauberhaft pastellfarbene Häuser: Sighișoaras Altstadt ist alles, nur nicht gruselig. Vom Schulberg hast du einen herrlichen Blick über Stadt und Land. Und wenn du mutig bist, spazierst du kurz vor Mitternacht vom Stundturm zum gelben Eckhaus. Pack aber Knoblauch ein. Sicher ist sicher …

Sehen
Wo kleine Vampire zu Hause waren: Das Geburtshaus von Vlad III., der das Vorbild für den Grafen Dracula gewesen sein soll, steht in Sighișoara.
Piața Cetății 8, Sighișoara
romaniatourism.com/sighisoara.html

Machen
Auf der überdachten Holztreppe zum deutschen Friedhof steigst du auf den Schulberg hinauf.

Essen/Schlafen
In der Altstadt von Sighișoara im Gasthaus Alte Post wohnst du ganz zentral, kannst Pizza aus dem Steinofen genießen und auf der Terrasse neue Energie für den nächsten Stadtbummel tanken.
P-ta Hermann Oberth 38, Sighișoara
gasthaus-altepost.ro

Wo ist Dracula?

Die Großstadt **Brașov** (Kronstadt) ist ganz anders als Sighișoara, aber sofort sehr sympathisch. Den Stadtberg Tâmpa erkennst du an dem riesigen Hollywood-Schriftzug »BRAȘOV«. Nach der Zugfahrt ist das ein schöner Ort, um spazieren zu gehen. Aber Vorsicht, es sollen hier schon Karpatenbären gesichtet worden sein. Am nächsten Tag bringt dich der Bus zur bekanntesten Burg Siebenbürgens: **Schloss Bran**. Steil und bedrohlich thront es auf dem Felsen. Das angebliche Dracula-Schloss ist aber nur eine Marketingidee. Der Fürst selbst wohnte nie hier. Das passt ja dann wieder zum »Erfinder« des Dracula-Mythos, dem irischen Schriftsteller Bram Stoker, der selbst nie in Rumänien gewesen ist.

Keine Angst vor Dracula: In Schloss Bran lebt nur sein Mythos.

5 **9. – 10. Tag: Brașov – Sinaia** (1 Std.)

Es war einmal in Sinaia

Nach so viel Dracula-Kult kommt die kleine Bergstadt **Sinaia** gerade richtig. Nur eine Stunde südlich von Brașov steigst du aus dem Zug und fühlst dich wie im Märchen. Nicht nur, weil es hier zwei königliche Bahnhöfe gibt. An einem hält immer noch der berühmteste Zug Europas, der Orient-Express. In den grünen Hügeln liegt auch die einstige Sommerresidenz der königlichen Familie Rumäniens. Heute kann Schloss Peleș aus dem 19. Jahrhundert mit seinen vielen Türmen, Erkern, Zimmern, Waffen- und Kunstsammlungen besichtigt werden. Danach findest du Ruhe und Entspannung im Kloster Sinaia, benannt nach dem biblischen Berg Sinai. Einfach göttlich!

Sehen

Die schwarze Kirche in Brașov, das wichtigste gotische Gebäude Rumäniens.
Curtea Johannes Honterus 2, Brașov
bisericaneagra.ro

Machen

Einen Ausflug mit dem Bus zum Dracula-Schloss Bran. Du tauchst in die Geschichte des Schlosses ab und erfährst viel über die Märchen und Mythen der Gegend – wo früher die Dorfbewohner tatsächlich daran glaubten, das sie nachts von bösen »Strigoi« heimgesucht würden.
bran-castle.com

Essen

Auf einer schönen Terrasse in der Roata Norocului in Brașov.
Strada Crişan 6, Brașov
roata-norocului.ro

Schlafen

Gediegen übernachtest du im jahrhundertealten Gebäude des Hotels Casa Wagner im Zentrum von Brașov.
Piața Sfatului 5, Brașov
brasov.casa-wagner.com

Machen

Mit der Telecabina schwebst du ins Bucegi-Gebirge, schulterst oben deinen Rucksack und machst dich auf einem der vielen, gut markierten Wanderpfade zu einer Tour auf.

Essen

Kuchen, Sandwich und einen Espresso im La Cafenea in Sinaia.
Strada Octavian Goga 27, Sinaia
facebook.com/LaCafeneaSinaia

Schlafen

Nur etwa 300 Meter vom Bahnhof entfernt liegt das moderne Hotel Sinaia.
Bulevardul Carol I 8, Sinaia
hotelsinaia.ro

So gar nicht gruselig

Ein Marktplatz wie aus dem Bilderbuch: Brașov.

6 **11. – 13. Tag:**
Sinaia – Bukarest
(1,5 Std.)

Hip, hipper, Bukarest

Schon die letzte Zugfahrt? Jetzt lässt du Siebenbürgen und die Karpaten endgültig hinter dir. Das weite Land der Walachei zieht vor dem Fenster vorbei, bis sich Rumäniens Hauptstadt ankündigt: **Bukarest**, das Paris des Ostens. Auf dem Boulevard Calea Victoriei verstehst du warum: Hier wechseln sich Prachtpaläste und Edelboutiquen ab. Den gigantischen Parlamentspalast, das größte Gebäude Europas, schaust du dir auch von innen an. Tauch ein in die Metropole, genieß Bars und Restaurants, grüne Parks und charmante Viertel wie die Altstadt Lipscani. Und zum Abschluss suchst du die Englische Passage, die als Kulisse für den Horrorfilm Dracula II diente. Denn selbst in Bukarest lässt dich der Drachenfürst nicht los.

Sehen
Im ruhigen Innenhof des Klosters Stavropoleos in Bukarest kannst du dich vom quirligen Bukarester Stadtleben erholen.
Strada Stavropoleos 4, Bukarest
stavropoleos.ro

Machen
Eine entspannende Bootstour auf dem Herăstrău-See in Bukarest.
visitbucharest.today

Essen
Leckeren Salat und mehr gibt es in der ehemaligen Druckerei Energiea in Bukarest.
Strada Actor Ion Brezoianu 4, Sector 5, Bukarest
energiea.ro

Schlafen
Hip und bunt ist das Moxy Bucharest Old Town. Es liegt perfekt für Nachtschwärmer mitten in der Altstadt.
Strada Doamnei 17-19, Bukarest
marriott.com

CHECKLISTE

Einpacken
Geduld für die Zugfahrt und Knoblauch gegen Vampire

Hören
Dracula (Original-Film-Soundtrack von Wojciech Kilar und Annie Lennox)
Tanz der Vampire (Musical mit Steve Barton als Graf Krolock)

Lesen
Dracula: Der Vampirroman von Bram Stoker, der Transsilvanien berühmt gemacht hat
Vlad, der Todesfürst.
Die Dracula-Korrektur: Der in Sighișoara geborene Dieter Schlesak räumt mit einigen Dracula-Mythen auf.

Ein Paradies für Schlemmer und Shopper: das Bukarester Altstadtviertel Lipscani.

Das Leben genießen in der Altstadt von Bukarest.

HIN UND WEG

Hinreisen

Mit dem Auto sind es von München aus rund 1700 Kilometer über Wien, Budapest, Belgrad und Skopje. Eine Übernachtung zum Beispiel in Belgrad reduziert den Stress. Du kannst auch die Fähre vom italienischen Ancona ins griechische Igoumenitsa nehmen, die Überfahrt dauert rund 17 Stunden.

Weiterreisen

Auf griechischen Straßen fährt man am besten defensiv und rechnet zu jeder Zeit mit allem. Die Überlandstraßen sind gut ausgebaut, auf privaten Autobahnen muss man Maut bezahlen. Unbedingt die Geschwindigkeits- und Promillegrenzen (0,5) einhalten, die Strafen sind empfindlich!

13 Tage

Mai bis Oktober

830 km

23 Im Schatten des Olymp 

Heiße Quellen, schwebende Klöster, ein Götterberg, goldene Strände und eine quirlige Metropole. Der Norden Griechenlands ist unschlagbar vielfältig und faszinierend anders als der Rest des Landes.

1 **1. – 2. Tag: Thessaloniki**

2 **3. – 4. Tag: Thessaloniki – Pozar – Agios Germanos** (250 km)

Alte Stadt, junges Leben

Athen: ja, klar! Aber welche Städte fallen dir in Griechenland spontan noch so ein? Die Hauptorte auf den Inseln vielleicht – aber **Thessaloniki**? Ein Fehler, denn die zweitgrößte Metropole des Landes und Hauptstadt Makedoniens bietet so viel, dass man Tage hier verbringen kann. Was du zur Einstimmung auch tust: zwei Tage zwischen Weißem Turm, wo die Ausflugsschiffe starten (unbedingt mitfahren!), pittoreskem Marktviertel und angesagten Bars und Cafés an der lebhaften Uferpromenade. Das Nachtleben ist jung und wild, und wer auf Kultur steht, kann antike Ruinen, Museen und Kirchen besuchen. Geheimtipp: das Kástro-Viertel mit Stadtmauer und Traumblick. Schau noch ein letztes Mal über das Meer, ab morgen geht's ins Gebirge.

Sehen

Die Ruinen des römischen Galerius-Palasts in Thessaloniki.
galeriuspalace.culture.gr

Machen

Durch den quirligen Modiano-Markt schlendern und shoppen, bevor du am Abend zum Nachtflug durch die Clubs und Bars der Stadt abhebst.
thessaloniki.travel

Essen

Gut und günstig ist das Essen im Tícho Tícho mit Blick auf die alte Mauer des Kástro-Viertels.
Odós Ágrafou 1, Thessaloniki

Schlafen

Bunt wie die Stadt ist das Colors Urban Hotel.
Tsimiski 13, Thessaloniki
colorshotel.gr

Wasser satt

Zunächst fährst du von Thessaloniki zwei Stunden nach Norden, an die Hänge des Vorás-Gebirges. In den Loutraki-Bädern von **Pozar** sprudeln heiße Quellen aus dem Boden. Du kannst dich direkt ins 37 Grad warme Wasser legen oder für wenig Geld eins der Thermalbecken benutzen – ein herrlich entspannender Zwischenstopp. Weiter geht es nach **Agios Germanos** an den Prespa-Seen, die im Grenzgebiet zwischen Griechenland, Albanien und Nordmazedonien liegen. Den Abend verbummelst du am Dorfplatz und freust dich auf den nächsten Tag, den du mit Spaziergängen in das Naturparadies mit seinen netten Inselchen und zahllosen Pelikanen verbringst.

Nach dem sanften Abendlicht beginnt Thessalonikis quirliges Nachtleben.

CHECKLISTE

Einpacken
Wanderausrüstung und Badesachen

Hören
Chariots of Fire (Vangelis), Zorba's Dance (Mikis Theodorakis)

Lesen
Der große Plan: Wolfgang Schorlaus Detektiv Dengler ermittelt in der Griechenlandkrise.
Percy Jackson – Diebe im Olymp: Erster Band der Fantasyreihe von Rick Riordan um den jungen Percy, dessen Vater der Meeresgott Poseidon sein soll.

3 5. Tag: Agios Germanos – Kastoria – Kastraki (190 km)

Doppelt schön!

Sehen
Die herrlichen Fresken in der Dorfkirche von Agios Germanos wirken lange nach.
Agios Germanos

Machen
Im Hotel in Agios Germanos, z. B. im Prespa Resort, fragst du nach einer Bootstour über den Prespa-See.
presparesort.gr

Essen
So richtig authentisch griechisch isst du im Restaurant Prespeion.
Agios Germanos

Schlafen
In den zwei alten Steinhäusern im rustikalen Hotel Agios Germanos am Dorfplatz.
Dorfplatz, Agios Germanos
prespa.com.gr

Nach zwei Nächten in Agios Germanos geht es wieder Richtung Süden. Mach, bevor du nach **Kastoria** reinfährst, einen Abstecher ans gegenüberliegende Ufer des Bergsees: Im Wasser gespiegelt ist eins der schönsten Städtchen Griechenlands gleich doppelt bezaubernd. Die Häuschen stapeln sich den zentralen Hügel der Halbinsel hinauf, mit einem Kirchturm als Ausrufezeichen. Apropos: Hier befinden sich um die 70 byzantinische Kirchen und Kapellen. Kastorias Reichtum, der sich in den vielen traditionellen Häuschen und Villen zeigt, stammt aus dem Pelzhandel. Noch heute gibt es unzählige Läden mit pelzigen Jacken und Mänteln. Das heutige Tagesziel liegt noch etwas südlicher: **Kastraki**, der Ausgangspunkt zu den Metéora-Klöstern!

Sehen
Die Drachenhöhle von Kastoria mit ihren beleuchteten Stalagmiten und Stalagtiten.
spilaiodrakoukast.gr

Machen
Auf einer geführten Mountainbike-Tour rund um den See entdeckst du die Umgebung auf ganz besondere Weise.
adventurekastoria.gr

Essen
Regional schlemmen in einem Herrenhaus aus dem 19. Jahrhundert.
Tsakali 2, Kastoria
ntoltso.gr

Schlafen
Mit Klosterblick im Hotel Metéora in Kastraki: Vom Pool aus blickst du auf die mächtigen Felstürme, die die umliegende Landschaft prägen.
2nd km Kalambaka-Ioannina, Kastraki
meteorahotels.com

Entspannen in den Thermalbecken von Pozar.

4 **6. – 7. Tag:**
Meteóra-Klöster

5 **8. – 10. Tag:**
Kastraki – Litochoro
(150 km)

Schwebende Klöster

So etwas hast du wahrscheinlich noch nie gesehen! Sie sind ja auch wirklich einzigartig auf der Welt, die **Meteóra-Klöster**, von denen jedes auf seinem eigenen Felsen hockt. Obwohl, hocken ist zu despektierlich, denn viele der einst 24 Bauwerke balancieren so elegant in schwindelnder Höhe, als ob es keine Schwerkraft gäbe. Sechs der Klöster kannst du auch von innen besichtigen – steiles Treppensteigen inklusive. Lass dir Zeit für diese überwältigende Landschaft aus Felstürmen in wechselnden Licht- und Schattenspielen. Am eindrücklichsten erlebst du sie zu Fuß oder mit dem Rad. Das Konditionstraining ist ein netter Nebeneffekt.

Sehen
Obwohl der Aufstieg ziemlich anstrengend ist: Mach dich auf zum weniger besuchten Agia Triada Kloster. Es kommt dir als Filmfan bekannt vor? James Bond war hier schon mal »In tödlicher Mission« unterwegs.
visitmeteora.travel

Machen
Bei einer privaten Sunset-Tour erlebst du die Klöster ohne andere Besucher.
visitmeteora.travel

Essen
Typische Tavernenkost im Panellínio in Kalambáka
Hauptplatz/Odós Vláchava, Kalambáka

Tummelplatz der Götter

Zwei Stunden östlich, in **Litochoro**, beginnt schon die nächste fantastische Landschaft. Der **Olymp** ist immerhin fast 3000 Meter hoch, auf dem Götterberg wird es also richtig alpin. Eine Besteigung des höchsten Gipfels Griechenlands ist kein Spaziergang, auch wenn man erst auf einem Parkplatz auf 1100 Metern Höhe startet und keine Klettererfahrung nötig ist. Sieben Stunden dauert es, bis man auf dem Hauptgipfel Mýtikas steht. Wer mit einem Guide wandert, ist auf der sicheren Seite. Oder du lässt es ruhiger angehen und wanderst auf einem der vielen Pfade durch den idyllischen Wald des Olymp-Nationalparks.

Den Göttern ganz nah: Bergwandern am Olymp.

6 **11. – 14. Tag: Litochoro – Toroni** (240 km)

Und jetzt: Strandleben!

Die außergewöhnlichen griechischen Bergabenteuer sind beendet – höchste Zeit also, das zu erleben, wofür Griechenland bekannt ist. Nach **Toroni**, zu den herrlichen Stränden von Sithonia, dauert die Fahrt etwas mehr als drei Stunden. Der mittlere »Finger« der Chalkidiki-Halbinsel ist der wildeste und am wenigsten bevölkerte. Dennoch gibt es wundervolle Strandhotels zum Auftanken, Tavernen, um die lauen Abende zu verbringen, Beachbars und Fischrestaurants. Lass deinen Urlaub zwischen duftenden Kiefernwäldern und goldenen Sandstränden ausklingen.

Sehen
Im Informationszentrum des Olymp-Nationalparks erfährst du alles über die Landschaft, die Flora und Fauna rund um den Götterberg.
olympusfd.gr/en

Machen
Bei einer geführten zweitägigen Tour erreichen konditionsstarke, erfahrene Bergsteiger den Gipfel des Olymp. Du musst aber nicht ganz hinauf, an den Hängen des Gebirgsmassivs gibt es viele weitere lohnende Wanderwege.
olympus-climbing.gr

Essen
Spezialitäten aus der Region bestellst du im Gastrodrómio En Olýmpo in Litochoro.
Agiou Nikolaou 36, Litochoro
gastrodromio.rocks

Schlafen
Tor zum Berg: sanft schlummern im Mythic Valley in Litochoro.
Vardaka 15, Litochoro
mythicvalley.gr/en

Sehen
Das wunderbar restaurierte Bergdorf Parthenonas liegt auf 350 Meter Höhe eine halbe Stunde entfernt von Toroni.

Machen
Leih dir am Lagomándra-Strand ein Motorboot.
rentaboathalkidiki.gr

Essen
In einer der vielen Strandtavernen von Toroni.

Schlafen
Im Hideaway direkt am Strand: Georgiadis Suites & Studios.
Toroni
georgiadis-house.com

SCHON GEWUSST?

Ganz geklärt ist nicht, wie die Klöster in Metéora entstanden sind. Doch die bis zu 400 Meter hohen Felsnadeln übten seit dem 11. Jahrhundert eine unwiderstehliche Anziehungskraft auf fromme Einsiedler aus. Die meisten Klöster waren lange nur über Leitern oder Seilwinden erreichbar – besser konnte man sich gegen Angriffe und den Lärm der Welt nicht schützen. Sechs Klöster sind noch von Nonnen und Mönchen bewohnt.

Für Wassermänner, Badenixen und Strandläufer: die Küste von Sithonia.

Religiöse Oasen in den Wolken:
die faszinierenden Metéora-Klöster.

Noch mehr Reisen

Wie, Surfen lernen auf einer einsamen schottischen Insel? Warum nicht, das spart schon den Flug nach Hawaii - und ist mindestens genauso schön. Weitere Reisen könnten auf ein Segelboot in die Dänische Südsee führen. Oder zum Bohneneintopf nach Nordmazedonien. Zwei Wochen Zeit und keine Idee? Voilà, bitteschön!

SURFEN AUF GÄLISCH

Mit wackeligen Beinen auf dem Brett stehen, reinfallen, hochziehen, wackeln ... und reinfallen. Mal ehrlich: Wer will als Surfneuling schon einen Strand voll neugieriger Zuschauer? Deshalb auf ins „Hawaii des Nordens" – die einsame schottische Insel **Tiree** punktet mit viel Sonnenschein, zuckerweißen Sandstränden und tollen Wellen. Surfschulen bieten in der Flachwasserbuch Gott Bay einen entspannten Start fürs Kite- und Windsurfen an. Wellenreiten und Kitesurfen lernst du auch am Balevullin Beach, wo der Golfstrom den Nordatlantik wärmt. In den Pausen locken Fish and Chips im Pub oder ein Bootsausflug zu Delfinen und Papageientauchern. Im Oktober flitzen dann die Profis beim Windsurf-Event »Tiree Wave Classic« durch die Wellen. Wer gewinnt, bekommt – ganz schottisch! – ein echtes Schwert.

Hinreisen
Mit dem ICE oder TGV nach Paris, von dort mit dem Eurostar nach London. Weiter über Glasgow nach Oban. Von dort mit der Fähre nach Tiree.

Weiterreisen
Auf Tiree gibt es einen Rufbus, Leihautos und -fahrräder.

 **12 Tage**

 **1800 km Anreise**

 **Mai bis Oktober**

 **wildaboutargyll.co.uk**

KARIBISCHES BEACHLIFE

Costa Smeralda: Der Name »Smaragdküste« verspricht Magisches auf Sardinien. Im östlichen Küstenabschnitt zwischen Palau und Olbia tauchst du in glitzerndes türkisgrünes Wasser ein, das sich wunderbar nach Karibik anfühlt. Überhaupt ist der Norden der Insel der ideale Spot für entspanntes Strandhopping. Feiner weißer Sand, zimtfarbene Granitfelsen und traumhafte Buchten sind wie geschaffen für einen Tag am Meer. Und noch einen und noch einen ... An manchen Ecken muss Sardinien allerdings seine Naturschätze vor dem Ansturm retten. Für den Strand La Pelosa im Nordwesten der Insel brauchst du mittlerweile von Juni bis Oktober ein Ticket. Und der flamingofarbene Strand Spiaggia Rosa ist schon jahrzehntelang nur noch vom Boot aus zu bewundern – weil zu viele Sandräuber rosa Souvenirs mitgenommen hatten.

Hinreisen
Von München mit dem Zug nach Civitavecchia oder Genua. Von dort mit der Fähre nach Olbia.

Weiterreisen
Miete ein Auto – oder noch besser – Mountain- oder E-Bike, um die Strandschönheiten der Nordküste zu erkunden.

 **14 Tage**

 **200 km**

 **Juni bis Oktober**

 **sardegnaturismo.it**

SEGELTÖRN IM PARADIES

Aloha, **Dänische Südsee**! Hier segelt es sich so paradiesisch, dass sich manche wie im türkisgrünen Meer bei Tahiti wähnen. Zwar stemmen sich krumme Eichen gegen den Wind statt sich wie Kokospalmen in ihm zu wiegen, doch in der südlichen Ostsee klappt das entspannte Inselhopping per Boot ganz wunderbar. Einfach die Segel setzen, in kleinen Häfen ankern und sich von den Wellen in den Schlaf schaukeln lassen. Zwischendurch fangfrischen Fisch essen und idyllische Inselchen besuchen. Und weil die Wasserwege so kurz sind, hast du noch mehr Zeit, das Festland zu entdecken. Folge etwa auf der Insel Fyn den märchenhaften Spuren von H. C. Andersen, der hier geboren wurde. Oder spaziere durch die Bilderbuchgassen Ærøskøbings. Und auf der Kreideinsel Møn zaubern dich weiße Sandstrände direkt nach Aitutaki.

Hinreisen
Von Hamburg mit dem Regionalexpress nach Flensburg oder Kiel. Von München oder Stuttgart mit dem ICE nach Kiel.

Weiterreisen
Von Flensburg oder Kiel aus mit dem gemieteten Segelboot in die Dänische Südsee.

 **14 Tage**

 **bis zu 1000 km Anreise**

 **Juni bis September**

 **charter-pool.de**

BOHNENEINTOPF-ROADTRIP

Nordmazedonien, kaum größer als Mecklenburg-Vorpommern, lässt sich prima mit dem Auto umrunden. In der Hauptstadt Skopje erwarten dich pompöse Paläste und Heldenstatuen, die nicht einmal 15 Jahre alt sind. Zu kitschig? Dann findest du im Alten Basar aus dem 12. Jahrhundert authentisches Markttreiben mit vielen Ständen und Cafés. Unbedingt probieren: „Tavče gravče", ein deftiger Bohneneintopf. Noch mehr historische Schätze entdeckst du im UNESCO-Welterbe-Städtchen Ohrid. Es liegt an einem geheimnisvollen, 1,4 Millionen Jahre alten See. Dein Roadtrip führt dich weiter zu spannenden Orten ohne Massentourismus. Wildromantische Nationalparks wechseln sich dabei mit Klöstern, Bergdörfern und verwinkelten Kleinstädten mit Steinbrücken und -türmen ab. Also: Balkanbeats einlegen und ab auf die Straße.

Hinreisen
Mit dem Auto oder dem Fernbus von Stuttgart oder München nach Skopje.

Weiterreisen
In Nordmazedonien bist du am einfachsten mit dem eigenen PKW oder einem Leihauto unterwegs.

 **12 Tage**

 **rund 700 km**

 **April bis Oktober**

 **vlada.mk**

Reisen länger als 14 Tage

HIN UND WEG

Hinreisen
Mit dem Eurostar von Brüssel oder Paris bis London (2 bzw. 2,5 Std.), dann weiter mit dem Zug bis Edinburgh (4,5 Std.). Dort einen Mietwagen übernehmen.

Weiterreisen
Das Linksfahren ist gewöhnungsbedürftig, aber einfacher, wenn man einen rechtsgesteuerten Mietwagen statt des eigenen Autos fährt. In den Highlands sind die Straßen oft schmal und haben Ausweichstellen für den Gegenverkehr. In Glasgow gibst du den Mietwagen wieder ab und fährst mit dem Zug nach London (4,5 Std.) zurück.

18 Tage

Mai bis September

845 km

SCHOTTLAND
Dufftown
3 Inverness
Portree
4 5
Eilean Donan Castle
Loch Ness
Nationalpark Cairngorms
2 Ballater
6 Fort William
Ben Nevis
NORDSEE
Nationalpark Loch Lomond and the Trossachs
Luss 7
1 Edinburgh
8 Glasgow
London

24 Slàinte, Highlander!

Im Whisky, sagt man, liegt der Geschmack der Highlands. Auf dieser Reise kannst du dich davon selbst überzeugen. Wenn du nicht gerade Monster jagst oder in Regen und Wind vor Wildnisfreude jubelst.

Whisky testen in Edinburgh? Darauf ein Wuff!

1. – 2. Tag:
Edinburgh

3. – 4. Tag:
Edinburgh – Ballater
(190 km)

SCHON GEWUSST?

Mit Tartan ist das Karo-Webmuster des Schottenrocks gemeint, das seit dem 16. Jahrhundert die Clan-Zugehörigkeit zeigt. Der Rock selbst heißt Kilt und besteht aus drei mal sechs Metern Stoff. Nach der Schlacht von Culloden 1746 durften die Highlander auf Geheiß der siegreichen Engländer den Kilt nicht mehr tragen. Heute ist er wieder in – und echte Schotten tragen drunter: natürlich nichts.

Karos, Kilts und Whisky

Auf der Royal Mile in **Edinburgh** gibt es sofort die volle Packung Schottland. Karos, Kilts, Whisky und alles andere, was man so mit tapferen Highlandern verbindet. Schottlands kleine, hügelige Hauptstadt hat zwei Gesichter: In der Old Town geht's in düsteren, gewundenen Gassen ausgesprochen atmosphärisch ins Mittelalter. Und in der systematisch angelegten New Town, am Fuß des Castle Hill mit der dräuenden Burg, warten stylishe Shops und Boutiquen in hellen georgianischen Bürgerhäusern und Villen auf Entdeckungen. Abends erlebst du im Ausgehviertel Leith am Hafen, wie hart die Schotten feiern können.

Sehen

Genieß den fantastischen Blick auf die Stadt vom National Monument auf dem Calton Hill.
introducingedinburgh.com

Machen

Eine Gruseltour durch die Gassen der Old Town ist nichts für schwache Nerven: Du triffst echte (aber meist freundliche) Geister, versprochen!
witcherytours.com

Essen

Saisonal, lokal und lecker ist das Essen im Urban Angel. Auch viele gute vegetarische, glutenfreie und vegane Leckereien stehen auf der Speisekarte.
121 Hanover Street, Edinburgh
urban-angel.co.uk

Schlafen

Mitten im Altstadttrubel von Edinburgh schläfst du wie in Highlanders Schoß im Grassmarket Hotel.
94-96 Grassmarket, Edinburgh
grassmarkethotel.co.uk

In die Berge!

Der Ruf der Highlands wird langsam unwiderstehlich. Also überquerst du den Firth of Forth (mit Blick auf die berühmte rote Eisenbahnbrücke) und fährst bis **Ballater** im **Cairngorms National Park**, dem größten britischen Nationalpark. Bleib einen Tag hier und gewöhn dich an den Highland-Rhythmus. Geh wandern oder biken auf den windgepeitschten Höhen der Grampian Mountains, raften auf dem Dee oder finde heraus, wo die royale Familie ihre Sommer verbringt.

3 **5. – 6. Tag:**
Ballater – Dufftown – Inverness (160 km)

Destination Destillerien

Jetzt wird's hochprozentig, der Malt Whisky Trail steht auf dem Programm. Die Fahrt nach **Dufftown**, der Kapitale der Whisky-Region Speyside, ist nur kurz, aber mit einem Stopp in der Glenlivet-Brennerei verbunden. Rund um Dufftown kannst du heute und morgen gleich drei Whisky-Paradiese besuchen: Glenfiddich, Glen Grant und die Strathisla Distillery. Aber Vorsicht beim Testen: Jemand muss noch fahren können! Nach der Nacht in Dufftown geht es über Elgin (Glen Moray Distillery) und Forres (Benromach Distillery und die historische Dallas-Dhu-Brennerei) weiter. Du hast genug Whisky gesehen? Dann fahr direkt nach **Inverness** und dreh eine Shopping-Runde durch die Stadt.

Sehen
Wo die Queen ihre Sommerfrische verbrachte: Spazier durch die Gärten im Balmoral Castle.
Balmoral Estates, Ballater
balmoralcastle.com

Machen
Lichtverschmutzung? Hier doch nicht – deswegen lohnt es sich, nachts im Tomintoul & Glenlivet Cairngorms Dark Sky Park ins All zu schauen.
cairngormsdarkskypark.org

Essen
Klassisches Pubfood wartet auf dich im türmchengekrönten Gebäude der Balmoral Bar im Zentrum von Ballater.
1 Netherley Place, Ballater
thebalmoralbar.com

Schlafen
Nicht billig ist dieses Hotel, aber dafür nah bei der Royal Family: Darroch Learg in Ballater.
56 Braemar Road, Ballater
darrochlearg.co.uk

Sehen
Wo Macbeth finstere Pläne schmiedete: Im hübschen Cawdor Castle auf dem Weg nach Inverness scheint dir jederzeit Shakespears tragischer Held begegnen zu können.
cawdorcastle.com

Machen
Leinen los und raus aufs Wasser zum Delfine gucken auf einer Bootstour bei Inverness.
dolphinspirit.co.uk

Essen
Mit Blick auf den River Ness schmecken die wunderbar angerichteten Speisen in der Kitchen Brasserie in Inverness nochmal so gut.
15 Huntly Street, Inverness
kitchenrestaurant.co.uk

Schlafen
Liebevoll eingerichtet und herzlich betreut: Im Dunvegan B and B in Dufftown und im Moyness House in Inverness fühlst du dich einfach wohl.
Dunvegan 21, Macduff Pl., Dufftown
dunvegan-dufftown.co.uk
6 Bruce Gardens, Inverness
moyness.co.uk

Licht hinter den Wolken

Bei Highlanders zu Hause: Eilean Donan Castle.

7. Tag:
Inverness – Portree
(180 km)

Am Monstersee

Wir wechseln die Küste: Von Inverness geht es hinüber in den Westen. Beim Stopp am **Loch Ness** kannst du dich davon überzeugen, dass es hier tatsächlich kein Monster gibt – aber was ist das da hinten, dieser Schatten im dunklen Seewasser? Ist das nicht …? Oder doch nur die spiegelnden Wolken? Vom malerisch verfallenen Urquhart Castle aus bekommt das Nessie-Spotten ordentlich Gruselwürze. Vorbei an der Film-Berühmtheit **Eilean Donan Castle** – Highlander, Rob Roy, you name it! – fährst du über die Brücke auf die Isle of Skye zum heutigen Ziel **Portree**.

Sehen
Eines der schönsten Highland-Täler lernst du bei einem Abstecher von Drumnadochit ins Glen Affric kennen.
visitscotland.com

Machen
Monster oder kein Monster? Im Loch Ness Centre and Exhibition erfährst du alles (?) über das Mysterium Nessie.
lochness.com

Essen
Der Name verrät es schon: Im Café Arriba geht's weniger schottisch als bunt zu. Der Blick auf den Hafen von Portree ist dann aber wieder ganz typisch.
Quay Brae, Gladstone Buildings, Portree
cafearriba.co.uk

Schlafen
Wenn du morgens aufwachst, erwartet dich im Bosville Hotel in Portree der Blick auf den Loch gleichen Namens.
13 Bosville Terrace, Portree
perlehotels.com/the-bosville

5

8. – 10. Tag:
Isle of Skye

Schottland in klein

Insel der Wolken und Nebel – so könnte man **Isle of Skye** übersetzen. Von beidem bekommst du jede Menge auf der Insel. Und wenn nicht die, dann Regen. Schüttend, tröpfelnd, nieselnd, als Vorhang. Das Licht an schönen Tagen aber trifft dich mitten ins Herz, so kristallklar und rein ist dann die Luft. Die Insel präsentiert sich wie Schottland im Kleinformat. Schulter den Rucksack in den Red Cuillin oder auf der Trotternish-Halbinsel, wo dich oberhalb der Felsformation Quiraing eine fantastische Aussicht erwartet. Sogar baden kannst du: Die Fairy Pools sind einfach zauberhaft.

Bei Fort William wartet das große Draußen auf Abenteuerlustige.

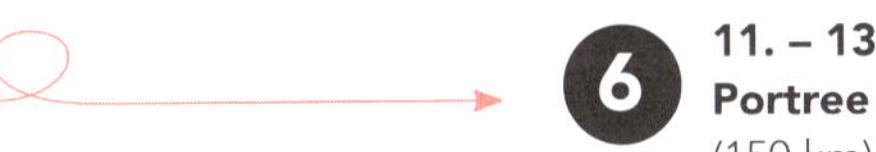

6 11. – 13. Tag: Portree – Fort William (150 km)

Sturm auf den Gipfel

Die Weiterfahrt Richtung Süden führt nicht über die Brücke zum Festland, sondern eine Stunde mit der Fähre von Armadale nach Mallaig. Heutiges Ziel ist **Fort William** – »Outdoor Capital of the UK«. Viele Wanderer und Mountainbiker brechen ins Glen Nevis auf, aber der über dem Tal aufragende Berg bietet Ausgefalleneres: Mit 1344 Metern ist der **Ben Nevis** der höchste Berg Großbritanniens und reif für den (steilen und nur bei gutem Wetter zu bewältigenden) Gipfelsturm. Bleib zwei Tage in Fort William und genieß sowohl das Stadtgewusel als auch die schöne Highland-Landschaft.

Sehen

Du stehst auf Naturskulpturen? Dann lass dir die traumschönen Felsen Kilt Rock bei Staffin und Old Man of Storr auf keinen Fall entgehen.

Infos unter visitscotland.com

Machen

Probier bei einer Tour durch die Talisker Distillery den »king o' drinks«, wie bereits Robert Louis Stevenson im 19. Jahrhundert den Westküsten-Whisky nannte.

Carbost, Isle of Skye
malts.com

Essen

Nicht nur im Himmel über den Highlands gibt's Sterne, sondern auch für die Küche im Scorrybreac in Portree.

7 Bosville Terrace, Portree
scorrybreac.com

Sehen

Lass dich von der einzigartigen historischen Atmosphäre im Tal von Glen Coe gefangen nehmen, wo 1692 der MacDonalds-Clan massakriert wurde.

nts.org.uk/visit/places/glencoe

Machen

Die kleinen Inseln Eigg, Muck und Rum erkundest du bei einer Minikreuzfahrt von Arisaig aus.

arisaig.co.uk

Essen/Schlafen

The Silly Goose heißt das tolle Restaurant mit jeder Menge Highland-Flair im The Lime Tree in Fort William. Und nach dem Essen? Schläft es sich fantastisch in einem der stilvoll individuell eingerichteten Zimmer.

The Old Manse, Achintore Road, Fort William
limetreefortwilliam.co.uk

Glasgow ist oft ruppig, aber auch spannende Vergnügungs- und Kulturmetropole.

7 **14. – 16. Tag:**
Fort William – Luss
(120 km)

8 **17. – 18. Tag:**
Luss – Glasgow
(45 km)

Abschied vom Hochland

»Ye'll take the high road and I'll take the low road«. Die Melodie von The Bonnie Banks of Loch Lomond, eine Hymne auf Schottlands größten See, hast du bestimmt schon mal gehört. Für dich ist der Besuch im **Nationalpark Loch Lomond and The Trossachs** von **Luss** aus auch ein Abschied von den Highlands. Umso schöner, dass die Trossachs alles, was den wilden nördlichen Landstrich auszeichnet, auf engstem Raum vereinen. Idyllische Täler, in der Sonne funkelnde Seen, schroffe Felsen, kleine Wäldchen. Und darüber dieser unglaubliche Himmel, der sekundenschnell sein Aussehen verändert.

Sehen
Die romantische Fahrt mit dem Dampfschiff Sir Walter Scott führt über den Loch Katrine – und direkt in die Vergangenheit.
lochkatrine.com

Machen
Du kannst auch selbst in See stechen, dir ein SUP-Board leihen (wenn das Wetter passt!) und ganz entspannt am Ufer des Loch Lomond entlangpaddeln.
Infos unter lochlomond-scotland.com

Essen/Schlafen
Und nochmal typisch schottisch schlemmen und träumen, direkt am Seeufer im Loch Lomond Arms Hotel in Luss.
Main Road, Luss
lochlomondarmshotel.com

Kerniges Glasgow

Nur wenige Kilometer sind es jetzt noch bis **Glasgow**, der größten Stadt Schottlands. Sie wird dir laut und hektisch vorkommen, was aber nicht nur daran liegt, dass du gerade aus dem Land der stillen Hügel und weiten Himmel kommst. Glasgow hat tatsächlich einen deutlich raueren Charme als Edinburgh. Stürz dich ins Shopping-Treiben der Merchant City, bestaune den Architektur-Mix aus Klassizismus und Jugendstil und nimm dir eins der Museen vor, etwa das spannende Kelvingrove Art Gallery and Museum. Verbring den Abend im Ausgehviertel Finnieston nahe dem River Clyde und lass deine Schottland-Rundtour bei einem letzten Whisky noch einmal Revue passieren. Slàinte!

CHECKLISTE

Einpacken
Wanderkleidung, Regensachen und Pullover (!)

Hören
This Is The Life (Amy Macdonald), I'm Gonna Be (500 Miles) (The Proclaimers)

Lesen
Der seltsame Fall des Dr. Jekyll & Mr. Hyde: Berühmte Doppelgänger-Erzählung des Edinburghers Robert L. Stevenson. *Trainspotting*: Irvine Welshs Storys aus der schottischen Drogenszene sind Klassiker

Sehen
Auf einer geführten Tour entdeckst du all die Jugendstil-Zeugnisse des Glasgower Architekten Charles Rennie Mackintosh.
Infos unter crmsociety.com

Machen
Nicht nur für Kinder: Im Glasgow Science Centre kommst du bei ausgefallenen Experimenten ins Staunen.
50 Pacific Quay, Glasgow
glasgowsciencecentre.org

Essen
Schottisch-hip geht's im Ubiquitous Chip in Glasgow zu – und dazu auch noch höchst kreativ und maximal lecker.
12 Ashton Lane, Glasgow
ubiquitouschip.co.uk

Schlafen
Wer nicht schläft, geht shoppen (oder feiern): Das Merchant City Inn liegt mitten in Glasgows lebendigem Ausgeh- und Kulturviertel gleichen Namens.
52 Virginia St, Glasgow
merchantcityinn.com

Sie gehören einfach zum Landschaftsbild: die Schottischen Hochlandrinder.

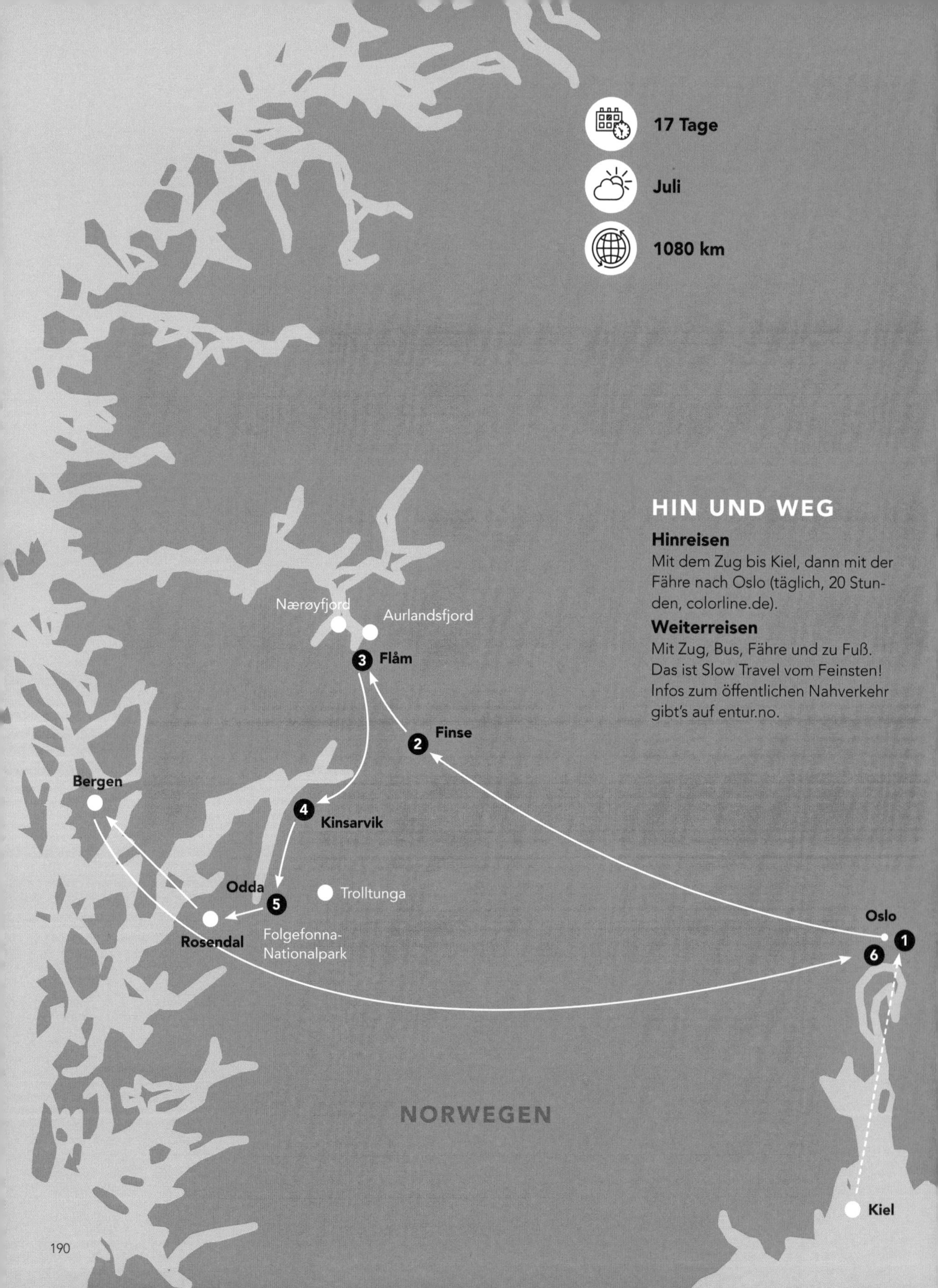

HIN UND WEG

Hinreisen
Mit dem Zug bis Kiel, dann mit der Fähre nach Oslo (täglich, 20 Stunden, colorline.de).

Weiterreisen
Mit Zug, Bus, Fähre und zu Fuß. Das ist Slow Travel vom Feinsten! Infos zum öffentlichen Nahverkehr gibt's auf entur.no.

25 Trolle hinterm Zelt

Wer träumt nicht von tiefen Fjorden, hohen Bergen und einsamer Wildnis? In Norwegen wird dieser Traum wahr! Rucksack, Zelt und Zugticket: Mehr brauchst du nicht für das große Trekkingabenteuer.

1 1. – 2. Tag: Oslo

2 3. – 5. Tag: Oslo – Finse (195 km)

Hey, Oslo!

Es gibt Hauptstädte, die sind größer, berühmter – und billiger. Doch **Oslo** hat, was die meisten anderen nicht haben: viel Natur. Und einen ruhigen Campingplatz über der Stadt. Wenn das Zelt steht, beginnt deine Entdeckungsreise. Den besten Blick auf Stadt und Fjord hast du ganz weit oben, auf der Skischanze am Holmenkollen. Wenn dann auch noch die Sonne scheint, ist dein kleines Reiseglück perfekt. Egal ob im Szeneviertel Grünerløkka oder in einem der vielen Museen, das Leben in Oslo ist einfach entspannt. Und falls du immer noch ein wenig Alltagsstress in dir hast: Im Saunafloß vor der Oper schwitzt du alles raus. Ach, Oslo, du bist einfach großartig!

Sehen
»Fram« bedeutet auf Norwegisch »Vorwärts« und war das Schiff des Polarforschers Fridtjof Nansen. Im Frammuseum erfährst du alles über die Reisen ins ewige Eis.
Bygdøynesveien 39, Oslo
frammuseum.no

Machen
Für die beste Oslo-Sicht musst du ein bisschen klettern – und zwar aufs Dach des außergewöhnlichen Operngebäudes.
Kirsten Flagstads Plass 1, Oslo
operaen.no

Essen
Die Norweger können auch süß. Die Waffeln bei Haralds Vaffel sind der beste Beweis.
Olaf Ryes plass 3, Oslo
haraldsvaffel.no

Schlafen
Stadtcampingplätze sind ja meist eher so mitteltoll. Ganz anders beim Osloer Ekeberg Camping: Der Blick auf die Stadt ist unglaublich und grüner ist's wohl in keiner anderen Großstadt.
Ekebergveien 65, Oslo
ekebergcamping.no

Wildes Campen

Nach zwei Oslo-Tagen geht das Trekkingabenteuer richtig los. Die Bergenbahn bringt dich in die Wildnis. Vor dem Fenster siehst du karge Steinbrocken, klare Gebirgsflüsse und kalte Schneefelder. Das ist sie also, die Hardangervidda, Norwegens wilde Hochebene und der größte Nationalpark des Landes. Schon die Zugfahrt ist wie eine Meditation. Nach vier Stunden steigst du mitten im Nirgendwo aus: **Finse**, 1222,2 Meter über dem Meer. Ein Bahnhof, ein Hotel, eine Berghütte. Sonst nichts, nur Natur. Du machst eine Wandertour zum Gletscher Hardangerjøkul. Und verbringst zwei einsame Nächte im Zelt mitten in der Wildnis. Wenn es dunkel wird, blitzen unzählige Sterne über dir und der dunklen Hardangervidda. Und beim Blick in den Nachthimmel spürst du, wie klein die Erde doch ist.

Fahren

Von Oslo aus nimmst du die Bergenbahn bis Finse, mitten durch die weglose Wildnis der Hardangervidda (mehrmals tägl., Fahrtzeit ca. 4 Std.).
Infos unter visitnorway.de

Machen

Finse ist der höchstgelegene Bahnhof Nordeuropas. Von hier aus startet eine mittelschwere Rundwanderung ab Finse zum Gletscher Hardangerjøkul (4 Std., 12 km).
Infos unter hoehenrausch.de

Essen

Falls du im Zelt übernachtest: Deck dich in Oslo mit Proviant ein. Essen kannst du aber auch in der Finsehytta (s. unten).

Schlafen

Im Zelt ganz einsam in der Hardangervidda – oder mit etwas mehr Komfort in der Finsehytta.
Rallarvegen 2612, Finse
finsehytta.dnt.no

SCHON GEWUSST?

In Norwegen gilt das »allemannsretten«, das Jedermannsrecht. Es erlaubt dir ganz offiziell, an jedem Ort zwei Tage wild zu campen. Sogar auf privaten Grundstücken, solange du keinen direkten Sichtkontakt zu Häusern hast.

Kultur und Aussicht: Opernhaus Oslo.

3 **6. – 8. Tag:**
Finse – Flåm
(55 km)

4 **9. – 11. Tag:**
Flåm – Kinsarvik
(120 km)

Übern Berg ins Tal

Etappe 3 bringt mehr Trubel. Von Finse aus fährt dich die Bergenbahn bis Myrdal. Am roten Holzbahnhof wartet schon eine kleine Menschenmenge auf die Flåmsbana. Kein Wunder, die Fahrt mit dem berühmten Zug will niemand verpassen. Vom Berg fährt er in einer Stunde 864 Höhenmeter ins Tal – inklusive Selfiestopp am Wasserfall. Unten in **Flåm** endet die steile Fahrt direkt am Fjord. Grüne Hänge, klares Wasser: Genau so hast du dir Norwegen vorgestellt. Nur die Kreuzfahrtschiffe, die könnten auch woanders ankern. Die Nächte auf dem Campingplatz sind entspannt. Und die Kajaktour am frühen Morgen erst! Nur du und der Fjord. Und mit ein bisschen Glück taucht sogar der ein oder andere Schweinswal auf.

Fahren
Mit der Bergenbahn geht es weiter bis Myrdal. Dort erwartet dich das nächste Schienenabenteuer: Du steigst um in die Flåmsbana, die dich nach Flåm bringt.
Infos unter visitnorway.de

Sehen
Die Flåmsbana ist eine der steilsten Bahnstrecken der Welt (Ticket vorbuchen!).
norwaysbest.com/flamsbana

Machen
Fast lautlos geht es mit dem Elektroschiff an Bergen und Wasserfällen entlang durch den Aurlands- und Nærøyfjord. Von Gudvangen aus fährst du per Bus zurück nach Flåm.
Infos unter norwaysbest.com

Essen/Schlafen
Im Zelt oder in einer der gemütlichen Holzhütten auf dem Flåm Camping, wo es auch Kochgelegenheiten gibt.
Nedre Brekkevegen 12, Flåm
flaam-camping.no

Von Fjord zu Fjord

Der Bus fährt über die gigantische Hardangerbrücke. Du klebst am Fenster und blickst auf den Hardangerfjord. Einmalig! **Kinsarvik**, dein nächstes Hauptquartier, ist klein und knuffig. Du campst mit Fjordblick und verträumst den restlichen Tag. Ab morgen werden dann die Wanderschuhe geschnürt. Du folgst zum Beispiel vom Ortsrand in Kinsarvik dem roten T immer bergauf bis zu vier Wasserfällen. Die Tour dauert insgesamt 5 bis 6 Stunden, aber du wirst reichlich belohnt. Denn der Blick auf den Fjord ist einfach nur wow!

Was für ein Blick: Am Aussichtspunkt Stegastein liegt der Aurlandsfjord direkt vor dir.

5 12. – 14. Tag: Kinsarvik – Odda
(40 km)

Rauf zur Teufelszunge

Auch wenn's schwerfällt, nach zwei Nächten heißt es Zelt einrollen und Rucksack packen. Doch keine Angst: Der Hardangerfjord ist viel zu schön, um ihn schon wieder zu verlassen. Der Bus bringt dich zur Spitze seines Seitenarms Sørfjord, nach **Odda**. Auch wenn der Industrieort nicht auf vielen Bucketlists landet: hinfahren! Auf dich warten 45 Minuten Panoramafahrt entlang des Fjords durch Obstplantagen und Bilderbuchdörfer. Odda selbst liegt perfekt zwischen Fjord und **Folgefonna-Nationalpark**. Wenn du fit bist, dann schnapp dir einen Guide und mach die anspruchsvolle Wanderung rauf zur Trollzunge. Das Felsplateau **Trolltunga** liegt 700 Meter über dem See Ringedalsvatnet. Hier oben liegt dir die Welt wirklich zu Füßen!

Fahren
Mit dem Bus 162 bis Gudvangen (20 Min.), dann umsteigen in Bus 950 bis Voss (50 min.) und noch einmal in Bus 990 bis Kinsarvik (1 Std.).

Sehen
Der Wasserfall Vøringsfossen ist ein toller Anblick. Konkurrenz macht ihm nur die spektakuläre Treppenbrücke, von der aus du – neben der Aussichtsplattform beim Fossli Hotel – die Wassermassen bestaunst. 1,5 Stunden bist du mit dem Bus ab Kinsarvik unterwegs.
Infos unter visitnorway.de

Machen
Über die Mönchstreppen geht es ab Lofthus hinauf zum Aussichtspunkt Nosi. Auf den 900 Höhenmetern bergauf erwarten dich grandiose Fjordblicke (4–6 Std.).
Infos unter visitnorway.de

Schlafen
Direkt am Fjord stellst du dein Zelt auf dem Kinsarvik Camping auf.
kinsarvikcamping.no

Fahren
Mit dem Bus 990 geht es in einer Dreiviertelstunde nach Odda.

Machen
Noch einmal schnürst du die Wanderstiefel und machst dich auf den Weg in die berauschende Landschaft rund um den drittgrößten Gletscher Norwegens im Folgefonna-Nationalpark.
folgefonna.info

Essen/Schlafen
Die Hütten und Apartments des Trolltunga Camping in Odda sind mit Küchen ausgestattet. Dort könntest du, wenn du Anglerglück haben solltest, die gefangenen Fische aus dem nahen See zubereiten.
Jordalsveien 29, Odda
trolltungacamping.no

Trolle, Wasserfälle & Fjorde

Abenteuer auf Schienen: steil, steiler, Flåmsbana.

6 15. – 17. Tag: Odda – Bergen – Oslo
(670 km)

Finale in Bergen

Die nächste Etappe hat es in sich: Der Bus bringt dich zuerst nach **Rosendal**. 15 Minuten spazieren, schon bist du bei der Baronie Rosendal und mitten in einem romantischen Renaissancegarten. Es duftet herrlich nach Rosen. Und nach Kaffee! Nach einem Abstecher ins Gartencafé gehst du zurück zum Hafen und besteigst die Fähre nach **Bergen**. In der kleinen Stadt hast du Großes vor: Mit der Gondelbahn schwebst du auf den Ulriken, mit 643 Metern der höchste der sieben Hausberge. Oben wird dir klar, warum Bergen auch Fjord-Hauptstadt genannt wird. In Norwegens echte Hauptstadt sind es zwei Tage später dann nur noch 7 Stunden. Die verbringst du im Nachtzug zurück nach **Oslo** – bestimmt träumst du von Fjorden.

Fahren
Mit dem Bus 760 bis Rosendal (50 Min.), dann mit der Fähre 2075 nach Bergen (2 Std.). Von dort aus fährst du mit dem Nachtzug zurück nach Oslo (7 Std.).

Sehen
Die bunten Holzhäuser von Bergens Hafenviertel Bryggen – uralter Handelsplatz und UNESCO-Weltkulturerbe.
de.visitbergen.com

Machen
Beffen 1 & 2 heißen die kleinen historischen Fähren, mit denen du Bergen vom Wasser aus erkundest.
de.visitbergen.com/erlebnisse

Essen
Es ist zwar sündhaft teuer, aber gönn dir dennoch ein Fischbrötchen auf dem Fischmarkt von Bergen.

Schlafen
Im Zelt auf dem Lone Camping, 30 Min. außerhalb der Stadt, schläfst du in der Natur.
Hardangerveien 697, Haukeland
lonecamping.no

CHECKLISTE

Einpacken
Gute Wanderausrüstung und Wanderkarte auf Papier

Hören
Morgenstimmung (Edvard Grieg), God Natt Oslo (Lillebjørn Nilsen)

Lesen
Peer Gynt: Drama in Versform von Norwegens bekanntestem Schriftsteller Henrik Ibsen.
Sophies Welt: Jostein Gaarder erzählt von einem Mädchen, das die Philosophie kennenlernt – ein moderner Klassiker.

Schon damals ein Schmuckstück: Holzhäuser im Freilichtmuseum von Bergen.

Auf der Zunge des Trolls: Von der Trolltunga blicken und träumen – falls du dich traust!

HIN UND WEG

Hinreisen
Mit der Fähre von Kiel bis Klaipėda (täglich, 21 Std., dfds.com).

Weiterreisen
Im Auto mit Dachzelt (das Zelt kann man mieten). Zurück geht's mit Fährenhopping: Tallinn – Helsinki, Helsinki – Travemünde.

26 An der Küste der unendlichen Weiten 

Manchmal muss man einfach ans Meer. Wie gut, dass es im Baltikum richtig viel Küste gibt. Ein ruhiger Roadtrip durch den unbekannten Osten, von Litauen über Lettland bis nach Estland. Und immer mit dem Rauschen der Ostsee als Soundtrack.

Für Liebhaber von Lost Places: gruselige Ruinen an der Küste von Liepāja.

SCHON GEWUSST?

ist in Litauen, Lettland und Estland erlaubt. Natürlich gilt wie überall: Privatgrundstücke brauchen eine Erlaubnis, ebenso gelten oft Campingregeln in Naturschutzgebieten und Nationalparks. In Estland gibt es kostenlose Campingplätze – mit Feuerholz und Trockentoilette. Camping-Parzellen kennt man im Baltikum übrigens nicht.

1 **1. – 2. Tag: Klaipėda – Bernāti-Naturpark** (70 km)

An der Ostseeküste

Deinen ersten baltischen Abend wirst du nie vergessen: Die Sonne versinkt knallrot im Meer. Am Himmel explodieren die Farben. Mehr Drama geht nicht! Vor wenigen Stunden warst du noch auf der Fähre. Nach der Ankunft in **Klaipėda** bist du die Küstenstraße Richtung Norden entlanggefahren, links funkelte das Meer, davor glitzerte immer ein Streifen weißer Strand. Und ehe du dich versahst, warst du an der Grenze und dann auch schon drüben in Lettland. Morgen erkundest du den **Bernāti-Naturpark**, wanderst auf den Holzbohlen und legst dich an den gefühlt unendlichen und menschenleeren Strand. Wer braucht da schon die Balearen?

Sehen

Eine Wanderung durch die Wald- und Dünenlandschaft des Bernāti-Naturparks führt dich zum gleichnamigen, sehr modernen Leuchtturm am Nordrand des Schutzgebiets, etwa 1 km nordwestlich vom Dorf Bernāti.
Infos unter latvia.travel

Machen

Besteige den Berg Pūsēna im Naturpark. Besondere Kondition brauchst du nicht: Lettlands höchste Düne ist 37 Meter hoch.
Infos unter latvia.travel

Essen

Frische saisonale Spezialitäten kommen im Café Dzintariņš in Bernāti auf den Teller.
Nīcas nov., Bernāti
facebook.com/BernatuDzintarins

Schlafen

Auf dem Campingplatz Kempings Paberzi bei Bernāti mit seinen hellen Holzhütten liegt der Strand in Gehweite.
facebook.com/kempings.paberzi

2 **3. – 4. Tag: Bernāti-Naturpark – Liepāja – Jūrkalne** (95 km)

Lost Places

Die heutige Etappe führt in die Hafenstadt **Liepāja**. Besuch den Stadtteil Karosta, ein ehemaliger russischer Flottenstützpunkt, heute ein verlassener Ort, an dem die Zeit stillsteht. Leere Straßen, leere Häuser. Alles grau in grau, nur die goldenen Türme des Doms St. Nikolaus blitzen hervor. Das ehemalige Gefängnis ist eines der wenigen Gebäude, die nach dem Abzug der Sowjets restauriert wurden. Bis 1997 saßen Sträflinge in den Zellen, heute ist es ein Museum. Wer will, kann hinter diesen Mauern sogar eine Nacht verbringen. Zur Karosta-Tour gehört auch ein Abstecher an den Strand. Hierher verirren sich nicht viele, obwohl er so herrlich ist, mit Sand so weiß und fein, dass man ihn im Russischen Reich in Sanduhren füllte. Am Nachmittag

Nicht der höchste, aber der breiteste: der Wasserfall Ventas rumba in Kuldīga.

5. Tag:
Jūrkalne – Kuldīga
(30 km)

geht die Fahrt weiter, über Schotterpisten, durch Nadelwälder, bis zur Küste. Lettlands Strände sind ein Traum, und der von **Jūrkalne** besonders. Am besten spannst du oben im Wäldchen die Hängematte auf. Aber psst, nicht weitersagen!

Sehen
Staune über die bizarren Ruinen an der Küste rund um den Kriegshafen Karosta.
Infos unter liepaja.travel

Machen
Über Holztreppen geht es an der bis zu 20 Meter hohen Steilküste von Jūrkalne runter zum Strand. Im Wald gibt es einen Parkplatz.
Infos unter latvia.travel

Essen/Schlafen
In einem der schönen Strandhäuser auf dem Camping Zaķi bei Jūrkalne kannst du prima selbst kochen.
Jūrkalnes pag., Ventspils nov., Jūrkalne
zaki.lv

Kultiges Kuldīga

Der Abschied von Jūrkalne fällt schwer. Aber **Kuldīga**, das nächste Ziel, ist einfach kultig. Für manche ist die kleine Stadt die schönste in ganz Lettland. Viele kommen wegen des Flusses Venta und wegen des Wasserfalls Ventas rumba: Zwar ist er nur zwei Meter hoch, aber mit 240 Metern der breiteste Wasserfall Europas. Stakse zuerst barfuß über die rutschigen Wasserfallstufen und mach dann einen Spaziergang in die kleine Altstadt. In den Kopfsteinpflastergassen mit den alten Kirchen und den bunten Holzhäuschen fühlst du dich wie in einer vergangenen Zeit.

Sehen
164 Meter ist sie lang, 1874 wurde sie erbaut: Überquer die längste mit dem Auto befahrbare Backsteinbrücke in Kuldīga.
latvia.travel/de

Machen
Besuch das längste Höhlenlabyrinth Lettlands in Rumbas. Die zwei Kilometer langen Sandhöhlen entstanden vor mehr als 100 Jahren, weil der Sand für die Glasproduktion benötigt wurde.
smilsualas.lv

Essen
In der originellen Taverne Kljukiņa werden die lettischen Spezialitäten auf dem offenen Holzfeuer zubereitet. Während du wartest, genießt du den Blick von der Terrasse auf den schönen Garten.
40 Ēdoles iela, Kuldīga, auf Facebook

Schlafen
Du übernachtest mit Blick auf den Wasserfall im Gästehaus Ventas Rumba in Kuldīga.
Kuldīgas pilsēta, Kuldīga
ventasrumba.lv

Ornamentale Pracht an einer Jugendstilfassade in Rigas Stadtteil Centrs.

CHECKLISTE

Einpacken
Hängematte und Feuerzeug; Holz für Lagerfeuer gibt's oft

Hören
Daybreak (Alina Orlova)
Nebijok (Jurga)

Lesen
Flut: Inga Ābeles Roman spielt in der Region Kurzeme (Kurland).
Sibiru Haiko: Jurga Vilė (Text) und Lina Itagaki (Illustration) beschreiben aus Kinderperspektive die Besetzung Litauens 1941 durch sowjetische Truppen.

4 **6. – 8. Tag: Kuldīga – Riga** (145 km)

Das echte Riga

Heute steht **Riga** auf dem Programm: Hauptstadt Lettlands, Unesco-Weltkulturerbe und einfach cool. Nach so viel Ruhe und Meer bekommst du fast einen Schock zwischen den vielen Touris in der Altstadt mit den bunten hanseatischen Häusern. Riga kann aber auch ganz anders. Zum Beispiel im Stadtteil Centrs, wo ein Jugendstilhaus neben dem anderen steht und sich in den hippen Cafés die Kreativen treffen. In Pārdaugava, auf der anderen Seite des Flusses, findest du hingegen Holzhäuser, Plattenbauten und die Hallen des Zentralmarkts, wo zwischen Sauerkrautbergen und riesigen Einmachgläsern die Einheimischen einkaufen.

Sehen
Riga von oben, vom Hochhaus der Akademie der Wissenschaften: Fahr mit dem Aufzug in den 14. Stock, kletter noch zwei Stockwerke weiter – und lass dich überraschen.
Akadēmijas laukums 1, Rīga
Infos unter liveriga.com

Machen
Im Lettischen Okkupationsmuseum lernst du Rigas traurige Geschichte während der deutschen und der sowjetischen Besetzung kennen.
Latviešu strēlnieku laukums 1, Rīga
okupacijasmuzejs.lv/de

Essen
Futter dich durch die lettischen Spezialitäten auf Rigas buntem, quirligen Zentralmarkt, der seit 1930 in riesigen Zeppelinhangars untergebracht ist.
Nēģu iela 7, Rīga
Infos unter liveriga.com

Schlafen
Absolut zentral liegt der City-Campingplatz.
Ķīpsalas iela 8, Rīga
rigacamping.lv

5 **9. Tag: Riga – Sigulda – Tūja** (115 km)

Grün, grüner, Gauja

Heute fährst du nach **Sigulda**. Klingt märchenhaft – ist es auch, vor allem die Fahrt ins Grüne. Nach so viel Stadt und Meer sind die Bäume und Wiesen ein wohltuender Kontrast. Man nennt die Gegend nicht umsonst die Lettische Schweiz. In Sigulda eroberst du die Burg Turaida. Dann geht die Fahrt am Gauja-Ufer entlang bis Līgatne. Hier wartet ein Fährmann auf dich. Er bringt dich mit einer – von Hand gezogenen – Holzfähre über den Fluss. Durchs Hinterland geht es weiter, die Ostsee zieht dich wieder magisch an. In **Tūja** fährtst du über Schotterpisten zum Meer. Mit Strandparkplätzen zum Übernachten hast du ja mittlerweile Erfahrung!

So viel Grün prägt die Lettische Schweiz, mittendrin steht die Burg Turaida in Sigulda.

10. – 11. Tag: Tūja – Soomaa-Nationalpark (155 km)

Give me Moor!

Von Tūja fährst du Richtung Norden auf der A1, die auch Riga-Tallinner-Chaussee genannt wird, und passierst beinahe unbemerkt die Grenze nach Estland. Das Wichtigste auf der To-do-Liste heute: In Pärnu einkaufen, bevor es in die Wildnis geht. Der **Soomaa-Nationalpark** wartet, ein riesiges Gebiet aus Hochmooren und Wäldern. Hier kannst du auf Wanderung gehen, entweder allein über schmale Holzbohlenstege oder noch besser auf einer geführten Moorschuhwanderung direkt übers Moor. Moorschuhe funktionieren wie Schneeschuhe, damit sinkst du nicht ein und beschädigst das sensible Ökosystem nicht. Wenn am abendlichen Lagerfeuer die unheimlichen Moorgeschichten ausgepackt werden, ist sogar ein wohliges Gruseln inbegriffen.

Sehen
Reise in der Ordensburg Segewold in Sigulda zurück ins Mittelalter, als hier der Schwertbrüderorden einen Stützpunkt aufbaute.
Pils 18, Sigulda, latvia.travel/de

Machen
Im Museum der Burg Turaida in Sigulda erfährst du jede Menge über das Volk der Liven, das heute nur noch rund 200 Angehörige hat.
Turaidas iela 10, Siguldas
turaida-muzejs.lv

Essen
Köstliche (vegetarische) Wok-Gerichte, Pizzas, Burger & Co. gibt's in der stylishen Jāņa-Tirgus-Foodhalle in Sigulda.
Kr. Valdemara 2, Sigulda, janatirgus.lv

Schlafen
Auf einem Strandparkplatz direkt am Meer in Tūja.

Sehen
Informier dich in der Ausstellung im Naturzentrum des Soomaa-Nationalparks über die Landschaft, die du erkunden wirst.
loodusegakoos.ee

Machen
Leih dir ein Kanu und paddel mit einem Guide durch die ganz außergewöhnlichen Moorwelten des Nationalparks.
soomaa.com

Essen/Schlafen
Übernachte im Nationalpark auf einem der kostenlosen Campingplätze mit Holz und Feuerstelle samt Barbecuegrill fürs mitgebrachte Essen.
loodusegakoos.ee

Mit Lagerfeuer am Strand geht tief im Osten der Tag zu Ende.

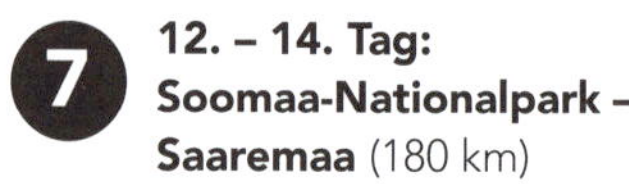

7 12. – 14. Tag: Soomaa-Nationalpark – Saaremaa (180 km)

8 15. – 17. Tag: Saaremaa – Tallinn (205 km)

Reif für die Insel?

Estland hat nicht nur viel Moor, sondern auch viele Inseln. Mit der Fähre setzt du zuerst über nach Muhu und fährst von dort aus weiter über den Damm nach **Saaremaa**, der größten estnischen Ostseeinsel. Man sagt, dort treffe man mehr Elche als Menschen an. Eines ist das Inselleben von Saaremaa auf jeden Fall: ruhig und entspannt. Am schönsten ist die Halbinsel Sõrve. An deren Südspitze steht ein schwarz-weißer Leuchtturm, der Sõrve tuletorn. Wenn du die 247 Stufen geschafft hast, stehst du auf dem ältesten Leuchtturm Estlands. Übrigens: Die Ostsee wird in Estland Westsee genannt. Es ist eben alles eine Frage der Perspektive.

Sehen

Kreisrund ist der Meteoritenkrater bei Kaali. Im Meteoristik-Museum erfährst du alles über den Besucher aus dem All, der vor vielen 1000 Jahren einschlug.
kaali.saaremaa-top.ee

Machen

Im Saaremaa Muuseum in der schönen Bischofsburg von Kuressaare tauchst du in die wechselreiche Geschichte der Insel ab.
Lossihoov 1, Kuressaare
saaremaamuuseum.ee/en

Essen/Schlafen

Hängematten, Feuerschalen und Sauna erwarten dich auf dem Campingplatz Tehumardi am Anfang der Halbinsel Sõrve.
tehumardi.ee

Tallinn ist in

Heute kommst du zum nördlichsten Punkt des Ostsee-Roadtrips: **Tallinn**, Estlands Hauptstadt. Viele lieben die mittelalterliche Stadt wegen der Türme, der Kirchen und der langen Stadtmauer. Doch Tallinn hat auch andere Facetten. Wer die kennenlernen will, trinkt einen Kaffee zwischen den Fabrikhallen im Hipsterviertel Kalamaja und streift ums alte Gefängnis Patarei. Oder steigt der Linnahall aufs Dach. Die einstige Konzerthalle ist ein brutalistisches Relikt aus der Sowjetzeit, das heute verfällt. Tallinn verändert sich – wie das ganze Baltikum. Wehmütig denkst du an deine Reise zurück. Und hoffst, dass sich der Wandel noch etwas hinzieht – zumindest bis du wiederkommst.

Natur
und
Boheme

Sehen

Ganz schön cool, das Hipsterviertel Kalamaja mit seinen shabby Fabrikhallen und seinem lässigen Boheme-Lebensstil.
Infos unter visitestonia.com

Machen

Im Meeresmuseum im historischen Wasserflugzeughafen ist das echte U-Boot nur eins der vielen spannenden Exponate.
Vesilennuki 1, Tallinn
Infos unter visitestonia.com

Essen

Zusammen mit hippen Leuten und sehr lecker isst du im F-Hoone in Kalamaja – perfekt zum zurückgelehnten Peoplewatching!
Telliskivi 60a, Tallinn
fhoone.ee

Schlafen

Nachdem der zentrale City-Campingplatz geschlossen ist, bietet sich das City Center Garden Camping als gute – und ein wenig skurrile – Alternative an.
Videviku 30

Estlands Hauptstadt Tallinn hat viele faszinierende Gesichter.

HIN UND WEG

Hinreisen
Mit dem Zug nach Paris und von dort mit dem TGV nach Biarritz (4,5 Std.).

Weiterreisen
In Biarritz gibt es mehrere Wohnmobil-Anbieter. Campy Camper vermietet auch klassische Bullis (campycamper.com). In ungefähr einem Tag kann man auf der französischen Seite vom Mittelmeer an den Atlantik zurückfahren (rund 500 km).

27 Von Meer zu Meer 

Wer Bergabenteuer ohne großen Rummel erleben will, wird in den Pyrenäen fündig: Das Grenzgebirge zwischen Frankreich und Spanien ist wilder, ursprünglicher, schroffer als die Alpen – und vor allem menschenleerer.

1 **1. – 2. Tag:**
Biarritz

2 **3. Tag:**
Biarritz – Pau
(200 km)

Schampus und shoppen

Wie Champagner prickelt die Luft, die vom Atlantik nach **Biarritz** hineinweht. Der Schampus-Eindruck passt gut, schließlich gaben sich früher im Seebad am Golf von Biskaya Kaiser, Könige und Zaren die Ehre. Der royale Glanz liegt heute noch über der Grande Plage, über den mondänen Palästen, die Strand und Promenade säumen, und den Wellen, auf denen sich die Surfer tummeln. Was soll man zuerst tun? Shoppen, den Rocher de la Vierge mit der Madonna fotografieren, die Aussicht vom Phare de Biarritz genießen oder im Café die Stunden verbummeln? Egal, hier lässt sich prima in den Urlaub starten.

Sehen
Tauch ab in die Unterwasserwelt (nicht nur) des Atlantiks im Aquarium Biarritz.
Esplanade du Rocher de la Vierge, Biarritz, aquariumbiarritz.com

Machen
Rein in die Wellen! Auch wenn sie an der Grande Plage ganz schön wild sein können. Kein Wunder, liegt hier doch auch der Surfstrand Plage du Miramar.
Infos unter tourisme.biarritz.fr

Essen
Fisch und Meeresfrüchte verspeist du stilecht an den Markthallen in der Bar Jean.
5 Rue des Halles, barjean-biarritz.fr

Schlafen
Für Wasserratten und Strandläufer: Vom Campingplatz Le Pavillon Royal kommst du direkt ans Meer und zu den Wellen.
Avenue Prince de Galles, Bidart, pavillon-royal.com/de

Tschüss, Meer!

Der erste Stopp des Tages wird schon nach 20 Kilometern Richtung Süden fällig: **Saint-Jean-de Luz**, ein ehemaliges Walfangdorf, ist heute ein quirliger und wunderschöner Badeort mit tollem Strand und ganz viel Charme. Noch ein Blick zurück aufs Meer, dann ab in die Berge! Auf dem Weg verlocken die malerischsten Ortschaften zu Fotostopps. Im Kopfsteinpflaster-Flair von **Saint-Jean-Pied-de-Port**, das kurz vor der spanischen Grenze liegt, spazierst du zur Zitadelle hoch: Der französische Teil des Baskenlandes rollt sich vor dir aus. Durch idyllische Hügel, Weinberge und Täler geht die Reise weiter bis nach **Pau**.

Lourdes sehen und staunen: Die Pilgermetropole ist ein ganz besonderer Ort.

3 4. Tag: Pau – Lourdes – Gavarnie (90 km)

Sehen

Ja, auch hier gibt es Fachwerkhäuser: Ainhoa ist eines der schönsten Dörfer des Baskenlands, wenn nicht sogar ganz Frankreichs.
Infos unter biarritz-pays-basque.com

Machen/Essen

Mit dem Pass Gourmand gehst du in Pau auf Streifzug durch die örtlichen Lokale und schlemmst ganz entspannt und kostengünstig die regionalen Spezialitäten.
Infos unter civitatis.com

Schlafen

Auf dem Camping Le Terrier bei Pau stellst du deinen Van direkt am Fluss Ousse ab.
1071 Avenue du Vert Galant, Lescar, camping-terrier.fr

Auf Pilgerfahrt

Vom Boulevard des Pyrenées in Pau aus bekommt der Horizont Zacken: Die Pyrenäen-Gipfel rücken näher, in unterschiedlichen Schattierungen. Doch zunächst wird's übersinnlich. Auch für die, die nicht an die Marienerscheinungen von **Lourdes** glauben, ist der Besuch des kleinen Pilgerorts ein Abenteuer. Eine Mischung aus Faszination und Kopfschütteln spiegelt den Kontrast zwischen tiefgläubigen Besuchern und dem religiösen Nippes, der überall verkauft wird. Das zweitwichtigste katholische Pilgerziel nach Rom muss man gesehen haben! Ein ganz anderes überirdisches Phänomen erwartet dich auf der Weiterfahrt nach Süden: Immer höher streben die Berge auf dem Weg nach **Gavarnie** – auch irgendwie ein Pilgerziel …

Sehen

Ein Besuch der Grotte de Massabielle mit der Marienstatue in Lourdes ist schon eine ganz besondere Erfahrung.
1 Av. Monseigneur Théas, lourdes-france.org

Machen

Schlechtes Wetter gibt es auch mal im tiefen Süden. Gut, wenn dann die Thermen von Luz-Saint-Sauveur in der Nähe liegen.
31 Av. de l'Impératrice Eugénie, Luz-Saint-Sauveur
luzea.fr

Essen

Im tibetanischen Restaurant Lung-Ta in Lourdes kommen die gefüllten Teigtaschen aus einem anderen großen Gebirge: dem Himalaja.
8 Rue des 4 Frères Soulas, restaurantlungta.fr

Schlafen

Morgens fällt dein erster Blick auf dem Camping Le Pain de Sucre in Gavarnie-Gèdre auf überwältigend schöne Bergpanoramen.
Quartier Couret, camping-gavarnie.com

Müde Füße? Der nächste eiskalte Bergsee kommt bestimmt.

4 **5. –7. Tag:**
Gavarnie

5 **8. – 10. Tag:**
Gavarnie – La Mongie – Bielsa (140 km)

Die Krone der Berge

Selbst alpenerprobte Wanderer und Bergsteigerinnen sind beim Anblick der Pyrenäen-Bergwelt erst mal sprachlos. So viel rauer, schroffer und ursprünglicher wirkt das Gebirge als seine nördliche Cousine. Und der **Cirque de Gavarnie** ist die Krone: Der weite Kessel mit seinen himmelhoch aufragenden Felswänden, umgeben von schneebedeckten Dreitausendern und Kulisse für einen 400 Meter hohen Wasserfall, versetzt einen direkt in die Rocky Mountains. An einer seiner Flanken geht es hinauf in die spektakuläre Felswelt. Die Rundtour durch den Kessel erfordert Kondition – aber du hast ja Zeit und kannst dir auch einen Tag Ruhepause auf dem Campingplatz gönnen.

Sehen
Wenn es geregnet hat, läuft der Cirque de Gavarnie über. Zumindest könnte man diesen Eindruck bekommen, bei der Menge der Wasserfälle, die bis zu 400 Meter tief fallen.
Infos unter valleesdegavarnie.com

Machen
Wenn du dich mit einem Esel in die Bergwelt der Pyrenäen aufmachst, ist das noch einmal eine ganz neue Wandererfahrung.
Eseltrekking wird überall in Gavarnie angeboten

Essen
Deck dich vor deinen Wanderungen mit Rucksackproviant ein.

Höhepunkte

Heute wartet ein Höhepunkt, und zwar im wahrsten Sinne des Wortes. Mit der Seilbahn schwebst du ab **La Mongie** auf den **Pic du Midi de Bigorre**. Von dem 2877-Meter-Gipfel aus liegen dir die Pyrenäen bis zum Horizont zu Füßen. Wieder unten, geht es zum ersten Mal über die Grenze nach Spanien. Ziel ist **Bielsa**, der perfekte Standort für Ausflüge in den östlichen Teil des Nationalparks Ordesa y Monte Perdido. In den nächsten drei Tagen wirst du ihn besser kennenlernen. Wenn das Wetter gut ist (und nur dann!), kannst du die herausfordernde Tour auf den 3355 Meter hohen Monte Perdido unternehmen. Wenn du es ruhiger angehen möchtest, lass dich treiben, wohin dich deine Wanderschuhe tragen.

CHECKLISTE

Einpacken
Wander- und Badesachen, Pullover für kühle Bergabende

Hören
Allez reste (Boulevard des Airs)
Où va le monde (La Femme)

Lesen
Ein Pyrenäenbuch: Amüsant und lebendig beschreibt Kurt Tucholsky die Pyrenäen im Jahr 1925
Monteperdido – Das Dorf der verschwundenen Mädchen: Im Thriller von Augustín Martínez spielt die schroffe Pyrenäen-Landschaft eine Hauptrolle

Sehen

Auf dem Pic du Midi kannst du zusammen mit den Astronomen des höchstgelegenen Planetariums in Europa den atemberaubenden Sternenhimmel erleben.
picdumidi.com

Machen

Nimm all deinen Mut zusammen und lauf 12 Meter weit ins Nichts – so lang ist der Ponton dans le Ciel, der Steg in den Himmel, der am Gipfel des Pic du Midi über den Abgrund hinausragt.

Essen

Warum nicht mal in den Wolken speisen? Im Restaurant 2877 isst du nicht nur wegen der Gipfellage am Pic du Midi auf hohem Niveau.

Schlafen

Der Complejo Turístico Camping in Bielsa bietet Restaurant, Pool und schöne Stellplätze.
campingbielsa.com

SCHON GEWUSST?

Rund 800 Kilometer messen die Pyrenäen in ihrer ganzen Länge. Teilstrecken kannst du immer wieder erwandern. Wer's abenteuerlich mag, wählt die Haute randonnée pyrénéenne (HRP), die möglichst nah dem Hauptkamm folgt. Sie hat keine durchgehende Markierung, erfordert also Flexibilität und intensives Kartenstudium. Parallel dazu, aber einige Stockwerke tiefer, verlaufen die Grande Randonnée (GR) 10 auf der französischen und 11 auf der spanischen Seite.

König der Pyrenäen: der Pic du Midi.

6 **11. Tag:**
Bielsa – Villefranche-de-Conflent (330 km)

7 **12. – 14. Tag:**
Villefranche-de-Conflent

Sattgrün statt felsgrau

Nach den Tagen in der wilden Pyrenäen-Einsamkeit erwartet dich heute wieder ein Roadmovie. Auf der Strecke nach **La Seu d'Urgell** dominiert statt Felsengrau sattes Grün, Kühe grasen auf saftigen Weiden – probier unbedingt den berühmten Käse der Region. Das Tagesziel ist – wieder jenseits der Grenze in Frankreich – **Villefranche-de-Conflent** im Parc naturel régional des Pyrénées catalanes. Das war eine lange Fahrt, für heute hast du genug Eindrücke gehabt. Ruh dich aus, ab morgen wirst du den Naturpark entdecken.

Sehen

Mach eine Roadtrip-Pause und schlender durch Aínsa, ein Steindörfchen mit wunderschöner Plaza Mayor.
villadeainsa.com

Machen

In der 20 Kilometer nördlich von La Seu d'Urgell liegenden andorranischen Hauptstadt Andorra la Vella shoppst du mit Steuervorteil.
visitandorra.com/de

Essen

Seit dem Jahr 1029 kann man sich auf dem Markt in La Seu d'Urgell mit Käse, Wurst und allem, was die Umgebung so hergibt, versorgen. Dann probier dich doch einfach mal durch …
Dienstag und Sonntag sind Markttage

Schlafen

Der Camping Mas de Lastourg bei Villefranche-de-Conflent liegt am Flussufer, die Route nationale ist nicht weit.
Route nationale 116,
camping-lastourg.com

Wandern und wundern

Ein Highlight im Naturpark solltest du dir nicht entgehen lassen: die Wanderung auf den **Pic du Canigou** (2785 m). Mit seinem weißen Gipfel – oft liegt Schnee bis in den Sommer – ist er nicht nur ein fantastischer Fotohintergrund. Von seinen Höhen aus reicht der Blick auch bis zum funkelnden Mittelmeer. Doch nicht nur unzählige Wanderungen locken, auch das Menschenwerk der Region ist spannend: die stolze Festung Fort Libéria, hübsche Dörfchen wie das uralte Évol, das Markttreiben in Prades. Oder der kanariengelbe Train Jaune, der von Villefranche-de-Conflent durch die herrliche Bergwelt zuckelt.

Wandern in den Pyrenäen ist herausfordernd – aber wild und wunderschön.

8 15. – 16. Tag: Villefranche-de-Conflent – Argelès-sur-Mer (80 km)

Verbummelte Tage

Strand, Strand und noch mal Strand ist jetzt angesagt. Nach rund 700 Kilometern durch die Pyrenäen-Bergwelt ist es nur noch ein Katzensprung bis ans Mittelmeer. Und was ist das für ein Strand, der dich da bei **Argelès-sur-Mer** erwartet! 7 Kilometer feiner Sand, und im Süden im Anschluss die kleinen Buchten der Côte Vermeille. Vergrab die Zehen im weichen Untergrund, lehn dich zurück und verbummel die Tage. Und falls du mehr Action brauchst: Barcelona ist nur zwei Autostunden entfernt.

Sehen
Die Abtei Saint-Martin-du-Canigou in Casteil ist mehr als 1000 Jahre alt – ihr historischer Zauber inmitten traumhafter Naturlandschaft nimmt dich ganz gefangen.
stmartinducanigou.org/de

Machen
Lust auf etwas natürliche Wellness? Dann lass dich in der Thermalquelle von Vernet-les-Bains ein bisschen treiben.
Chem. de la Laiterie, Vernet-les-Bains, thermes-vernet.com

Essen
Traditionelle, hausgemachte Küche serviert das Thermen-Restaurant.
Infos unter thermes-vernet.com

Sehen
Pablo Picasso und Henri Matisse waren an der Gründung des Musée d'Art Moderne von Céret beteiligt. Genieß die Meisterwerke der modernen Kunst – eine schöne Abwechslung zu den Naturerlebnissen der vergangenen Tage.
8 Bd Maréchal Joffre, Céret
musee-ceret.com

Machen
Auf dem Chemin Sublimés in Céret, dem »Mekka des Kubismus«, folgst du den Spuren von Picasso und Co.
Karte im Office de Tourisme

Essen
Leckere Fischgerichte, Meeresfrüchte und katalanische Spezialitäten verputzt du im L'Amadeus in Argelès-sur-Mer.
Avenue des Platanes12, facebook.com/amadeus.argeles

Schlafen
Jetzt schnupperst du Mittelmeerluft – auf dem Camping Le Soleil in Argelès-sur-Mer, inklusive Pool und Strandzugang.
camping-le-soleil.fr

Ans Mittelmeer ist es nicht weit: Strandtage in Argelès-sur-Mer.

HIN UND WEG

Hinreisen

Mit dem ICE oder TGV nach Paris, dann nach Hendaye kurz vor der spanischen Grenze und von dort weiter bis Lissabon.

Weiterreisen

Reservier den Surfervan schon zu Hause und hole ihn in Lissabon ab (zum Beispiel bei siestacampers.com/de oder roadsurfer.com). Das Surfbrett drauf (oder jeweils vor Ort leihen) und ab zu den besten Spots. Wild campen ist in Portugal und Andalusien verboten, aber es gibt viele schöne Campingplätze.

28 Wellenweise weiterreisen 

Stell dir vor, du wachst jeden Morgen an einem neuen Strand auf. Und bist immer einer der Ersten auf dem Surfboard! Ein Roadtrip im Bulli, lässig am Atlantik entlang. Auf der Suche nach den besten Wellen – und nach der großen Freiheit.

Über den Dächern von Lissabon: Hotspot für Sommernächte.

1. Tag:
Lissabon – Porto Covo
(170 km)

Road to Porto Covo

Viele spüren es, sobald sie den Zündschlüssel des Bullis drehen: das Gefühl von Freiheit. Schon mit den ersten Metern beginnt das Abenteuer. Zuerst raus aus Lissabon. Und dann an der Küste entlang Richtung Süden. Das Ziel: die perfekte Welle. Erster Stopp: **Porto Covo**, das kleine Fischerdorf mit den weiß gekalkten Häusern und dem mega Sandstrand. Hier parkst du den Bulli und packst das Surfbrett aus. Wer keins dabei hat, leiht sich eins vor Ort – und bucht die Surfstunde am besten gleich mit. Zwischen den schroffen Klippen rollt immer eine Welle an den langen Strand. Beste Bedingungen für alle, die noch nicht so oft auf dem Brett standen. Let's go!

Sehen

Such das rostige Schiffswrack bei Vila Nova de Milfontes.
Parken bei der Kläranlage

Essen

Kreativ-portugiesisch wird dir im Alma Nomada auf dem Campingplatz serviert (s. unten).
almanomada.pt

Schlafen

Ohne Meerblick, aber mit Pool verbingst du die erste Nacht in deinem gemieteten Bulli auf dem Camping Costa do Vizir in Porto Covo.
Costa do Vizir Beach Village,
Rua Rui Veloso, Porto Covo
costadovizir.com

2. – 3. Tag:
Porto Covo – Sagres
(120 km)

Surfin, surfin

Von Porto Covo bringt dich Etappe 2 weiter in den Süden. Hier beginnt die Algarve, Portugals südlichster Küstenabschnitt und das ultimative Surfmekka. Kein Wunder, hier gibt's das ganze Jahr über milde Temperaturen und konstante Wellen. Trotzdem wird es selten richtig voll, zumindest nicht im Spätsommer. Arrifana, Carrapateira, Amado: ein Surfspot nach dem anderen. Wenn du ausgepowert bist, fährst du wieder los – so lange, bis es nicht mehr weitergeht: Bei **Sagres** bist du an Europas südwestlichstem Zipfel angelangt. Hier bleibst du zwei Tage, denn das Örtchen verzaubert dich. Mit Surferflair und coolen Cafés. Und natürlich mit mega Wellen!

Bulli macht's möglich

Frischer Fisch in Olhão.

3 **4. – 5. Tag: Sagres – Olhão** (120 km)

Rock it

Von Sagres geht die Tour weiter Richtung Osten. Die Küste wird rauer. Mit dem Bulli entdeckst du die wildesten Buchten. Immer wieder hältst du an, ab und zu steigst du zwischen bizarren Felsen aus Kalkstein über steile Treppen zum Meer hinab. Dein heutiges Etappenziel ist **Olhão**. Der Ort mit den weiß getünchten Häuschen und engen Gassen empfängt dich mit morbidem Charme. Dein Bulli hat sich eine Pause verdient – du auch. Du hängst die Hängematte auf, statt Wellenreiten wird heute gechillt. Oder mach einen Bootsausflug durch die Lagune Ria Formosa zur Insel Culatra. Zu Stränden, die so lang sind, dass sie am Horizont verschwinden. Keine Strandliegen, keine Eisverkäufer.

Sehen
Träum an Europas südwestlichsten Punkt, den steilen Klippen und dem Leuchtturm von Cabo de São Vicente, von Amerika.
visitalgarve.pt

Sehen
Sand, so weit das Auge reicht, und die Wellen kommen schön regelmäßig: Am Praia do Martinhal genießt du das Strandleben.
visitportugal.com

Essen
Die letzte Bratwurst vor Amerika: Am Cabo de São Vicente steht ein deutscher Bratwurststand.
Estrada National Sagre
letztebratwurst.com

Schlafen
Der Campingplatz Orbitur in Sagres ist zwar relativ einfach, liegt aber wunderschön und in Strandnähe in einem schattenspendenden Pinienwäldchen.
Cerro das Moitas, Sagres
orbitur.pt/de

Sehen
Spektakulär sind die Felsen der Landzunge Ponta da Piedade bei Lagos.

Machen
Mit dem Boot geht es vom Wasser aus in die magische Welt der Ponta da Piedade.
grottopioneers.negocio.site

Essen
Wo eine Markthalle ist, da is(s)t man richtig: Frischen Fisch und Meeresfrüchte findest du in den Markthallen von Olhão.
Avenida 5 do Outubro

Schlafen
Komplizierter Name, schöner Campingplatz: Heute steht dein Bulli auf dem Parque de Campismo e Caravanismo de Olhão.
Pinheiros de Marim, Olhão

Cádiz ist (noch) ein Geheimtipp für Kitesurfer.

SCHON GEWUSST?

Beachbreaks, Swell und Peak: Die Surfer-Szene hat ihre ganz eigene Sprache. Das Line-up ist zum Beispiel die Zone, in der die größten Wellen zuerst brechen. Hier sammeln sich die Surferinnen und Surfer, um auf die nächste Welle zu warten. Wellenreiten sieht zwar lässig aus, ist aber richtig sportlich und braucht echte Muskelkraft. No paddle, no surf!

4 **6. – 7. Tag: Olhão – Cádiz** (300 km)

Spanische Wellen

Neuer Tag, neues Ziel, neues Land. Nachdem dich Portugals Wellen und Strände begeistert haben, bist du bereit, den Beat der andalusischen Antlantikküste zu spüren. Nur knapp drei Stunden Fahrt sind es von Olhão bis **Cádiz** – zumindest, wenn du vorläufig einfach durch Sevilla durchfährst. Cádiz liegt auf einer Landzunge und ist vom Meer umgeben. Die meisten kommen hierher, um durch die Altstadt zu spazieren, auf einen Turm zu steigen und Tapas zu essen. Dass man hier auch Wellenreiten kann, wissen nur wenige. Gut, dass du dein Brett dabeihast! Denn der Playa de la Victoria, der lange Strand südlich der Stadt, wartet schon auf dich.

Sehen

Weiße Schachtelhäuschen bis zum Abwinken, dazwischen der eine oder andere Kirchturm: Das 360-Grad-Panorama vom Torre Tavira in Cádiz ist ein einziger Traum vom Süden.
torretavira.com

Essen

Fischstäbchen 2.0: Der frittierte Fisch in der Freiduría Las Flores 2 am Playa de la Victoria sucht seinesgleichen.
Calle Brasil 8, Cádiz

Schlafen

Der Stellplatz am Hafen ist nicht der Renner, liegt aber schön zentral für Ausflüge ins Nachtleben von Cádiz.

5 **8. – 9. Tag: Cádiz – El Palmar de Vejer** (45 km)

Wellenreiten

Die nächste Etappe führt dich entlang der Costa de la Luz bis **El Palmar de Vejer**. Bei der Fahrt durch den kleinen Ort siehst du ein paar Bars, Cafés, Surfshops und das Meer. Direkt neben der Straße liegt der Strand. Und was für einer! 8 Kilometer feinster Sand. Erst mal die Brandung checken. Entspannte Sommerwellen für Anfänger oder Riesenbarrels für die Pros? Neben dem Leuchtturm gibt's immer was zu surfen, vor allem im Winter. Ab September, wenn die Sommertouris weg sind, kommt die Surferszene in den kleinen Küstenort. Am Straßenrand steht dann ein Bulli neben dem anderen. Das Meer gibt dir hier den Rhythmus vor. Morgens mit dem Kaffee zum Strand, abends ein Glas Wein zum Sundown – und dazwischen auf die nächste Welle warten.

The Rock in Gibraltar.

10. – 11. Tag:
El Palmar de Vejer – Tarifa
(65 km)

Vom Winde verweht

Von El Palmar bist du in einer knappen Stunde am südlichsten Zipfel Europas. Hier liegt **Tarifa**. In der kleinen Stadt an der Meerenge von Gibraltar weht immer der Wind. Das lieben Wind- und Kitesurfer. Nirgends sonst siehst du so viele bunte Schirme am Himmel. Ab und zu rollt auch die ein oder andere Welle an den Strand. Überhaupt dieser ewig lange Strand. Und die Altstadt mit ihrem orientalischen Touch. Tarifa ist einfach cool. Und so entspannt! Von der alten Stadtmauer blickst du übers Meer nach Marokko. Nur 14 Kilometer sind es bis nach Afrika. Dein Fernweh wächst. Mit der nächsten Fähre rüber – das wär was

Sehen
Das weiße Bergdorf Vejer de la Frontera im Landesinneren ist Andalusien pur wie aus dem Bilderbuch.
Infos unter andalucia.org

Machen
Der Herabschauende Hund macht auch Surfer wieder biegsam: Deine Mitte findest du bei einer Yogastunde in El Palmar im A-Frame Surf & Yoga Camp.
Av. de la Playa 269, El Palmar de Vejer
aframe.de

Essen
Lass dir Tapas und Gin Tonic im Cortijo el Cartero am Strand von El Palmar schmecken.
Paseo Marítimo, s/n., El Palmar de Vejer, cortijoelcartero.com

Schlafen
Heute stehst du – nach der eher rustikaleren Nacht in Cádiz – wieder in Pool- und Strandnähe auf dem Campingplatz in El Palmar.
Camino del Camping, S/N, El Palmar
campingelpalmar.es

Sehen
Im Meer vor Tarifa kannst du Wale und Delfine beobachten, immer dann, wenn der Wind nicht zu stark ist. Die Stiftung Firmm bietet Touren an, die den Tieren nicht schaden.
firmm.org/de/

Machen
Einen Ausflug nach Großbritannien: Gibraltar liegt nur 45 Kilometer entfernt.

Essen
Außergewöhnliche Tapas – die typischen spanischen Häppchen – bekommst du im No. 6 Cocina Sencilla in Tarifa.
Calle Colón 6, facebook.com/No6CocinaSencilla/

Schlafen
Klein aber fein ist der Campingplatz Río Jara direkt am Strand von Tarifa
campingriojara.com

Wie ein gigantischer Steckbausatz wirkt der Metropol Parasol in Sevilla.

7 **12. – 13. Tag:**
Tarifa – Sevilla
(200 km)

La Guapa

Irgendwann geht auch die schönste Zeit zu Ende: Der Bulli muss zurück nach Lissabon. Durchs Hinterland fährst du bis **Sevilla**. Andalusiens Hauptstadt tröstet dich über den Abschied vom Meer hinweg. Die Stadt hat einen ganz besonderen Mix: halb Orient, halb Okzident. Zwei Tage sind eigentlich zu kurz, um alles zu sehen. Aber zu Fuß kannst du so viel entdecken: die Plaza de España, die Kathedrale, die Stierkampfarena. Lass dich einfach treiben. Und spätestens wenn du auf dem Metropol Parasol die Sonne über Sevilla versinken siehst, denkst du dasselbe wie die Locals: »Guapa! Du Hübsche!«

Sehen

Den Sundown von Sevillas modernen Wahrzeichen Metropol Parasol aus gesehen solltest du auf keinen Fall verpassen.
Plaza de la Encarnación, Sevilla
setasdesevilla.com

Machen

Mach's wie die Spanier seit alters her und halte eine Siesta im palmenbestanden Garten des alten Königspalasts Alcázar.
Patio de Banderas, Sevilla
alcazarsevilla.org/en

Essen

Und nochmal Tapas-Leckereien, diesmal im Sal Gorda in Sevilla.
Calle Alcaicería de la Loza, 23, auf Instagram

Schlafen

Erst Sevillas Nightlife erkunden, dann auf dem Wohnmobilstellplatz von Sevilla süß und sicher träumen.
Calle Páez de Rivera

8 **14. – 16. Tag:**
Sevilla – Lissabon
(400 km)

Surf and the city

Am Ende deines Roadtrips gibt's eine lange Schlussetappe. Nach 400 Kilometern bist du wieder zurück am Start: **Lissabon**. Portugals Hauptstadt ist der perfekte Abschluss deiner Surftour. Wo sonst gibt's in einer europäischen Großstadt goldene Sandstrände und herrliche Wellen? Die Stadt auf den sieben Hügeln hat natürlich noch viel mehr zu bieten. Aber nach zwei Wochen Surferlife machst du dir keinen Stress und gehst das Sightseeing tiefenentspannt an. Das ist in Lissabon easy. Hier fährt die Linie 28, die dienstälteste Straßenbahn der Welt. Und wenn dir dort zu viele Touris sind, cruise mit dem elektrischen Tuk-Tuk auf und ab. Fast so schön wie Wellenreiten!

CHECKLISTE

Einpacken
Führerschein, Surfbrett und Neoprenanzug

Hören
Perfekte Welle (Juli)
Let's Go Surfing (The Drums)

Lesen
Nachtzug nach Lissabon: Im Nachtzug Richtung Portugal beginnt die rastlose Suche von Pascal Merciers Hauptfigur nach einem mysteriösen Autor.
Legendäre Surfspots: Lonely Planet zeigt die besten Traumspots für Surfer.

Sehen
Vom höchsten Aussichtspunkt Miradouro da Graça aus gesehen, räkelt sich das schöne Lissabon unter dir in der Sonne.
Infos unter visitlisboa.com

Machen
Probier mal was Neues, mache eine Stadtrundfahrt im Tuk-Tuk mit Elektroantrieb.
ecotuktours.com

Essen
Im Time Out Market, einer umgebauten Markthalle, isst du nicht nur in ausgefallener Atmosphäre, du erlebst auch Konzerte und andere Events.
Mercado da Ribeira, Avenida 24 de Julho, timeoutmarket.com/lisboa

Schlafen
Der Bulli ist dir zwar ans Herz gewachsen, aber das Vintage-Hostel Surf Lisbon bietet auch tollen Meerblick – und bleibt im Thema deines Urlaubs.
Avenida General Eduardo Galhardo n131, Lissabon
surflisbon.com/ocean-surf-house

Portugals Hauptstadt ist der perfekte Abschluss deiner Surftour.

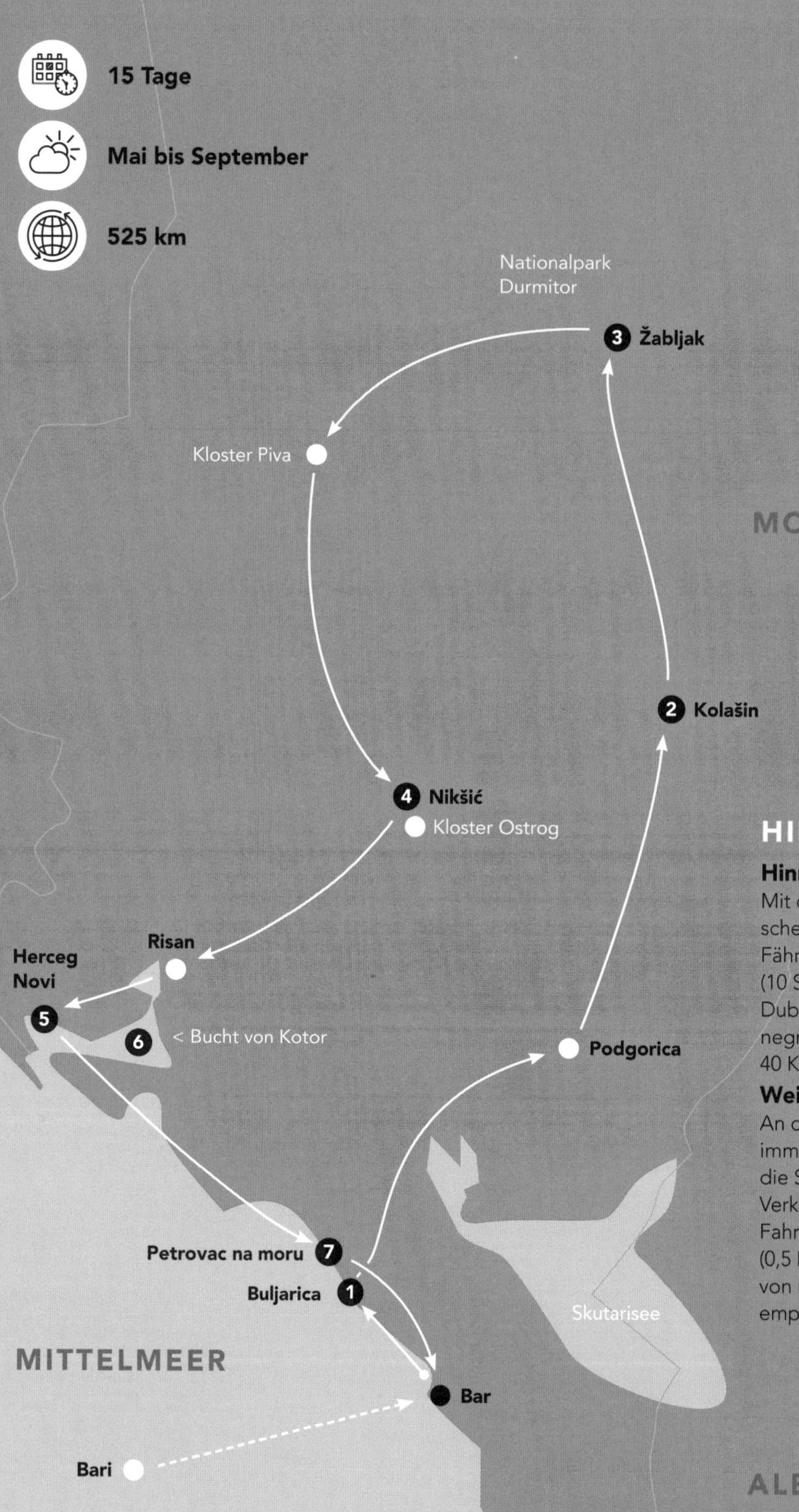

HIN UND WEG

Hinreisen

Mit dem Auto bis ins süditalienische Bari, dort gab es bis 2022 eine Fährverbindung nach Bar (10 Std.). Alternative: Von Bari nach Dubrovnik in Kroatien, die montenegrinische Grenze ist von dort nur 40 Kilometer entfernt.

Weiterreisen

An der Küste ist in der Hochsaison immer viel los. In den Bergen sind die Straßen oft schmal und kurvig. Verkehrsdelikte wie zu schnelles Fahren, Alkohol am Steuer (0,5 Promille) oder Missachten von roten Ampeln werden empfindlich bestraft.

29 Mini-Held des Balkans 

Eines der kleinsten Länder Europas verzaubert dich mit ursprünglichen Gebirgen und einer wunderschönen Küstenregion, mit mediterranem Flair, einer reichen Geschichte – und großer Herzlichkeit.

Montenegrinische Strandfreuden bei Buljarica.

1. – 2. Tag:
Bar – Buljarica
(20 km)

2 **3. Tag:**
Buljarica – Podgorica – Kolašin (120 km)

Erst mal ankommen

Langsam taucht sie aus dem Hitzedunst auf, die Küstenlinie von Montenegro. Nach zehn Stunden Überfahrt manövriert die Fähre in den Hafen von **Bar** – zumindest erlebst du genau dies, wenn die Schiffe zwischen Italien und Montenegro fahren. Die Verbindung wird aber immer mal wieder eingestellt, dann musst du mit der Fähre nach Dubrovnik und über Kroatien einreisen. Wie auch immer du ankommst, es erwartet dich erstmal süßes Nichtstun – auf Sandstränden, die so wirken, als ob man sie nie wieder verlassen will, wenn man sein Handtuch ausgebreitet hat. Ausprobieren kannst du das im weichen Sand von **Buljarica**. Hier erholst du dich erst mal zwei Tage von der langen Anreise.

Machen

Wenn du Bewegung brauchst, dann fahr hinauf zum kleinen Gradište-Kloster über Buljarica. Von dort aus liegt dir die Adria zu Füßen und der ganze Urlaub noch vor dir.

Essen

Frischer kann der Hummer nicht sein, der am Strand im Restaurant Galija auf deinem Teller landet.
Strand von Buljarica

Schlafen

Im Hotel Savojo in Buljarica schläfst du mit Wellenrauschen ein – der (Privat-)Strand liegt direkt vor der Tür und nach wenigen Schritten bist du im türkisgrün leuchtenden Wasser.
savojo.me

Aufbruch in die Berge

Was verbirgt sich wohl hinter den Bergen, die die Küste vom Hinterland trennen? Seit der Sozina-Tunnel sie unterquert, dauert die Fahrt nach **Podgorica**, der kleinen Haupstadt, die sich im Tal der Zeta zwischen Weinreben räkelt, nur eine knappe halbe Stunde. Flaniere ein bisschen auf der Slobode, knüpf erste Kontakte mit dem montenegrinischen Leben und trink vielleicht einen Dojčkafa, einen »deutschen Kaffee«. Danach führt die Straße immer tiefer in die Berge bis zum fast 1000 Meter hoch gelegenen Wintersportort **Kolašin**.

SCHON GEWUSST?

Seit 2006 ist Montenegro unabhängig von Serbien. Bereits sechs Jahr zuvor war die D-Mark als Zahlungsmittel eingeführt worden. Und als der Euro kam, löste der die westdeutsche Währung einfach ab – obwohl Montenegro (noch) nicht in der EU ist.

4. – 6. Tag:
Kolašin – Žabljak
(90 km)

Adrenalin und Natur

So gut wie niemand kennt sie, die tiefste Schlucht Europas. Rund eine Stunde nördlich von Kolašin raubt dir die Tara-Schlucht den Atem. Der Blick aus 150 Metern Höhe von der Đurđevića-Tara-Brücke auf das türkisgrüne Wasser, das sich seinen Weg in die Felsen gefräst hat, lässt deinen Magen hüpfen. Nach diesem kleinen Adrenalinkick führt dich die Straße nach **Žabljak**, dem Tor zum Nationalpark Durmitor. Drei Tage solltest du dir Zeit nehmen, zum Wandern, Raften oder Entspannen, in einer überraschend grünen Berglandschaft voller Gletscherseen, tiefer Kiefernwälder und mit nicht weniger als 48 Zweitausendern.

Sehen
Ob es wirklich das schönste Kloster des Landes ist? Auf jeden Fall begeistert dich das serbisch-orthodoxe Kloster Morača auf dem Weg nach Kolašin nicht nur wegen seiner Lage, sondern auch wegen der herrlichen, sorgfältig restaurierten Fresken.
Direkt an der E65

Machen
Einen Ausflug zum wenige Kilometer von Kolašin entfernten Nationalpark Biogradska Gora.
montenegro.travel/de

Essen
Landestypisches mit Almhüttenfeeling gibt's im Restaurant Vodenica in Kolašin.
Breze nn, Kolašin
foodbook.me

Schlafen
In einem der besten Hotels des Landes: Bianca Resort & Spa in Kolašin.
Mirka Vešovića, Kolašin
biancaresort.com

Sehen
Die Stecci-Grabsteine aus dem 11. bis 16. Jahrhundert mit ihren Gravuren im Nationalpark Durmitor, die aus einzelnen Felsblöcken gestaltet wurden.
durmitornp.com

Machen
Jetzt wird's wild: Beim Flug mit der Zipline über die Tara-Schlucht zittern dir erst die Knie – dann fühlst du dich frei wie ein Vogel.
redrocktara.com

Essen
Wenn du im Nationalpark unterwegs bist, bietet sich das Nacionalni Restoran Crno Jezero an, um die Energiespeicher wieder aufzufüllen.
facebook.com/nacionalnirestorancrno jezero

Schlafen
Nomen est omen: Klein, fein und familiär geht's im Durmitor Paradise in Žabljak zu.
2 Sinjajevinska, Žabljak
durmitorparadise.com

Heiliges Flair: das Kloster Ostrog.

Palmen am Fjord

7. Tag:
Žabljak – Nikšić
(110 km)

Klosterglück im Fels

Nach so viel Natur darf's jetzt wieder etwas Kultur sein. Gleich zwei besonders schöne Gotteshäuser stehen heute auf dem Programm. Zunächst bewunderst du im **Kloster Piva** die auch nach mehr als 400 Jahren noch leuchtenden Fresken. Das nächste Etappenziel, nun wieder auf dem Weg nach Süden, ist Montenegros zweitgrößte Stadt **Nikšić**. Das eigentliche Highlight des netten Städtchens mit Festung, Kirche, königlichem Palast und interessantem Heimatmuseum liegt außerhalb: Wie ein Schwalbennest klebt das **Kloster Ostrog** im Fels. Deutlich spürt man hier, dass die Anlage für viele Besucher ein Heiligtum ist. Diese ganz besondere Atmosphäre bleibt dir lange in Erinnerung.

Sehen
Genieß die schönen Ausblicke auf der schmalen Straße P14 durch den Nationalpark Durmitor.

Machen
Im Hotel Trebjesa kannst du dir ein Mountainbike leihen und über die Trails im Trebjesa-Naturpark surfen (s. unten).

Essen
Versteckt und sehr montenegrinisch im Konoba Portun.
Njegoševa, Nikšić

Schlafen
Idyllisch übernachtest du im Hotel Trebjesa, das zentral, aber naturnah auf einem Waldhügel in Nikšić liegt.
bb Trebješka, Nikšić
heladamont.me

5 **8. Tag:**
Nikšić – Risan – Herceg Novi (105 km)

Die Stadt der Blumen

Trotz aller Schönheit im Landesinneren ruft das Meer wieder! Doch zuvor steht noch eine Zeitreise an. Die römische Villa, die in **Risan** ausgegraben wurde, ist das älteste Architekturdenkmal des Landes. Vor allem die Mosaiken auf den Böden der sieben Räume haben die fast zwei Jahrtausende erstaunlich gut überstanden. Du stellst dir die Menschen vor, die hier einst durch die Räume gewandelt sind. Geschichte hautnah! Nun trennt dich nur noch ein Katzensprung vom Meer. Und vom schönen **Herceg Novi** an der Bucht von Kotor, der »Stadt des ewigen Grüns, der Sonne und der Promenaden«.

An Schönheit kaum zu überbieten: Gospa od Škrpjela in der Bucht von Kotor.

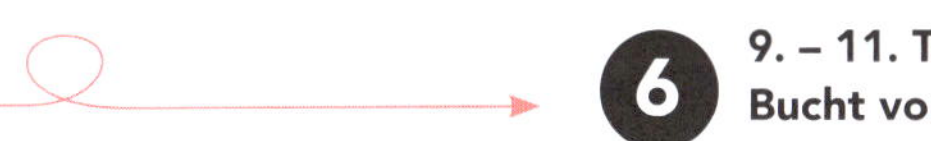

6 **9. – 11. Tag: Bucht von Kotor**

Kurven überm Meer

Die **Bucht von Kotor**, der einzige Fjord Südeuropas, ist die berühmteste Sehenswürdigkeit Montenegros. Du hast ein paar Tage Zeit, auch die abgelegeneren Winkel der Bucht zu erkunden. Etwa die Leiter von Cattaro, wie die kurvige Straße voller spektakulärer Ausblicke heißt, die sich von Kotor aus in die Berge hinaufwindet. Du spazierst hinein ins Mittelalter der Altstadt von Kotor, flanierst unter Palmen durch die kleinen Orte am Meer, bestaunst Nobelyachten in Tivat – und lässt es dir überhaupt ziemlich gut gehen in diesem herrlich mediterranen Streifen zwischen Meer und Gebirge.

Sehen

Was für eine Lightshow! Das Boot schaukelt in der Meeresgrotte Plava Spilja inmitten eines überirdisch leuchtenden Blau, das durch das reflektierende Sonnenlicht im Wasser entsteht. Du kannst hier sogar schwimmen!
Verschiedene Anbieter in Herceg Novi

Machen

Lerne tauchen im Peoples Diving Club in Herceg Novi.
Setaliste Pet Danica, 8, Herceg Novi, divinginmontenegro.com

Essen

Von Oktopus-Salat bis zum Wolfsbarsch auf schwarzem Reis: Im Top-Restaurant der alten Mühle Ćatovića Mlini in Morinj schmeckt alles nach Meer.
catovica-mlini.com

Schlafen

Das schneeweiße Hotel Vila Hedonija liegt direkt am Strand, ideal für mehrere Tage in der Bucht von Kotor.
Pet Danica Promenade 68, Herceg Novi, hedonija.me

Sehen

Schlender durch die Gassen des restaurierten Barockjuwels Perast an der Bucht von Kotor, eins der schönsten Städtchen des Landes voller Paläste, Villen und Kirchen.
Infos unter visit-montenegro.com

Machen

Eine Bootstour zu den beiden Klosterinseln Sveti Đorđe und Gospa od Škrpjela bei Perast.
Verschiedene Anbieter in Kotor

Essen

Zwischen Altstadt und Bucht liegt das Restaurant Galion direkt am Wasser. Es wird gehobene Küche serviert – passend zur traumhaften Location.
Šuranj bb, Kotor, galion.me

Dorfidylle und ganz viel Natur im Nationalpark Skutarisee.

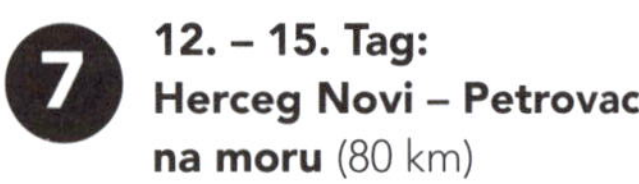

7 **12. – 15. Tag: Herceg Novi – Petrovac na moru** (80 km)

Idyllisches Dörfchen

Beschließ deinen Montenegro-Urlaub mit ein paar Tagen Faulenzen am Strand bei **Petrovac na moru**. Unter duftenden Pinien und schattenspendenden Platanen tankst du im idyllischen Dörfchen noch einmal ganz viel mediterrane Atmosphäre. Und wenn es dich nicht im Liegestuhl hält: Da gibt es ja immer noch den nahen **Skutarisee** hinter den Küstenbergen, ein Vogel- und Naturparadies, das du auf Bootstouren erkunden kannst. Auf dem Weg dorthin erwartet dich etwas ganz Besonderes: Im Dorf Tomba steht einer der ältesten Olivenbäume der Welt seit mehr als 2000 Jahren – und wenn du dich so umschaust, kannst du verstehen, warum es dem Methusalem hier so gefällt.

Sehen

Früher war die verwunschene Insel Sveti Stefan, die nur über einen kurzen Damm mit dem Festland verbunden ist, ein Fischerörtchen. Dann wurde ihre Altstadt komplett zum Luxushotel umgebaut. Von der Uferpromenade aus kannst du Sveti Stefan bewundern.

Machen

Auf einer Bootstour am Skutarisee seltene Vögel beobachten, am besten bei einem frühen Ausflug zum Sonnenaufgang.
Verschiedene Anbieter in Virpazar

Essen

Meeresfrüchte unter der lauschigen Pergola im Konoba Katic.
Obala 55, Petrovac
konobakatic.com/eng

Schlafen

Zwischen Oliven- und Orangenbäumen träumst du im Hotel Palas in Petrovac na moru.
Ulica 1, Petrovac
hotel-palas.petrovac.hotels-in-budva.com/de

CHECKLISTE

Einpacken
Wanderausrüstung, Badesachen und warmer Pullover für Abende in den Bergen

Hören
A tè Corsica (I Muvrini)
Giramondu (Les Nouvelles Polyphonies Corses)

Lesen
Asterix auf Korsika: Treffender als Goscinny und Uderzo kann man die Insel nicht charakterisieren.
Fremde Tochter: Aus einem Autounfall auf der Küstenstraße macht Michel Bussi einen Mystery-Thriller.

Wilde Bergwelt, überraschend grün: Der Durmitor-Nationalpark ist ein Wanderparadies.

HIN UND WEG

Hinreisen

Zugegeben, die Anfahrt nach Athen mit Zug und Bus dauert lange – mit 20 bis 30 Stunden musst du schon rechnen. Dafür erlebst du ein Slow-Travel-Abenteuer durch halb Europa. Stressfreier kannst du die Fahrt gestalten, wenn du eine Nachtzugverbindung einbaust oder einmal übernachtest. Viele Verbindungen aus Deutschland führen über Prag oder Wien. in Athen angekommen, nimmst du den Stadtbus oder die U-Bahn bis Piräus, wo deine Fähre startet.

Weiterreisen

Die Anreise ohne Auto hat den Vorteil, dass du in den Hafenbüros kurzfristig und flexibel die Fährtickets kaufen kannst. Auf den Inseln mietest du tageweise einen Mietwagen oder einen Roller. Infos zu den Fährverbindungen findest du unter ferries.gr oder greekferries.gr. Vom Zielhafen Rafina fährt ein Bus zurück nach Athen (1 Std. 15).

GRIECHENLAND

Piräus

1 Serifos

2 Sifnos

3 Paros

4 Mykonos

Tinos

5 Andros

15 Tage

Mai bis September

ca. 280 km

30 Hinterm Horizont geht's weiter

Wer ein Dutzend Sommer Zeit hat, kann auch alle 25 Inseln besuchen. Auf dieser Reise erlebst du die perfekte Mischung aus Strandferien und Partyurlaub. Auf zum ganz großen Inseltraum!

1 **1. – 3. Tag: Serifos**

2 **4. – 6. Tag: Sifnos**

Im Mondschein

Nachtleben? Davon gibt's auf **Serifos**, diesem 13 auf 10 Kilometer großen Fels in der Ägäis, nicht so viel. Hier streckst du in den Beachbars des Livadakia-Strands die Füße von dir und siehst dem Mond beim Glitzern auf dem Wasser zu. Runtervor dem Weiterfahren! Dutzende Strände gibt es, einer verlockender als der andere. Das kahle Eiland, auf dem jahrzehntelang Bergbau betrieben wurde, gehört zu den schönsten im Kykladen-Rund. Leuchtend weiß würfelt sich die Chora, sein Hauptort, ins sonnenverbrannte Land. Und bietet den perfekt entspannten Einstieg in die Inselwelt. Manchmal rau, aber umso herzlicher und mit viel Charme.

Sehen
Das Kloster Moní ton Taxiarchón leuchtet weiß – und wirkt wegen seiner 10 Meter hohen Umfriedung fast wie eine Festung.

Machen
Auf einer geführten Tour erreichst du den einsamen Strand Koutala-Kalogeros – durch die Stollen eines alten Bergwerks.
serifosscubadivers.gr/en/activities.html

Essen
Blaue Stühle, weiße Wände: Im Stou Stratou am belebten Hauptplatz der Chora geht's auch bei der Einrichtung in inseltypischen Farben zu.
pl. Ag. Assanasiou ano chora, Serifos
stoustratou.com/en/cafe.html

Schlafen
Der Name sagt eigentlich schon alles aus: Chill & Co. heißt das Hotel samt Café und Restaurant, das beim Hafen liegt.
Livadi, Serifos
chillandcoserifos.com

Insel-Expeditionen

Sifnos liefert das Kontrastprogramm zu Serifos: grün auf den terrassierten Hängen, zumindest bis in den Juni hinein, und relativ wenig Strände. Solange es aber Perlen wie den Vathi Beach mit seinen schattenspendenden Tamarisken und dem türkisgrünen Wasser gibt, lässt sich das verschmerzen. Insel-Erkunder gehen in Kastro, der nur im Sommer bewohnten Ex-Hauptstadt, auf Zeitreise in die Antike. Der Hauptort Apollonia-Artemonas bietet Shoppinggenuss. Leider verträgt dein leichtes Gepäck die typischen Insel-Souvenirs nur bedingt: Sifnos ist ein Hotspot griechischer Töpferei.

Chillen unter pudrigen Wölkchen: Serifos ist tiefenentspannt.

SCHON GEWUSST?

Es kann ganz schön verwirrend sein: Praktisch auf jeder Insel gibt es eine Chora. Gemeint ist damit stets der Hauptort der Insel, auf der du dich gerade befindest. Chora ist nichts anderes als der umgangssprachliche Begriff für einen zentralen Ort. Mykonos-Stadt und Chora sind also etwa auf Mykonos ein und dasselbe.

Die Alleskönnerin

Sehen
Das auf einer Landzunge gelegene Kloster Moní tis Chrissopigís ist das wohl meistfotografierte der Kykladen. Es liegt aber auch fantastisch, weiß und ganz allein auf einer Landzunge direkt am Meer.

Machen
Auf der Narlis Farm lernst du bei einem Kochkurs, wie du inseltypische Leckereien zauberst.
Apolonia, Sifnos, sifnos-farm-narlis.com

Essen
Lamm in Rotwein und Dill oder gebackener Oktopus: Authentisch griechisch ist das Essen im To Ástro in Kastro.

Schlafen
Wie ein Kykladen-Dorf angelegt – weiße Häuschenquadrate in blau und weiß – ist das Hotel Alexandros in Platis Gialos.
alexandros-hotel-sifnos.com/en

Nach sechs ruhigen Tagen darf es abends und nachts wieder etwas aufregender werden. Weil **Paros** zum Drehkreuz für Inselhüpfer geworden ist, tummeln sich hier viele Urlauber. Die lieben es, auszugehen, in Parikia etwa, in Naoussa oder Lefkes. Alle drei Orte werden auch von Romantikern angehimmelt, schließlich verführen ihre intakten Ortskerne zum Träumen. Vor allem Naoussa am wohl schönsten Hafen der Kykladen ist in der blauen Abendstunde ein himmlischer Ort. Marpissa verzaubert mit einem Windmühlen-Trio, bei Marathi kannst du (mit Taschenlampe und auf eigene Gefahr) in die Stollen vordringen, deren Marmor Paros in der Antike reich gemacht hat. Du stehst eher auf Strand und Sport? Bietet Paros im Überfluss, dazu kannst du tauchen, wind- und kitesurfen, SUP-Boards leihen, reiten … du hast sicher genug Action für drei Tage.

Sehen
Die Bougainvilleen und Hibiskussträucher in Parikias weißen Gassen.

Machen
Bei einem Yoga-Kurs im Tao's Center findest du deine innere Mitte. Hat nicht geklappt? Dann probier's mit Meditation, ChiKung, Pilates … Oder du erdest dich beim Essen im angeschlossenen asiatischen Restaurant.
Naoussa, Paros
taos-greece.com

Essen
Lauschig unter Bäumen und direkt am Meer sitzt du im Ephesus am nördlichen Stadtstrand von Parikia.
Livadia Beach, auf Facebook

Schlafen
In der Altstadt von Parikia wohnst du mit ganz viel Flair im kleinen Im Hotel Dina.
hoteldina.com

Entdecke deinen ganz privaten Strand per Boot.

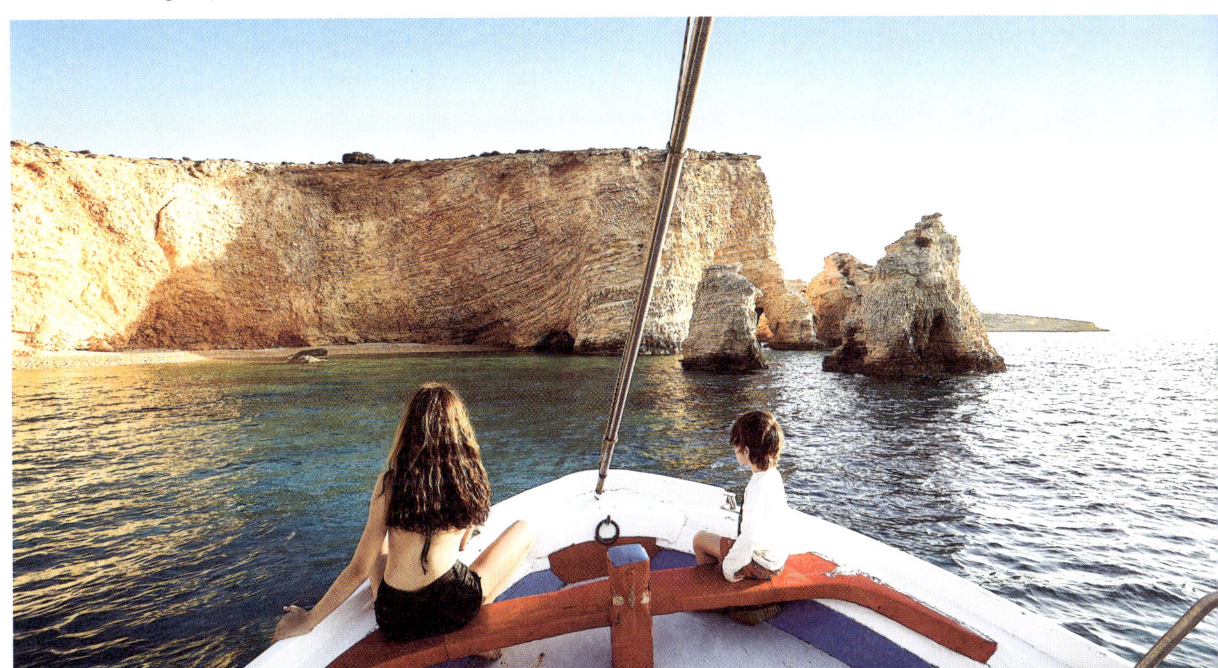

4 **10. – 12. Tag: Mykonos**

5 **13. – 15. Tag: Tinos – Andros**

Es ist Party-Zeit!

Herzlichen Glückwunsch, du hast es auf die teuerste aller griechischen Inseln geschafft. Mythos **Mykonos**, angesagte Partyinsel, hippes Sommermärchen. Hier ist es nicht schwer, die Nacht zum Tag zu machen. Aber selbst wenn du nicht so das Partytier bist, findest du auf der griechischen Schwester von Ibiza dein Glück. Die Chora ist ein wunderschönes Kykladenörtchen mit engen Gassen, Blüten vor weißen Mauern, farbigen Fensterläden und Balkonen. Shoppen kannst du bis Mitternacht, selbst Einsamkeit findet man: im traditionellen Dorf Ano Mera. Und die Strände sind ein Gedicht. Und zwar alle!

Sehen
Die berühmten Kato Mili, die Windmühlen über der Chora, sind von jedem Punkt in Mykonos-Stadt zu sehen.

Machen
Bei einem Bootsausflug zur Nachbarinsel kannst du die gar nicht mal so wenigen archäologischen Ausgrabungen auf Delos besichtigen.
delostours.gr/en

Essen
Traditionell Griechisches kommt in Niko's Taverna in Mykonos auf die mit rot-weiß karierten Tischdecken versehenen Holztische.
Porta, Mykonos
nikos-taverna.com

Schlafen
Schon von Weitem grüßen dich die knallroten Fensterläden des frisch renovierten 23 Hotel. Das Boutiquehotel liegt lauschig in einer Altstadtgasse von Mykonos.
23, Panachrantou Street, 23hotel.eu

Pilgern und baden

Natürlich kannst du von Mykonos auch direkt nach Andros fahren, deiner letzten Etappe der Kykladen-Tour. Spannender ist es allerdings, wenn du morgens die erste Fähre nach **Tinos** nimmst. Dann kannst du dir dort die palastartigen Taubenhäuser oder die Wallfahrtskirche Panagia Evangelistria anschauen. Seit hier 1822 eine uralte Marienikone aufgetaucht ist, ist die Insel ein Pilgerziel, das jedes Jahr Zehntausende anzieht. Lass dich von dieser ganz besonderen Atmosphäre vereinnahmen, bevor du am Nachmittag die letzte Fähre nach **Andros** nimmst. Denn zum Schluss soll's noch mal schön untouristisch sein: Die Insel wirkt ziemlich un-kykladisch, weil sie dank vieler Bäche und Quellen relativ grün daherkommt. Und weil der wohlhabende Hauptort geprägt ist von roten Ziegeldächern und neoklassizistischen Villen. Der Badeort Batsi bietet schöne Strände, an denen du noch ein letztes Mal die Füße in die Ägäis halten kannst.

Sehen
Ein bisschen Kunst kann auch im Urlaub nicht schaden: Besuch das Museum of Contemporary Art in der Chora von Andros.
goulandris.gr

Machen
Lust auf ein bisschen Bewegung unter griechischer Sonne? Auf dem 100 Kilometer langen Fernwanderweg Andros Route durchquerst du die ganze Insel.
androsroutes.gr

Essen
In der Beachbar The Rock am Paraporti-Strand auf Andros läuft im Hintergrund die passende Musik, während du auf einer der Sonnenliegen lässig deinen Cocktail schlürfst.
Chora Andros
Infos unter andros-guide.gr

Schlafen
Nicht das Meer, sondern mal zur Abwechslung die Berge hast du beim Relaxen in den Iro Suites in der Chora von Andros vor Augen.
irosuites.com

CHECKLISTE

Einpacken
Leichte, funktionale Kleidung, Badesachen und eine schickere Garnitur für Mykonos

Hören
On an Island (David Gilmour)
Mykonos (Fleet Foxes)

Lesen
Die Frauen von Andros: Eine bewegende Familiengeschichte von Ioanna Karystiani.
Maroulas Geheimnis: Peter Pachels deutsch-griechische Kommissarin Katharina Waldmann ermittelt auf Paros.

Auf Tinos leben die Tauben in prachtvollen Palästen.

Noch mehr Reisen

Du hast so richtig Zeit, vor dir liegen zwei, drei oder mehr Wochen Urlaub. Du kannst also deinen Rucksack schultern und die »verwunschenen Berge« durchstreifen oder dich auf große Überfahrt nach Island begeben. Hier findest du noch ein paar Ideen mehr, wenn du dich mal so richtig aus dem Alltag ausklinken möchtest.

ALPINE WILDNIS

Heulende Wölfe und kaum Handyempfang: Der Fernwanderweg Peaks of the Balkans begeistert mit echtem Abenteuerfeeling. Und das mitten in Europa. 192 Kilometer lang ist der Rundwanderweg auf uralten Hirten- und Handelswegen: Im Dreiländereck von **Montenegro**, **Albanien** und dem **Kosovo** geht es durch das Gebirgsmassiv Prokletije, durch die »verwunschenen Berge«. Mit Karte, GPS oder lokalem Guide entdeckst du die wilde Schönheit der Landschaft. Gebirgsseen, kleine Bergdörfer, Schafherden, tosende Wasserfälle und beerenduftende Wälder beamen dich in eine Welt jenseits der Büroroutine. In urigen Unterkünften triffst du auf gastfreundliche Menschen, die dich mit eigenem Brot, Käse und Gemüse versorgen.

Hinreisen
Mit dem Bus ab München über Zvornik nach Podgorica, von dort mit dem Fernbus nach Plav.

Weiterreisen
Die Wanderung führt durch drei Nicht-EU-Länder (Genehmigungen für die Grenzübergänge!). Schau dir die Verhaltensregeln für Begegnungen mit Bären und Wölfen an. Vorsicht vor den Hütehunden! Halte Abstand und warte auf den Schäfer.

 **16 Tage**

 **192 km**

 **Anfang Juli bis Anfang September**

 **peaksofthebalkans.com**

SEEHUND IM SCHLEPPTAU

Plötzlich taucht ein Kopf mit großen, neugierigen Augen und nasser Schnauze auf. Eine Robbe! Platsch. Schon ist sie wieder weg. Wer mit einem Seekajak an der Küste der **Shetlandinseln** paddelt, erlebt die Natur hautnah. Mit etwas Glück erspähst du Papageientaucher, die auf den Wellen schaukeln. Oder sogar Delfine, Otter oder Orcas. Da das Wetter rund um die schottische Inselgruppe rau sein kann, empfiehlt sich eine geführte Kajak-Tour mit Profis. Fast lautlos gleitest du durch verwunschene Höhlen, in denen Lichtreflexe tanzen. Vorbei an mächtigen Felsen und Klippen geht es weiter zu einsamen Weiden, auf denen knuffige Shetlandponys grasen. Spektakuläre Ausblicke auf Nordsee, Atlantik, einsame Strände und Buchten hast du auch von den Küstenwanderwegen aus.

Hinreisen
Mit dem ICE oder TGV nach Paris, dann mit dem Eurostar nach London, dem Zug nach Aberdeen und mit der Fähre über Nacht nach Lerwick.

Weiterreisen
Fähren verbinden die einzelnen Shetlandinseln. PKW und Rad kannst du in der Shetland-Metropole Lerwick leihen.

 **15 Tage**

 **2000 km Anreise aus Hamburg**

 **Mitte Mai bis Anfang September**

 **shetland.org**

ABENTEUER IM KANAL

»Very british« trifft »l'esprit français«: Die Kanalinseln zwischen Südengland und Nordfrankreich eignen sich prima, um mit der Fähre von einem Eiland zum nächsten zu hüpfen. **Jersey**, **Sark**, **Guernsey** und **Alderney** sind der britischen Krone direkt unterstellt. Orts- und Straßennamen und das leckere Essen haben dagegen einen französischen Touch. Zu Frankreich gehört die Inselgruppe **Îles Chausey**. Lauschige Strände und viel Natur entdeckst du dort prima zu Fuß. Auf den anderen Inseln macht Radeln Spaß. Besonders auf Sark, wo keine Autos, sondern nur Traktoren, Kutschen und Fahrräder unterwegs sind. Und das auf Straßen ohne Asphalt und Beleuchtung. Weil Sark die erste Insel der Welt mit dem Titel »Lichtschutzgebiet« ist, wölbt sich nachts ein überirdisch glitzernder Sternenhimmel.

Hinreisen

Mit dem TGV nach Paris, weiter mit dem Zug über Rennes nach St. Malo. Mit der Fähre nach Guernsey oder Jersey.

Weiterreisen

Fähren verbinden die Inseln, die du zu Fuß und mit dem Fahrrad erkundest. Einen Radverleih bieten Jersey, Sark, Guernsey und Alderney an.

 **18 Tage**

 **1400 km Anreise aus Berlin**

 **Mai bis September**

 **kanalinseln-info.de**

SCHIFF AHOI NACH ISLAND

Nach Island, mit dem Schiff und dem eigenen Auto oder Van – ein Traum! Zwei Tage braucht das Schiff bis zu den Färöer-Inseln, danach noch eine Nacht und einen halben Tag, bis die bunten Häuschen von Seyðisfjørður auf **Island** auftauchen. Bei Egilsstaðir erreichst du die Ringstraße, der du die nächsten drei Wochen einmal rund um die Insel folgen wirst. Es geht spektakulär an Fjorden entlang, das Grün und Braun der Flechten und Moose, das Schwarz der Felsen, das tiefe Blau des Meeres und das hellere des Sommerhimmels, das Weiß der Brandung, das die Wolken zu spiegeln scheint: Das ist die Sinfonie der Farben, die dich begleitet. Ein Muss bei deiner Rundfahrt sind die Naturwunder des Golden Circle und die Hauptstadt Reykjavík.

Hinreisen

Die »MS Norröna« (Smyrill Line) ist die einzige Fähre, die Island aus Festlandeuropa anläuft, einmal in der Woche von Hirtshals in Dänemark.

Weiterreisen

Islands wichtige Straße sind geteert, das Tankstellennetz ist dicht. Campingplätze stellen Hütten zur Verfügung. Viele Strecken ins Hochland sind nur mit Allradantrieb machbar – unbedingt daran halten!

 **21 Tage**

 **1300 km auf der Ringstraße**

 **Mai bis September**

 **vlada.mk**

Am Ende wartet die Fähre aufs Festland –
ach, würde die Reise doch ewig weitergehen.

Impressum

Reisen ohne Flug,
2. Auflage 2025
ISBN 978-3-616-03283-2

Marco-Polo-Str. 1,
73760 Ostfildern
info@dumontreise.de

Text:
Jens Bey, Yvonne Weik
und Annik Aicher
Gestaltung:
Birgit Eggers, Aachen
Bildredaktion:
Sylvia Pollex, Feldthurns/Südtirol

Gedruckt in Tschechien

Bildnachweis

Titelbild: Shutterstock.com/everst
DuMont Bildarchiv: S. 113 (Toni Anzenberger), 193, 194 (Udo Bernhart), 34, 147 (Elan Fleisher), 50, 51, 52-1, 53 (Franz Marc Frei), 84, 85 (Ralf Freyer), 216, 221 (Monica Gumm), 66, 67, 179-1, 196 (Gerald Haenel), 218-1, 219, 220 (Frank Heuer), 133, 135, 137, 138, 139, 183, 184, 187, 188, 189, 201, 202 (Peter Hirth), 217 (Sabine Lubenow), 157 (Hans Madej), 126 (Olaf Meinhardt), 110 (Thomas P. Widmann)
getty images: S. 144 (alxpin)
Huber-Images: S. 235 (Massimo Ripani), S. 228 (Stipe Surac), 129 (Luigi Vacarella)
iStock.com: S. 4/5 (browndogstudios), 8/9 (franckreporter), 5-1, 55 (Mypurgatoryyears), 134 (PPAMPicture)
Jung, Eva: S. 19, 20, 22, 23
laif: S. 76 (Pierre Adenis), 7-1, 207 (Pablo Benedito), 142 (Paul Hahn), 31 (Keystone Schweiz), 83 (Dagmar Schwelle), 212 (hemis.fr/Jean-Marc Barrere), 141 (hemis.fr/Frank Chaput), 95 (hemis.fr/Patrick Escudero), 150 (hemis.fr/Ludovic Maisant), 226 (hemis.fr/René Mattes), 37 (hemis.fr/Benoit Stichelbaut), 96, 208 (Le Figaro Magazine/Martin Eric), 7-2, 233 (Le Figaro Magazine/Laurent Fabre)
lookphotos: S. 111 (Brigitte Merz)
Mauritius Images: S. 115-1 (Robert Harding), 28 (Pius Koller), 93 (Volker Preusser), 40 (Alamy/Christian Bauer), 98 (Alamy/Simo Bogdanovic), 59 (Alamy/Frans Lemmens), 81 (Alamy/Roland Liptak), 77-2 (Alamy/Lee Pengelly), 152 (Alamy/Eleanor Scriven), 39 (Alamy/Dave Stamboulis), 54 (Alamy/Stephen Worth), 75 (Alamy/Creativephototeam), 127 (Alamy/travelib Europe), 69 (ClickAlps RM/Moreno Geremetta), 215 (imageBROKER/Benjamin Redeleit), 27 (Prisma/Christof Sonderegger), 191 (Westende61/Hubertus Stumpf)
picture-alliance: S. 89 (Alfred Schauhuber), 91 (IMAGNO/Gerhard Trumler)
Thomas Roetting/Sylvia Pollex: S. 41
shutterstock.com: S. 4/5 (Alexandr III), 210 (AndriiVar), 100 (Antoine2K), 195 (Andrei Armiagov), 21, 97 (art of line), 200 (Artenex), 92 (ArtMari), 87 (Artush), 234 (Alan Benge), 29 (Regina Bilan), 18, 32, 108, 140, 154, 170, 190 (boreala), 172 (Andrei Bortnikau), 205 (Grisha Bruev), 78 (Oleksandr Brychuk), 209 (by-studio), 123 (CatalinT), 46, 116 (chuhastock), 166 (Viktoriia Chursina), 105 (csp), 106 (Simon Dannhauer), 131 (Daz Stock), 237-1 (Marcus Deal), 35 (Delpixel), 225 (derGriza), 5-2, 63 (Daniel Dörfler), 173 (ducu59us), 163 (Dziewul), 4/5 (Sergey Dzyuba), 204 (Janis Eglins), 167 (emperorcosar), 72 (Eve81), 164 (Cornelia Fotescu), 227 (freeskyline), 10 (Galinapremiere), 65 (GalinaZi), 168 (Liviu Gherman), 238/239 (Stratos Giannikos), 224 (Natalia Golubnycha), 232 (MilanGonda), 43 (goodcat), 79 (gubernat), 30 (Danute Gudauskiene), 45-2 (Dave Head), 223 (Hike The World), 49 (Tanic Huangteerakul), 121 (iacomino FRiMAGES), 118 (iconvectorstock), 4/5 (Introwiz1), 151 (island7), 174 (Jana Janina), 155 (Jelena990), 165 (Dragan Jovanovic), 15 (JoyPica), 61 (jstuij), 52-2 (Kamieshkova), 143, 145 (Marek Kania), 73 (Miroslav Karel), 99 (Gareth Kirkland), 197 (Ivan Kmit), 77-1 (KUCO), 160/161 (Lazar Mihai-Bogdan), 125 (Rudi Leys), 120 (Lopolitt), 153 (Iuri), 107 (Lydmila Varlamova), 112 (MaKars), 80 (Ylia Markhevka), 42 (MaxNadya), 122 (Andrew Mayovskyy), 70 (Nadezda Murmakova), 185 (Natata), 128 (navorolphotography), 175 (Nataliya Nazarova), 171 (Netfalls Remy Musser), 218-2 (netsign33), 231 (Niradj), 213 (nito), 36 (paseven), 104 (Sean Pavone), 44 (PhotoFra), 149 (pixelliebe), 115-2 (PJ photography), 176/177 (proslgn), 71 (Daniel Prudek), 33 (andre quinou), 156 (Rcphotofun), 192 (RomanYa), 203 (ronstik), 101 (RossHelen), 64, 186 (rphstock), 4, 13 (Sergey Rudavin), 16, 130, 136, 146 (SAHAS2015), 109 (Samot), 86 (Sasha_Ivv), 103 (Richard Semik), 45-1 (Simlinger), 6, 119 (Julian Simpson), 159 (sosnytskyi), 90 (Space creator), 237-2 (Alexey Stiop), 60 (Nik Symkin), 229 (Dan Tautan), 211 (Anibal Trejo), 57 (TVGD), 158 (Larysa Uhryn), 24/25 (Sara Winter), 169 (John Wreford), 58 (Bjoern Wylezich), 82 (Xbrchx), 17 (Stefano Zaccaria), 179-2 (Robert Zahariev), 199 (zandakr)
stock.adobe.com: S. 180 (kamenuka)